全国审判业务专家司法理论与实践丛

涉卖淫刑事犯罪的司法认定

NATIONAL
TRIAL EXPERT

陆建红 / 杨华 / 田文莎 著

人民法院出版社 People's Court Press

图书在版编目（CIP）数据

涉卖淫刑事犯罪的司法认定 / 陆建红，杨华，田文莎著．--北京：人民法院出版社，2019.11
（全国审判业务专家司法理论与实践丛书）
ISBN 978-7-5109-2639-6

Ⅰ.①涉… Ⅱ.①陆… ②杨… ③田… Ⅲ.①卖淫问题-刑事犯罪-认定-研究-中国 Ⅳ.①D924.114

中国版本图书馆 CIP 数据核字（2019）第 208636 号

涉卖淫刑事犯罪的司法认定
陆建红　杨　华　田文莎　著

策划编辑　范春雪
责任编辑　张　奎
出版发行　人民法院出版社
地　　址　北京市东城区东交民巷 27 号（100745）
电　　话　（010）67550525（责任编辑）　67550558（发行部查询）
　　　　　　65223677（读者服务部）
客服 QQ　2092078039
网　　址　http://www.courtbook.com.cn
E-mail　courtpress@sohu.com
印　　刷　天津嘉恒印务有限公司
经　　销　新华书店

开　　本　787 毫米×1092 毫米　1/16
字　　数　265 千字
印　　张　15.5
版　　次　2019 年 11 月第 1 版　2019 年 11 月第 1 次印刷
书　　号　ISBN 978-7-5109-2639-6
定　　价　50.00 元

目 录

第一章　刑法意义上“卖淫”的概念

《最高人民法院、最高人民检察院关于办理组织、强迫、引诱、容留、介绍卖淫刑事案件适用法律若干问题的解释》（以下简称《涉卖淫刑案解释》）已经于 2017 年 7 月 25 日起施行。令许多法律工作者叹惜的是，《涉卖淫刑案解释》没有对刑法意义上的卖淫概念作出解释。该司法解释的起草者在理解适用文章中指出：对于卖淫的概念未作规定的直接原因是“各地理解不一，学界争议也不小。起草小组经广泛调研，充分论证和协商后，仍未能取得一致意见”，而根本原因则是“刑法上卖淫的概念，严格说属于立法解释的权限范围，不宜由司法机关作出解释”①。但是，在司法实务中，由于“法官不能拒绝裁判”，对于因卖淫概念而带来的行为人是否构成组织、强迫、引诱、容留、介绍卖淫犯罪却必须作出裁判。另外，根据刑法第二百四十条第一款第五项规定，诱骗、强迫被拐卖的妇女卖淫或者将被拐卖的妇女卖给他人迫使其卖淫的，属于拐卖妇女罪的法定加重情节。因此，在拐卖妇女犯罪案件的审理中，也存在需要明确何谓刑法意义上卖淫概念的问题。同时，《中华人民共和国治安管理处罚法》也多处涉及卖淫。如何界定卖淫的概念？刑法意义上的卖淫与治安处罚法即行政处罚意义上的卖淫是否同一个概念？这些都需要在司法实践中予以明确。

一、正本清源：卖淫的传统含义

何谓卖淫？这不仅仅是一个法律概念，更是一个社会学概念，甚至还是一个历史学概念。

---

① 周峰、党建军、陆建红、杨华：《〈关于审理组织、强迫、引诱、容留、介绍卖淫刑事案件适用法律若干问题的解释〉的理解与适用》，载《人民司法》2017 年第 25 期。

首先，卖淫嫖娼是对人类合法性关系的否定。性关系是两性之间一种极为密切的生理、心理和感情关系，它是基于性的自然属性和社会属性而发生的。性的自然属性是指人作为生物有机体所具有的性的存在方式和属性，它包括性欲、性冲动、性满足等生理机能和生理需要。而性的社会属性，使性本能对象化、具体化，使人们的性关系中除了性吸引，性渴求外，还具有种种思想感情因素和道德因素；性的社会属性，使人类的性关系脱离了自发性、盲目性，具有了社会规范性，具有了道德和法律的意义①。而卖淫则是背离了正常性关系的社会属性的脱轨行为。

其次，卖淫作为一个社会现象在世界各国都普遍地、历史地存在着。美国犯罪学者、社会学者布勒格在《社会和历史中性的特许》一书中指出："有关妓女的最早记录出现在古代美不达米亚。那时，所有的妇女必须到神庙里尽职，在向过路男人提供了性服务后接受一定的赠物。这些赠物又必须奉献给神庙……"② 这被认为是后来真正妓女的雏形。公元前 549 年，希腊的城邦开始了"梭伦改革"，公开营业的妓院在那里开始设立。我国至少到西周时期就已经形成了娼妓队伍，并在漫长的封建岁月里演化、发展。鸦片战争以后，中国社会的性质发生了根本变化，娼妓也由原来的"技色相混状态"向"纯色情服务"方向转化，自此以后，专事色情服务的娼妓便产生了。中华人民共和国成立后，人民政府坚决取缔妓院，铲除这一旧社会遗留下来的丑陋社会问题。经过几年的努力，我国终于摧毁了在旧中国存在了两千多年的娼妓制度。但是，到了二十世纪七十年代末八十年代初，卖淫这一丑恶现象又在我国出现了③。

再次，虽然卖淫这一现象历史如此悠久，但对于什么是卖淫，许多学者是有不同认识的。美国社会学家戴维·波普诺在《社会学》一书中提出："卖淫是为换取金钱而提供的性服务。虽然大多数情况是指一个妇女为一个男子服务，但另一种卖淫形式也常见于男人之间。妓女通常与许多人发生性关系，他们之间的契约交换是明显的。"日本于 1957 年实施的《禁止卖淫法》中规定："卖淫是指接受报酬或是因受到约束，而与不特定的对方进行性交。"日本性学专家青柳有美说："卖淫妇者，因为性的乱交，而得到自己或他人生活

---

① 安云凤：《对"一夜情"的伦理透析》，载《道德与文明》2003 年第 2 期。

② 转引自储槐植：《"六害"治理论》，中国检察出版社 1996 年版，第 219 页。

③ 李邦友、王德育、邓超：《性犯罪的定罪与量刑》，人民法院出版社 2001 年版，第 142～143 页。

费全部或一部分之女子。”在现代，卖淫通常被认为是女性或男性为了取得报酬所做的或放任混乱的性交或性行为，即卖淫针对的是混乱的性交并且因为性的乱交而产生营利，因而卖淫被戏称为“无烟工业”①。

最后，在我国古代关于娼妓的历史记载中，男妓很早就存在，而且在有些朝代男风非常盛行，相应地，男妓就很多。比如宋朝男妓很多，由于泛滥，宋徽宗时期曾立法惩处男娼。又如，在明代，社会中普遍存在男妓馆，官方对同性卖淫的处罚比异性卖淫处罚轻，因此，男妓业在明朝达到鼎盛，直到清朝仍然没有衰落。可见，在卖淫的历史发展轨迹中，男性卖淫并非现代社会才产生的现象，只不过与妓女相比，由于社会需求量小等原因，男妓在量上比较少而已②。

综上，从卖淫的历史看，卖淫在世界范围内都广泛地存在着，在中国也有相当长的历史。由于社会物质条件和人们的观念等原因，长期以来，人们对卖淫的概念，也大多局限在“女人为男人提供性交服务并接受财物的行为”这一层面。虽然在我国，男妓很早就存在，但民众并未广泛认可。而且，在民国之前，政府也鲜见有打击卖淫嫖娼的举措。新中国成立后，彻底取缔了娼妓存在的土壤，民众长时期对于卖淫一词感到陌生。改革开放后，卖淫嫖娼现象死灰复燃，但开始也仅限于妇女收取报酬为男人提供性交服务的范畴。因此，长期以来，在民众的心理预期中，卖淫一词等同于“妇女收取报酬为男人提供性交服务”。这也可以认为是我国民众对卖淫的传统含义的理解。正因为如此，1979 年刑法只有第一百四十条的“强迫妇女卖淫罪”和第一百六十九条的“引诱、容留妇女卖淫罪”这两个涉及以妇女卖淫为对象的罪名，也充分体现了整个社会对卖淫概念局限于传统概念的理解。

二、变化发展：卖淫概念的含义扩张

如前所述，在 1991 年之前，对于何谓刑法上的卖淫一词，在学界和实务部门都没有争议，一致的意见就是：女性以营利为目的，为男性提供性交服务的行为。如 1979 年刑法仅两个条文涉及卖淫，即第一百四十条的强迫妇女卖淫罪和第一百六十九条的引诱、容留妇女卖淫罪。在这两个罪名中，卖淫

---

① 李邦友、王德育、邓超：《性犯罪的定罪与量刑》，人民法院出版社 2001 年版，第 143 页。

② 刘芳：《中国性犯罪立法之现实困境及其出路研究》，东北大学出版社 2015 年版，第 65 页。

的主体都是妇女。

1979刑法颁布实施后，正是改革开放刚开始不久的时期，改革的窗户打开，新鲜空气进来的同时，蚊子、苍蝇也进来了。卖淫嫖娼在不少地方死灰复燃，甚至在有的地方开始泛滥。为维护社会治安的需要，1983年9月2日，第六届全国人民代表大会常务委员会通过了《全国人民代表大会常务委员会关于严惩严重危害社会治安的犯罪分子的决定》。根据该决定，强迫妇女卖淫，情节特别严重的，可以在刑法规定的最高刑以上处罚，直至判处死刑。执行中，由于法定刑幅度从三年以上有期徒刑直至死刑，量刑幅度过大，又没有具体的量刑情节，实践中较难把握，适用中易出现偏差。而且实践中又出现了“男妓”现象，组织、强迫男子从事有偿性行为等现象也时有发生，加之卖淫嫖娼活动在许多地方呈现泛滥之势，为了严禁卖淫、嫖娼，严惩组织、强迫、引诱、容留、介绍他人卖淫的犯罪分子，维护社会治安秩序和良好的社会风气，1991年9月4日，第七届全国人民代表大会常务委员会第二十一次会议通过了《全国人民代表大会常务委员会关于严禁卖淫嫖娼的决定》（以下简称《决定》）。该决定对刑法第一百四十条、第一百六十九条的规定进行了修改。这次修改，虽然依然没有对刑法意义上的卖淫概念作出界定，但却在犯罪要件上体现出卖淫的主体既可以是女性，也可以是男性的特点：强迫妇女卖淫罪改为强迫他人卖淫罪；引诱、容留妇女卖淫罪改为引诱、容留、介绍他人卖淫罪；增设了组织他人卖淫罪、协助组织他人卖淫罪、传播性病罪等罪名。1992年12月，最高人民法院、最高人民检察院公布了《关于执行〈全国人民代表大会常务委员会关于严禁卖淫嫖娼的决定〉的若干问题的解答》（以下简称《解答》）[①]。该《解答》第九条第一项称：组织、协助组织、强迫、引诱、容留、介绍他人卖淫中的“他人”，主要是指女人，也包括男人。可以说，上述《决定》和《解答》，第一次对刑法意义上的卖淫概念，从卖淫主体上进行“扩容”，将卖淫主体从仅限于妇女扩容到包括男人在内的所有人。于学界而言，高铭暄教授认为，“卖淫是指行为人（主要指女子）为获得报酬而与不特定的异性进行性交的行为”[②]。储槐植教授认为，“卖淫是指收受或约定收受报酬而与不特定的人进行性交的行为”[③]。因此，学界也都基本

① 该《解答》已于2013年1月4日废止，为探讨和研究卖淫犯罪本书予以引用。

② 高铭暄：《经济犯罪和侵犯人身权利犯罪的国际化及其对策》，中国人民公安大学出版社1996年版，第173页。

③ 储槐植：《“六害”治理论》，中国检察出版社1996年版，第239页。

吸纳了男性可以卖淫以及同性之间也可以卖淫的观点。而在司法实践中，组织、介绍男性卖淫或同性卖淫的案例也不鲜见。如，2003 年 7 月，被告人王某因组织男性卖淫，被上海市长宁区人民法院以组织卖淫罪判处有期徒刑 3 年。2004 年 6 月 11 日，被告人刘某、周某因组织男性向男性卖淫，分别被广州市越秀区人民法院以组织卖淫罪判处有期徒刑 5 年和有期徒刑 6 年。特别值得一提的是，备受公众瞩目的被告人李某组织同性卖淫案，江苏省南京市秦淮区人民法院于 2004 年 2 月以组织卖淫罪判处被告人李某有期徒刑 8 年。法院对辩护人提出的“刑法及相关司法解释对同性之间的性交易是否构成卖淫无明文规定，因而李某不构成犯罪”的辩护意见不予采纳①。

但是，丰富的司法实践又出现了许多新情况、新问题。上述《决定》和《解答》虽然在卖淫概念的主体上进行了“扩容”，但依然没有解决现实中发生的一些问题。卖淫违法犯罪领域不断出现肛交、口交等新类型的性行为方式。各地司法机关边探索边总结。至今为止，能够为大多数学者和司法工作人员所接受的卖淫概念，不但在卖淫主体上“扩容”，在性关系的行为方式上也有了较大的“扩容”。目前，对于刑法意义上卖淫的概念问题，没有争议的主要是：(1) 传统意义上的提供性交服务并收取财物的行为应当认定为卖淫。(2) 男性也可以提供卖淫服务。(3) 肛交、口交应当列入卖淫的方式。这既是对传统卖淫概念的突破，也能被大众所认同。在男男可以卖淫、女女可以卖淫的现实情况及法律规定下，肛交、口交显然是同性卖淫的主要方式，且异性卖淫也可采取肛交、口交的方式。三者的共性都是一方生殖器进入另一方的体内，均属于进入式性活动。并且，从传播性病的角度看，此三种方式，均可引起性病的传播②。

关于卖淫概念的扩容，既符合事物变化发展规律，也符合人的认识规律。因为，“一个词的通常的意义是在逐渐发展的，在事实的不断出现中形成的。因此，当一个看来是属于某一词的意义范围内的事物出现时，它好像就被自然而然地收纳进去了。这个词语的词义会逐渐伸展、逐渐扩张，直到人们根据事物本身的性质将应归入这个词名下的各种事实、各种概念都包含了进去”③。

---

① 金泽刚、肖中华：《有关卖淫犯罪的疑难问题新探》，载《中国卫生法制》2005 年第 6 期。

② 周峰、党建军、陆建红、杨华：《〈关于审理组织、强迫、引诱、容留、介绍卖淫刑事案件适用法律若干问题的解释〉的理解与适用》，载《人民司法》2017 年第 25 期。

③ [法] 基佐：《欧洲文明史》，程洪逵、沅芷译，商务印书馆 1998 年版，第 7 页。

三、纷争四起：刑法意义上的卖淫与色情服务

如前所说的性交、肛交、口交等进入式的性行为方式以及异性之间、同性之间均可以发生卖淫嫖娼关系，无论在学界还是司法实务部门，基本能够形成共识。但是现实中，不少违法犯罪分子在打擦边球，专门从事收取报酬而为他人提供手淫、胸推等接触式的色情服务。对于这些非进入式而仅仅是一方生殖器被接触的色情服务，能否认定为刑法意义上的卖淫，无论是学界还是实务部门，都有不少的争论。归纳起来，主要有五种观点：

第一种观点坚持认为，卖淫是指行为人（主要指女子）为获得报酬而与不特定的异性或同性进行性交或类似性交的行为。这种观点，主要是实务部门的同志。当然，行政执法部门也有持这种观点的。如：国家某部委法制司在给《最高人民法院关于审理组织、强迫、引诱、容留、介绍卖淫刑事案件适用法律若干问题的解释》（以下简称《涉卖淫刑案解释》）起草单位即最高人民法院刑四庭的复函中称："刑法中的卖淫嫖娼指不特定的人，包括异性之间或者同性之间以金钱、财物等为媒介发生性关系的行为。"

第二种观点认为，卖淫是指收受或约定收受报酬而与不特定的人发生性行为的行为。其中，性行为既包括传统的性交，也包括手淫、口淫及其他性行为方式①。有的将其他性行为称为有生殖器接触内容的淫乱活动，认为："卖淫是指以营利为目的，与不特定的同性或异性发生性交行为，以及从事其他含有生殖器接触内容淫乱活动的行为。"②

第三种观点采取折中说，认为概念上将手淫等色情服务纳入卖淫的范围中，但在处理上有别于性交及肛交、口交等形式，以犯罪情节轻微或者虽构成犯罪但从宽处罚来处理。主要理由是：将手淫有条件地纳入卖淫方式，既符合刑法的要求，也符合刑法谦抑性原则，并且能够突出打击的重点③。

第四种观点试图回避学界和实务部门的争论，提出将组织他人提供手淫等色情服务，情节严重的，以非法经营罪定罪处罚，而强迫他人提供手淫等色情服务的以强制猥亵罪定罪处罚，引诱、容留、介绍他人提供手淫等色情

---

① 刘芳：《中国性犯罪立法之现实困境及其出路研究》，东北大学出版社 2015 年版，第 67 页。

② 鲍遂献：《妨害风化犯罪》，中国人民公安大学出版社 1999 年版，第 158 页。

③ 《涉卖淫刑案解释》起草小组在征求意见时，有几个单位提出此种意见。

服务的，不作犯罪论处，由公安机关予以治安处罚[①]。主要理由是：（1）将组织他人提供手淫等色情服务认定为组织卖淫罪，依据不充分，争论也较大，但此类行为，如果情节严重、社会影响恶劣、严重危害社会秩序，依然要对其妨碍社会秩序、妨碍社会风化的危害行为进行处理。按照目的解释，可以将组织提供手淫的以非法经营罪论处，并且主要突出打击组织者、策划者、实际投资者。对引诱、容留、介绍他人提供手淫等色情服务的，可以不作犯罪处理。（2）将组织他人提供手淫等色情服务的行为，以非法经营罪定罪处罚，在法理上说得通，也有利于打击此类违法犯罪行为。提供色情服务的本质是一种交易行为，其钱色交易的特征和本质非常明显。但是，国家禁止经营色情服务。鉴于司法实践中，已经形成“非法经营罪”由司法解释界定范围的传统，因此，由最高人民法院通过司法解释的方式，将提供色情服务纳入“非法经营”的范围，具有较强的可行性。（3）有利于司法实践中打击不断出现的新类型色情服务，除手淫外，司法实践中，还有胸推、股推等形式的色情服务。以后可能还会出现更多的色情服务形式。而这些形式，目的都是为了满足他人的性欲，动机都是为了获取非法利益，本质都是一种钱色交易。

第五种观点则认为，卖淫是指以营利为目的，满足不特定对方（不限于异性）的性欲行为，包括与不特定的对方发生性交和实施类似性交的行为（如口交、肛交等）。组织女性向女性、男性向男性实施口交、肛交等类似性交行为的，也成立本罪。但是，组织他人单纯为异性手淫的，组织女性用乳房摩擦男性生殖器的，组织女性被特定人“包养”的，不应认定为组织卖淫罪[②]。

第六种观点认为，关于卖淫的概念应由立法机关作出解释。主要理由是：（1）社会生活发展变化较快，传统的卖淫概念能否适应现实社会生活，刑法如何适应社会生活的变化，属于立法机关的权限。（2）公检法机关对卖淫一词争论较大的情况下，应由立法机关作出权威解释。（3）由立法机关作出概念解释，可避免各省同案不同判的窘态，也可避免公检法之间的争议，更有

---

① 此观点也产生于《涉卖淫刑案解释》起草小组征求意见过程中。有人从既要坚守卖淫概念的科学性，又要对色情市场严厉打击的角度，提出了这一观点。

② 张明楷：《刑法学》，法律出版社 2011 年版，第 1021 页。但是，张明楷教授早前却是将所有色情服务都纳入到卖淫概念中去的，认为：“卖淫是指行为人以营利为目的，与不特定异性发生性交行为或从事其他的淫乱活动。”参见张明楷：《刑法学》，法律出版社 2007 年版，第 838 页。

利于引领、规范社会行为。

《涉卖淫刑案解释》起草小组在征求意见时，关于卖淫的概念，不但最高人民检察院、公安部有不同意见，甚至最高人民法院内部及各高级法院也都有不同的意见。当然，认为刑法意义上的卖淫只限于性交行为的观点已经是极少数了。起草小组向有关高级法院征求意见时，收到20个高级法院的回复，其中，认为刑法意义上的卖淫，仅限于提供发生性关系服务（包括肛交、口交）的有5个高级法院，认为包括提供性交、肛交、口交等性服务及手淫等色情服务的有6个高级法院。另外，有9个高级法院认为刑法意义上的卖淫概念应当由立法机关以立法或立法解释的形式解决。2016年7月，最高人民法院刑四庭在法官学院举办了刑事审判业务专项培训班。起草小组成员向培训班学员发放调查问卷表，征求对卖淫概念的意见。发放100份，收回71份。其中认为卖淫应当排除手淫的为39人（其中7人认为包括性交、肛交，10人认为包括性交、肛交、口淫，2人认为仅指性交），32人认为卖淫包括性交、肛交、口淫、手淫等。

四、性质辨析：刑法意义上卖淫概念的正确界定

《涉卖淫刑案解释》公布稿共15个条文中，并没有对刑法意义上的卖淫作出明确规定，主要原因是分歧意见比较大。但是分歧大却无法避免司法实践中依然会出现与卖淫概念相关的刑事案件。比如，2013年6月，网络媒体以广东省佛山市中级人民法院宣告被告人李某无罪为焦点，提出提供手淫、口淫是否属于卖淫的问题。后又报道北京市公安机关称，提供手淫、口淫服务应认定为卖淫。网络媒体对如何解释卖淫的含义争得沸沸扬扬，但又没有统一明确的结论。这个问题不解决，势必会出现同案不同判的司法怪象。

我们认为，要正确界定刑法意义上的卖淫概念，应当立足于以下五点。

（一）考察比较我国相关历史和域外有关规定，进行一些有益的借鉴

在我国历史上，民众历来认为，卖淫是指女性收取报酬而为男性提供性交服务（有时也包括男性为女性提供性交服务）。从域外看，我们收集了一些国家和地区的刑法规定，日本《卖淫防止法》将卖淫定义为给予报酬或者许诺给予报酬的不固定的伙伴进行性交。德国、俄罗斯、越南、老挝、韩国、土耳其、法国等国的刑法及美国《模范刑法》在规定涉卖淫类刑事犯罪时，

均未对卖淫的概念作出明确规定。新加坡及我国澳门，均将卖淫与其他性行为加以区别[①]。我国台湾地区刑法则将指使、强制他人性交或者猥亵行为规定为犯罪，但并未将“性交或者猥亵行为”概括为“卖淫”。将提供色情服务规定为卖淫或娼妓活动的，只有菲律宾和马来西亚[②]。而菲律宾和马来西亚则是公民普遍信教的国家，其法律制度的宗教色彩比较浓厚。综上，对我国刑法意义上的卖淫概念，借鉴菲律宾和马来西亚这样宗教色彩比较浓厚的国家的规定，显然不可行。而日本仅将卖淫限定为性交的做法，也已经明显落后于我国的社会现状。因此，我国刑法意义上的卖淫概念，只能从我国国情、有关法律的具体规定以及民众的心理预期等方面出发，作出既符合法律特别是符合刑法中的罪刑法定原则，又符合打击犯罪需要，同时又符合民众心理预期的界定。

（二）立足于现有国情和民众的心理预期，同时也要重视专家学者的意见

在征求专家学者对《涉卖淫刑案解释》（征求意见稿）的意见时，陈兴良教授认为：“应当把提供性服务的卖淫（性交易）活动与提供色情服务的色情交易活动加以区分。因此，刑法中的卖淫是指性交易，而不包括色情交易。”赵秉志教授提出，从法治的观念、现实可行性角度出发，如果不断扩张卖淫的概念，会导致涉卖淫类刑事案件数量大幅增长，这会使我国这样一个社会主义国家在国际上的影响不好，因此，不能轻易将卖淫的概念随意扩大。赵秉志教授还在相关著述中称：“卖淫是指以获取金钱、财物或其他财产性利益为目的，而向不特定的他人提供性交或与性交行为具有相当性的性服务的行为。”[③]

---

① 如《新加坡刑法》第372条规定了“出卖未成年人卖淫等”罪，其中“卖淫等”，指“任何人购买、租用或者以其他方式获得不满21岁的任何人，意图使此人在任何年龄被雇佣，用于卖淫、同任何人非法性交或者为了任何非法或不道德的目的的，或明知会使此人在任何年龄被雇佣或者用于任何上述目的的，处10年以下的有期徒刑，并处罚金。”

② 菲律宾《修正刑法典》第202条规定了“流浪罪和卖淫罪”，并解释“根据本条，以获得金钱和利益为目的的，经常从事性交易和有伤风化行为的女性为妓女。”《马来西亚刑法》第372条规定了“组织卖淫”，其构成要件主要内容是雇佣、使用他人作为妓女而与人非法性交，第372条A则规定了“以卖淫为业”，第373条则规定了“打击妓院”的内容。并将“娼妓活动”解释为“指用来出租人的身体和别人发生性交易的活动，‘妓女’也相应适用本解释”。

③ 赵秉志：《中国刑法案例与学理研究（妨害社会管理秩序罪）》，法律出版社2001版，第327页。

关于民众预期心理问题，既要进行广泛深入的调研，也要考虑现有法律规定。从法律规定看，刑法并未规定卖淫的具体含义，但传统意义上的妇女提供性交服务并收取财物的行为属于刑法意义上的卖淫自然是民众一致认可的。而男子也可以成为卖淫的主体，在全国人大常委会《决定》中已经得到肯定，现行刑法也吸纳了全国人大常委会《决定》的内核精神。因此，无论具体的某个个体公民是否意识到这一点，法律的公开规定应当视为民众预期心理范围内的内容。对于提供手淫等色情服务是否属于卖淫的问题，在专业人员群体中尚且有争论，且刑法并未明确规定情况下，要求普通公民将其纳入刑法心理预期范围，确属不现实。如被告人周某某容留卖淫罪一案①中，被告人周某某实施了容留他人提供手淫服务并收取钱财的行为。但周某某明确要求“小姐”只能为客人提供手淫服务，绝对不能提供性交服务。涉案“小姐”也证实她们只为客人提供手淫服务。主要原因是，周某某及涉案“小姐”认识到，如果为客人提供性交服务，周某某就可能构成犯罪。

（三）对已经取得一致认识的应当予以肯定

前已述及，对于刑法意义上的卖淫概念，在以下三个问题上已经形成比较统一的认识：（1）传统意义上的提供性交服务并收取财物的行为应当认定为卖淫。（2）男性也可以提供卖淫服务。（3）肛交、口交应当列入卖淫的方式。

（四）对现有的行政性规范正确对待

公安机关对“卖淫”含义的理解经历了由态度模糊到态度明确的变化。在二十世纪八九十年代，公安部对同性性行为的批复还很模糊，当一个家长举报自己的女儿被另一个女性所勾引，经层层上报到公安部时，公安部的批复认为：“你们所反映的问题，原则上可不予处理，也不宜以流氓行为给予治安处罚。本案具体如何处理，可与检察院、法院等有关部门研究解决。”② 但是，1995年8月10日《公安部关于对以营利为目的的手淫、口淫等行为定性处理问题的批复》对卖淫嫖娼的规定已经发生了明显的变化。其规定：“卖淫嫖娼行为指的是一个过程，在这个过程中卖淫妇女与嫖客之间的相互勾引、

---

① 该案为某省高院请示案件，因当时《涉卖淫刑案解释》尚未出台，故最高人民法院并未作出明确的答复，而是由某省高院依法作个案处理。

② 谈大正：《性文化与法》，上海人民出版社1998年版，第318页。

结识、讲价、支付、发生手淫、口淫、性交行为及与此有关的行为，都是卖淫嫖娼行为的组成部分，应按卖淫嫖娼查处。对于那些仅仅是出卖色相、提供不包括性满足在内的一般色情服务，就不能将其视为卖淫嫖娼。对于只是‘陪吃、陪喝、陪跳’而不‘陪睡’的‘艺妓’，不应视为卖淫。”2001年2月18日公安部作出公复字［2001］4号《关于对同性之间以钱财为媒介的性行为定性处理问题的批复》。该批复称：“根据《中华人民共和国治安管理处罚条例》和全国人大常委会《决定》的规定，不特定的异性之间或者同性之间以金钱、财物为媒介发生不正当性关系的行为，包括口淫、手淫、鸡奸等行为，都属于卖淫嫖娼行为，对行为人应当依法处理。自本批复下发之日起，《公安部关于对以营利为目的的手淫、口淫等行为定性处理问题的批复》（公复字［1995］6号）同时废止。”这一批复能否作为认定刑法意义上卖淫概念的依据？我们认为，公安部的这一批复属于有权批复和有效批复，且其性质属于行政解释。但是，行政违法不等同于刑事犯罪，违法概念也不等同于犯罪概念。违反行政法律、法规的行为不等同于构成犯罪。这一批复，可以作为行政处罚和相关行政诉讼案件的依据，但不能作为定罪依据。

（五）对刑法概念的解释，不能仅仅停留在目的解释的层面，更要符合体系解释，符合罪刑法定原则

对卖淫概念的确定，其本质是对刑法概念的解释。体系解释是“把某一法律条文或规范置于整个法律体系中进行比较研究，从其在整个法律体系、法律文件及所属法律部门中的地位、作用、相互联系等来说明该法律、法律条文或法律规范的内容和含义，以求得更全面、准确的理解”[①]。通俗一点说，就是对一个具体法条、一个具体法律概念的理解，不能只是盯着需要解释的这一个法条，还要关注相关的法条甚至相关法律是如何规定的，要保持与其他法条以及相关法律规定的协调一致。根据刑法对强奸罪、强制猥亵妇女罪的不同规定可见，刑法对生殖器官直接接触的性行为与以手、胸等部位和生殖器接触的行为是区别对待的。如果将提供手淫等色情服务认定为卖淫，属于扩张解释，将大大扩张刑法处罚的范围，也会导致量刑失衡：如刑法第三百六十条规定“明知自己患有梅毒、淋病等严重性病卖淫、嫖娼的，处五年以下有期徒刑、拘役或者管制，并处罚金”，此条规定主要是防止性病的传

---

① 李龙：《法理学》，武汉大学出版社1996年版，第366页。

播，显然这里的“卖淫”是不包括提供手淫等色情服务的，因为手淫并不会导致性病的传播。

综上所述，根据刑法的谦抑性原则要求，刑法罪名的设立、犯罪行为的界定及解释应遵循谦抑性原则，以此来保持刑法的宽容性。因此，司法实践中对于如何认定刑法意义上的卖淫，应当依照刑法的基本含义，结合大众的普遍理解及公民的犯罪心理预期等进行认定，并严格遵循罪刑法定原则。在目前情况下，不能将刑法意义上的卖淫局限于性交行为，对于性交之外的肛交、口交等进入式的性行为，应当依法认定为刑法意义上的卖淫。也就是说，将卖淫行为的具体方式解释为性交行为和其他进入式性行为（即肛交、口交）且易传播性病的淫乱行为并不违背罪刑法定原则，更不是类推，而是在刑法体系内的合理解释。以上论述，也作为对前述关于卖淫概念六种观点的总体分析，本文就不一一评价了。但是，第四种观点即将组织他人提供色情服务以非法经营罪论处的观点，明显与非法经营罪的设立目的不相符。非法经营罪中的经营，在不违反国家规定即合法的前提下是允许的。而色情服务，在我国法律体系中，本就没有合法的存在空间。

五、余论：关于对卖淫概念进行立法解释的建议

鉴于刑法未对卖淫概念作出解释，最高人民法院与最高人民检查院也未作出相关司法解释，而公安部又从行政执法角度对卖淫作出行政解释，司法实践中各地司法机关对刑法意义上的卖淫作出不同理解，导致同案不同地不同判的现象时有发生。《涉卖淫刑案解释》实施后，虽然相关理解适用文章对刑法意义上的卖淫概念作出了解读，但并未从根本上解决问题。为此，我们认为，从根本上解决问题的路径在于立法机关进行立法解释。主要理由如下：

（一）具有现实意义

实践证明，由最高司法机关对刑法意义上的卖淫概念进行解释，存在许多困难。主要是争议较大，难以取得完全共识。特别是公安部的批复，虽然只适用于治安处罚领域，但也不能否认批复本身对执法活动中形成的概念固化作用。而刑法学界大多数专家都认为，公安部的批复不适用于刑法领域。因此，无论是学界还是实务部门，都一致认为，对刑法上的卖淫概念应当由立法机关进行立法解释。

（二）有先例可循

从立法例看，由立法机关对一个刑法概念进行解释是可行的。综合立法例，大致有两种方法。一种是在刑法修订时，在刑法条文上专门设立单独的条款进行解释。如刑法第三百五十七条第一款规定：“本法所称的毒品，是指鸦片、海洛因、甲基苯丙胺（冰毒）、吗啡、大麻、可卡因以及国家规定管制的其他能够使人形成瘾癖的麻醉药品和精神药品。”另一种是制定单行解释，如 2004 年 12 月 29 日由第十届全国人民代表大会常务委员会第十三次会议通过的《全国人民代表大会常务委员会关于〈中华人民共和国刑法〉有关信用卡规定的解释》规定：刑法规定的“信用卡”，是指由商业银行或者其他金融机构发行的具有消费支付、信用贷款、转账结算、存取现金等全部功能或者部分功能的电子支付卡。

（三）具备充分的理论基础和现实基础

自从理论界对刑法意义上的卖淫概念进行争论后，不同观点的专家学者都进行了充分的理论研究，立法机关只需要对各种观点的论证进行研判，并辅之以必要的调研即可作出正确的判断。同时，由于我国扫黄斗争进行了多年，已经积累了丰富的经验。广大群众对卖淫嫖娼的社会危害也已经有了充分的思想认识。

综上，笔者认为，立法机关对刑法意义上的卖淫概念进行立法解释，不仅是必要的，也是可行的。

第二章　组织卖淫罪的司法认定

一、组织卖淫罪的立法沿革

1979年刑法仅有强迫妇女卖淫罪和和引诱、容留妇女卖淫罪的规定，没有组织卖淫罪的规定。但是，随着社会发展，人员流动性增加，社会管理难度加大，卖淫嫖娼现象死灰复燃。特别是二十世纪八十年代初我国社会治安形势的出现恶化和卖淫现象的日益增多，一些有组织、成规模的卖淫问题渐渐突出，破坏了社会秩序、毒化了社会风气，造成严重的社会危害，这使1979年刑法的相关规定显得滞后。至二十世纪九十年代，组织卖淫犯罪现象已经到了非打击不可的地步。为此，1991年9月4日，全国人大常委会公布实施的《决定》在第一条专门规定了组织卖淫罪的定罪量刑。即："组织他人卖淫的，处十年以上有期徒刑，或者无期徒刑，并处一万元以下罚金，情节特别严重的，处死刑，并处没收财产。"为更好地贯彻全国人大常委会《决定》，最高人民法院、最高人民检察院于1992年12月11日发布了《解答》，解答对组织卖淫罪的有关问题作了规定。一是规定了组织他人卖淫罪的概念。《解答》第二条第一款规定：组织他人卖淫罪，是指以招募、雇佣、强迫、引诱、容留等手段，控制多人从事卖淫的行为。第二款规定：本罪的主体必须是卖淫的组织者，可以是几个人，也可以是一个人，关键要看其在卖淫活动中是否起组织者的作用。二是规定了组织卖淫罪一罪与数罪的有关问题。《解答》第二条第三款规定：在组织他人卖淫的犯罪活动中，对被组织卖淫的人有强迫、引诱、容留、介绍卖淫行为的，应当作为组织他人卖淫罪的量刑情节予以考虑，不实行数罪并罚。如果这些行为是对被组织者以外的其他人实施的，仍应当分别定罪，实行数罪并罚。三是对组织他人卖淫罪的"情节特别严重"进行了明确。《解答》第五条第一款规定：组织他人卖淫罪的"情节特别严重”，主要是指组织他人卖淫的首要分子情节特别严重的；组织他人卖淫手段特别恶劣的；对被组织卖淫者造成特别严重后果的；组织多人多次卖淫具有极大的社会危害性的，等等。

1997年刑法修订。修订后的刑法第三百五十八条第一款规定：“组织他人卖淫或者强迫他人卖淫的，处五年以上十年以下有期徒刑，并处罚金；有下列情形之一的，处十年以上有期徒刑或者无期徒刑，并处罚金或者没收财产：（一）组织他人卖淫，情节严重的；（二）强迫不满十四周岁的幼女卖淫的；（三）强迫多人卖淫或者多次强迫他人卖淫的；（四）强奸后迫使卖淫的；（五）造成被强迫卖淫的人重伤、死亡或者其他严重后果的。”第二款规定：“有前款所列情形之一，情节特别严重的，处无期徒刑或者死刑，并处没收财产。”此次修改，取消了绝对死刑条款。这是由于，全国人大常委会的《决定》虽然对于严厉打击组织卖淫犯罪、维护社会治安有非常积极的意义，但是在量刑上仍然偏重，规定有绝对死刑条款。立法机关为了减少死刑的条文数量，将组织卖淫罪和强迫卖淫罪合并在一条条文的两款中。但对何谓组织卖淫罪的“情节严重”，仍然未予明确，而是交由司法机关掌握。各地司法机关在实践中依然依照前述《解答》的有关规定认定组织卖淫罪的“情节严重”。

2015年8月29日，第十二届全国人民代表大会常委会第十六次会议通过了《刑法修正案（九）》。修正后的刑法第三百五十八条第一款规定：“组织、强迫他人卖淫的，处五年以上十年以下有期徒刑，并处罚金；情节严重的，处十年以上有期徒刑或者无期徒刑，并处罚金或者没收财产。”第二款规定：“组织、强迫未成年人卖淫的，依照前款的规定从重处罚。“第三款规定：“犯前两款罪，并有杀害、伤害、强奸、绑架等犯罪行为的，依照数罪并罚的规定处罚。”

《刑法修正案（九）》对1997年刑法的修改，主要体现在：一是取消了组织卖淫罪的死刑。取消组织卖淫罪的死刑后，最高还可以判处无期徒刑。司法实践中，该严厉惩处仍然应当严厉惩处，在法定刑范围内可以做到整体惩处力度不减，以确保社会治安整体形势稳定。二是增加组织未成年人卖淫从重处罚的规定。三是增加规定，对组织他人卖淫，并有杀害、伤害、强奸、绑架等犯罪行为的，依照数罪并罚的规定处罚。主要是考虑到组织、强迫他人卖淫的行为，往往伴随着杀害、伤害、强奸、绑架等犯罪行为，实践中也是按照数罪并罚的规定处罚的。为进一步明确法律适用，严厉惩处这类犯罪行为，增加了这一规定[①]。同时，对犯故意杀人罪、故意伤害罪、强奸罪、绑架罪，依法应当判处死刑的，可以依法判处死刑。这是立法技术上的一个处理，体现了“保留死刑，严格控制和慎重适用”的死刑政策。

2017年7月25日，最高人民法院、最高人民检察院公布实施了《涉卖淫刑案解释》。该解释第二条对组织卖淫罪的“情节严重”作了细化，即：“（一）卖淫人员累计达十人以上的；（二）卖淫人员中未成年人、孕妇、患有严重性病的人累计达五人以上的；（三）组织境外人员在境内卖淫或者组织境内人员出境卖淫的；（四）非法获利人民币一百万元以上的；（五）造成被组织卖淫的人自残、自杀或者其他严重后果的；（六）其他情节严重情形。”

从上述组织卖淫罪的立法沿革可以看出，对组织卖淫及相关联犯罪的规定经历了一个从无到有、逐步完善的过程。中华人民共和国成立后，我国取缔了卖淫嫖娼，卖淫嫖娼现象一度在大陆灭迹，卖淫嫖娼犯罪不猖獗，有组织的卖淫活动更为罕见，故1979年刑法中未规定组织卖淫罪。1991年全国人大常委会出台《决定》，增设了组织他人卖淫罪、协助组织他人卖淫罪、介绍他人卖淫罪、传播性病罪，完善了惩治淫业犯罪的立法，体现了对卖淫嫖娼犯罪从严打击的态度。《决定》的内容被1997年刑法吸收采纳，形成了现行刑法第六章妨害社会管理秩序罪中第八节淫业犯罪的基础。《刑法修正案（九）》依据当前社会状况对组织卖淫罪的罪状表述和法定刑进行了进一步完善。根据1991年的《决定》，只要构成组织卖淫罪，即处十年以上有期徒刑或者无期徒刑，并处一万元以下罚金或者没收财产，情节特别严重的可处死刑，应当说刑罚是比较严厉的。1997年刑法降低了组织卖淫罪的起点刑，并区分了组织卖淫一般情节、情节严重、情节特别严重的情形，分别规定不同法定刑。其中，一般情节的判处五年以上十年以下有期徒刑，并处罚金；情节严重的处十年以上有期徒刑或者无期徒刑，并处罚金或者没收财产；情节特别严重的，处无期徒刑或者死刑，并处没收财产。到了2015年《刑法修正案（九）》中取消了“情节特别严重的规定”，并废除了本条的死刑。上述变化过程，反映立法者对组织卖淫这种社会问题形成了更为科学、深刻的认识，体现了社会管理手段的多样化，也符合刑罚宽缓的趋势。其中，对组织卖淫

---

① 参见全国人大常委会法制工作委员会刑法室编著：《〈中华人民共和国刑法修正案（九）〉解读》，中国法制出版社2015年版，第288～289页。

罪不适用死刑，反映了我国缩小死刑适用范围、“严格控制、慎重适用死刑”的政策。但是，刑法同时规定，组织卖淫中并有杀害、伤害、强奸、绑架等犯罪行为的，依照数罪并罚的规定处罚。也就是说，对于组织卖淫中有其他严重暴力犯罪、造成人身伤亡等严重后果的，仍然可以依所犯之罪予以重罚，直到判处死刑，并不会因此而放纵犯罪。

二、组织卖淫罪的构成要件认定

组织卖淫罪，是指以招募、雇佣、纠集等手段，管理或者控制他人卖淫，卖淫人员在三人以上的行为。

组织卖淫罪构成要件如下：

（一）主体要件

组织卖淫罪的主体为自然人一般主体，即凡是满十六周岁，具有刑事责任能力的人，只要实施了组织他人卖淫的行为，都是本罪的犯罪主体。单位不能构成本罪的主体。

根据刑法第三百六十一条规定，旅馆业、饮食服务业、文化娱乐业、出租汽车业等单位的人员，利用本单位的条件，组织他人卖淫的，依照组织卖淫罪定罪处罚。上述单位的主要负责人犯组织卖淫罪的，从重处罚。对刑法的这一规定，我们认为可作如下理解：（1）根据刑法的这一规定，单位不能成为本罪的犯罪主体，只有自然人才是本罪的犯罪主体。（2）如果单位人员实施共同犯罪的，则依照共同犯罪理论和刑法关于共同犯罪的规定进行处罚，即按照全国人民代表大会常务委员会第八次会议通过的《全国人民代表大会常务委员会关于〈中华人民共和国刑法〉第三十条的解释》的规定处理。该解释规定，公司、企业、事业单位、机关、团体等单位实施刑法规定的危害社会的行为，刑法分则和其他法律未规定追究单位的刑事责任的，对组织、策划、实施该危害社会行为的人依法追究刑事责任。《最高人民法院关于审理单位犯罪案件具体应用法律有关问题的解释》（法释〔1999〕14 号）第二条规定，个人为进行违法犯罪活动而设立的公司、企业、事业单位实施犯罪的，或者公司、企业、事业单位设立后，以实施犯罪为主要活动的，不以单位犯罪论处。也就是说，即使法律规定单位应当负刑事责任的，但上述情况不应以单位犯罪论，只处罚实施犯罪行为的自然人。第三条规定，盗用单位名义实施犯罪，违法所得由实施犯罪的个人私分的，依照刑法有关自然人犯罪的规定定罪处罚。以上立法解释和司法解释都充分说明，单位不能成为组织卖淫罪的犯罪主体。（3）对单位主要负责人从重处罚，是基于两个方面原因。一是作为单位主要负责人，有义务自觉遵守国家法律规定，应当合法经营。其利用本单位的条件实施组织卖淫活动，说明其不但并未履行采取措施制止发生在本单位的卖淫嫖娼活动的法定职责，反而利用单位条件实施组织卖淫行为，这种行为不仅直接破坏了社会管理秩序，妨害社会治安，而且还严重影响单位声誉，破坏了单位的正常经营活动，甚至使自己负责的单位成为藏污纳垢的色情场所，说明其主观恶性特别深，影响特别恶劣。二是在单位主要负责人参与的利用本单位条件实施组织卖淫的共同犯罪中，由于其对单位具有管理和控制地位，也在一定程度上能够反映其在共同犯罪中的地位和作用。一般情况下，其在共同犯罪中也是处于主犯地位的。即使其在共同犯罪中处于从犯地位，也应该按照刑法总则中有关从犯的量刑原则，在从犯的量刑幅度内从重处罚。

（二）主观要件

组织卖淫罪的主观方面表现为直接故意。过失不能成为本罪的主观要件。间接故意在一般情况下也不能成为本罪的主观要件。但在个别情况下，间接故意也可以成为组织卖淫罪的主观要件。如单位主要负责人，明知单位人员利用本单位条件实施组织卖淫犯罪，但却放任不管且配合提供本单位的条件。

营利性是否组织为卖淫罪的构成要件？刑法对淫业类犯罪罪状的表述起初是要求以营利为目的。1979 年刑法第一百六十九条规定："以营利为目的，引诱、容留妇女卖淫的……"当时，淫业类犯罪并不猖獗，社会上出现的多为分散、零星的卖淫活动。引诱、容留妇女卖淫现象较少见且规模不大，社会危害性不突出，故刑法"以营利为目的"限制此类行为纳入刑事处罚的范围，符合罪刑相适应的要求。到了 1991 年，全国人大常务委员会颁布《决定》，对所有淫业类犯罪不再规定以营利为目的，此后 1997 年刑法中也再未规定淫业犯罪需"以营利为目的"。究其原因，一方面在于二十世纪八十年代后，卖淫嫖娼现象死灰复燃，越来越猖獗，有组织卖淫活动的规模越来越大，严重扰乱社会秩序，危害严重，故对于组织、强迫、引诱、容留、介绍他人卖淫的犯罪应当予以严惩。如果一律要求以营利为目的，则不利于打击此类犯罪。另一方面，淫业类犯罪属于破坏社会秩序类犯罪，社会危害性主要体现在对社会秩序、社会风化的破坏，行为人是否以营利为目的、是否实际营利与其行为的社会危害性、刑事当罚性并无直接关系。虽然司法实践中大多数的组织卖淫是以营利为目的，但是确实也有行为人，其组织卖淫并无直接的获利目的，或者虽有组织行为但尚未盈利的。对此，只要符合组织卖淫罪的犯罪构成，则应当以组织卖淫罪定罪处罚，而不考虑其是否以营利为目的或者是否实际盈利。因此，营利性不是本罪成立必须的主观要件。《涉卖淫刑案解释》第八条第三款规定："引诱、容留、介绍他人卖淫是否以营利为目的，不影响犯罪的成立。"该解释虽然未对组织、强迫卖淫罪的营利性作出规定，但原理是一样的。但是，获利性是涉卖淫类刑事犯罪的共同主观特点。即使行为人不具有营利的目的，也有获取其他利益的目的。获利性与营利性的范围不完全一样。营利性一定属于获利性，而获利性未必一定以获取经济利益为目的。因此，《涉卖淫刑案解释》在第一条规定组织卖淫罪的概念时，未将行为人的获利情况作为构成要件予以规定。同时，考虑到一般情况下，组织卖淫罪行为人具有营利的目的，《涉卖淫刑案解释》第二条在规定组织卖淫罪情节严重的情形时，特别将"非法获利一百万元以上"作为情节严重的情形之一。

（三）客体要件

组织卖淫犯罪，侵犯的客体是社会管理秩序以及社会风化，即在长期的社会生活过程中所形成的良好的、健康的社会风俗教化。当然，所有刑事犯罪，从大的方面说，不管其侵犯的直接客体是什么，其实质都是对正常社会秩序的侵犯。而"妨害社会秩序罪"中的大多数犯罪，侵犯的客体主要是某一类事物的管理秩序。组织卖淫罪等涉卖淫刑事犯罪所侵犯的社会秩序，和"妨害社会秩序罪"的其他类型一样，有自己的特定的社会秩序，如毒品犯罪侵犯的是毒品管理秩序，妨害司法犯罪侵犯的是司法秩序，涉卖淫类刑事犯罪，侵犯的则是社会对"性"的管理秩序。婚姻法规定夫妻之间有忠诚的义务，对已婚人员的性行为有了约束，对婚外性行为有一定的制裁措施。但是，婚姻法的惩处也是在处理夫妻婚姻纠纷时在财产分割问题上给予惩罚。对婚外性行为以及无婚姻人员的性行为，刑法及治安处罚法一般不予惩处。并且，一般的婚外性行为，并不牵涉到国家法律管理的层面，因而法律并不干涉，而仅由道德干涉。但是，一旦婚外性行为严重侵犯了社会风化，严重侵犯了中国特色的社会主义道德风尚，特别是他人介入婚外性行为，为具有婚外性行为意愿的人提供市场时，就侵犯了国家对“性”的管理的底线。也就是说，我国法律虽然一般不惩罚个别的、隐秘的、当事者自愿的婚外性行为，但并不提倡这些婚外性行为，更是坚决反对为婚外性行为提供市场的行为。另外，组织卖淫罪虽然没有侵犯公民的“性权利”，但有时也侵犯公民的人身自由。这体现在行为人使用暴力、胁迫等具有强迫特征的手段对自愿卖淫的人员进行管理和控制，如组织者对卖淫人员实施扣押身份证、户口簿等证件；假借代为保管名义控制卖淫人员手机等通讯工具，以限制其与外界联系的自由；以拘禁的方式限制卖淫人员人身自由，安排人员监督卖淫交易等。这种具有强迫特征的行为表现形式，因卖淫人员的自愿卖淫而未侵犯卖淫人员的“性自由”，但却侵犯了卖淫人员的人身自由。

综上，组织卖淫犯罪，一般情况下，只侵犯社会管理秩序，但有时也同时侵犯公民的人身自由，此时，侵犯的客观就是双重客体。但从构成要件这个意义上说，社会管理秩序才是组织卖淫罪的直接客体，关键是行为人对社会道德风化构成了侵害。而对人身自由的侵犯不是组织卖淫罪构成要件中的客体要件。人身自由只是组织卖淫罪可能会侵犯的客体。

本罪的犯罪对象是“他人”，而不限于“妇女”。刑法规定的是组织（他人）卖淫罪。按词义解释，“他人”既包括男人，也包括女人。现实中，充当卖淫人员的主要是女人，但在相当多的地方，男性卖淫现象也不鲜见。而且，男性卖淫也不是现代社会才有的现象，许多公民都知道这一事实，有人将男妓称为“鸭”，与将妓女称为“鸡”相对应，就充分说明了社会对男性卖淫的认知度。

（四）客观要件

组织卖淫罪在客观方面表现为实施了组织行为。具体地说是以招募、雇佣、纠集等手段，实施了管理或者控制卖淫人员的行为。

1. 行为人实施了一定组织手段

所谓“组织”，按照现代汉语词典解释，意指“安排分散的人或者事物使具有一定系统性或者整体性”。对于组织卖淫而言，行为人需要采取一定的组织手段，把分散的卖淫人员、分散的卖淫活动集合起来。司法实践中常见的组织手段主要有招募、雇佣、引诱、容留、介绍等。招募，是指通过公开或者秘密手段主动表明接受卖淫人员的意愿，广泛征集愿意从事卖淫活动的人员将其纳入卖淫组织。公开招募的比如在公共场所张贴小广告招募所谓会所工作人员等，秘密招募的比如私下有针对性地物色符合条件的卖淫人员将其纳入自己的组织内。雇佣，本意指用货币购买劳动力，在组织卖淫活动中，行为人通过支付报酬的方式将自愿卖淫者纳入卖淫组织内从事卖淫活动。引诱，是指在他人原本无卖淫意愿的情况下，使用勾引、利诱的方式使他人从事卖淫活动。这种方法的表现形式除了对他人进行直接的物质上的引诱外，还包括从精神上、心理上对他人进行诱惑和劝说，使其价值观产生动摇，从而心甘情愿的从事卖淫活动。容留，是指允许他人在自己支配的场所卖淫或者为他人卖淫提供场所。介绍，是指在卖淫人员与嫖娼人员之间牵线搭桥，促成性交易的达成。对于上述组织卖淫的手段，行为人可能实施一种也可能实施多种，比如通过招募或者引诱过来的卖淫人员，通过雇佣的手段与其建立相对稳定的关系，继而容留、介绍其卖淫。

因刑法对组织卖淫罪的罪状描述比较简单，故而先后两部司法解释（《解答》和《涉卖淫刑案解释》）对组织卖淫罪的组织手段都有规定。《解答》规定："以招募、雇佣、强迫、引诱、容留等手段，控制多人从事卖淫的行为……"《涉卖淫刑案解释》规定："以招募、雇佣、纠集等手段，管理或者控制他人卖淫……"比较前后司法解释的表述，主要有以下三点区别：

第一，现行《涉卖淫刑案解释》未明确规定引诱、容留、介绍的手段。我们认为，《涉卖淫刑案解释》之所以未明确列举引诱、容留、介绍手段，主要是防止文字表述上与刑法第三百五十九条规定的引诱、容留、介绍卖淫罪发生混淆，并不表明引诱、容留、介绍不属于组织手段。事实上，引诱、容留、介绍都属于常见的组织卖淫手段。可以说绝大多数组织卖淫罪，行为人对卖淫人员至少实施了容留和介绍的行为，否则难以实现对卖淫活动的管理和控制。

第二，《涉卖淫刑案解释》增加了"纠集"手段。"纠集"实际是一种概括性的手段，意指把分散的个人及其活动集合起来，《涉卖淫刑案解释》使用"纠集"以弥补列举不足。包括招募、雇佣、容留在内诸多手段都可以认为系纠集人员的方式。

第三，关于"强迫卖淫"的手段。在组织卖淫的手段中，争议最大的就是强迫卖淫是否属于组织卖淫的手段。一种观点认为，组织卖淫的手段包括强迫卖淫，主要依据是1991年《解答》中明确规定强迫卖淫属于组织卖淫的手段，《解答》还规定“对被组织卖淫的人有强迫、引诱、容留、介绍卖淫行为的，应当作为组织他人卖淫罪的量刑情节予以考虑，不实行数罪并罚”。另一种观点认为，组织卖淫罪中被组织者都是非强迫性从事卖淫活动的。如果组织者以强制的手段迫使他人卖淫，则不属于组织卖淫罪的手段范畴，不能以组织卖淫罪来评价。我们认为，上述争议实际是两个层次的问题，先是组织卖淫的手段是否包括强迫卖淫，然后是行为人采取强迫手段组织卖淫的应当如何定罪。就前一个问题，从文义解释的角度看，所有能将卖淫人员及卖淫活动集合起来的手段都可称为组织手段。组织卖淫的手段是多种多样的，包括卖淫人员自愿的如招募、聘用，包括卖淫人员起初没有卖淫意愿后被说服诱导的比如引诱，也包括卖淫人员并不自愿的比如强迫。事实上，司法实践中单纯的强迫卖淫行为并不多见，更多强迫卖淫行为是伴随组织卖淫行为而发生的，且有不少组织卖淫案件，行为人采取的主要手段就是强迫。因此不论从文义理解还是司法实践情况看，强迫卖淫都属于组织卖淫的手段。至于行为人采取强迫手段组织卖淫的应当如何定罪，则属另外一个问题，下文将作详细阐述。

2. 行为人通过组织手段实现对卖淫人员的控制或者管理

刑法第六章第八节规定的犯罪中，组织卖淫罪与其他犯罪比如引诱、容留、介绍卖淫罪在手段上有重合之处，在犯罪的表现形式上也常常类似，区分此罪与彼罪的关键在于能否通过一定手段实现对卖淫人员及卖淫活动的管理或者控制。所谓管理，是指行为人指挥卖淫人员、协调卖淫活动，对卖淫组织的人员、场所等进行有效配置，以实现安全、高效的组织卖淫活动。比如组织卖淫者按照一定的模式向嫖客推荐、介绍卖淫人员，统一调度、安排卖淫女，并为卖淫活动提供卖淫场所、安排相关服务、保障人员，提供物质便利条件等。所谓控制，基本含义是卖淫活动在组织者掌握的范围内或者操纵下进行。这种“控制”一方面表现在对卖淫对象人身和财产的控制，使之服从、接受卖淫组织的统一安排，如统一管理卖淫人员的身份证件、规定作息时间、统一管理卖淫人员的收入，等等。另一方面表现为对卖淫行为的控制，如指定固定的场所为卖淫场所，规定不同卖淫行为的不同价格，收取固定的介绍费用等。

需要说明的是，管理或控制不能狭义理解为仅对卖淫人员人身自由进行限制或剥夺，司法实践中不少卖淫组织中的卖淫人员是具备相当高的自由度的，有的卖淫组织实施类似公司的管理制度，卖淫人员自愿置于组织者的管理、控制之中，人身自由不受限制，卖淫人员对是否从事卖淫活动有一定的意思自治空间，可以在不同的卖淫组织之间“跳槽”。在这种情况下，组织者的管理和控制主要体现在对组织内人员、财物、场所及其活动的综合把控和调度，这实际是一种更有效率、更能逃避打击的管理和控制手段。

3. 应当具有一定的规模

刑法中在罪名上使用组织一词的，大致可以分为两类，一类属于必要的共同犯罪，比如组织、参加黑社会性质组织罪、组织越狱罪等，组织者与被组织者构成同一犯罪，或者至少都构成犯罪，比如组织者可能构成组织他人偷越国边境罪，被组织者可能构成偷越国边境罪。另一类则属于任意共同犯罪，一般只对组织者进行刑事处罚，对被组织者不予处罚或者只进行行政处罚。组织卖淫罪属于后一种情形。本罪的行为人既可以与他人共同实施犯罪行为，也可以独自从事组织卖淫活动。因此，组织卖淫罪的规模要件并不体现在行为人即组织者方面。

组织卖淫罪的规模要件主要体现在被组织人员众多。组织卖淫罪在刑法第六章第八节中属于法定刑较高的犯罪，高于引诱、容留、介绍卖淫罪。这是因为行为人通过组织多人从事卖淫活动，并对卖淫活动进行管理和控制，形成了一定组织体系，更容易实施犯罪、逃避侦查，也容易衍生其他犯罪，具有更大的社会危害性，故而属于重点打击的对象。一般来说只有被组织的人员达到多人以上的，才能称之为组织，否则与一般的引诱、容留、介绍卖淫行为在社会危害性上难有本质区别。历来司法解释对构成组织卖淫罪的卖淫人数都有要求，《解答》规定是“多人”，《涉卖淫刑案解释》进一步明确规定，组织卖淫罪中被组织人员的人数为三人以上。对于被组织人员未达到三人的，因不符合组织卖淫罪的组织要件，故按照其手段定罪。

4. 不需要固定的场所

一般情况下，组织卖淫行为人是设置或者变相设置卖淫场所的，如以宾馆、洗浴中心、会所为固定场所或者以经营宾馆、洗浴中心、会所等为名，行组织卖淫之实。但近些年来，面对严厉的“扫黄”活动，一些不法之徒采取动态管理方式，即不建立固定的卖淫窝点，而是利用现代化的交通与通信设施，指挥、控制着多人从事卖淫活动。这种动态管理模式，将组织卖淫行为化整为零，或者将分散的单个卖淫行为组织起来，既能扩大卖淫的范围，又便于逃避公安机关的追查。这类没有固定场所的组织卖淫行为，依然明显地体现出组织者的管理、控制行为，即卖淫者并非作为单个个体而存在，而是受制于组织者，随时接受他们的指令去办事，有一定的组织性和纪律性。

三、关于组织卖淫罪构成要件的几个争论问题

（一）如何理解“卖淫人员在三人以上”

先看一案例：

被告人何鹏燕，女，2016 年 8 月 5 日因涉嫌犯组织卖淫罪被逮捕。

某县人民检察院以被告人何鹏燕犯组织卖淫罪向某县人民法院提起公诉。指控称：2016 年 1 至 6 月期间，被告人何鹏燕先后 6 次组织李某某、万某、秦某等卖淫女在某县三合街道、高家镇等地进行卖淫活动。在此期间，何鹏燕负责联系嫖客、收取嫖资、安排接送失足少女前往卖淫地点等。后又为方便组织卖淫，何鹏燕在某县一小区租了一间无牌门面房屋给自己及万某等人居住。

某县人民法院经审理查明：2016 年 1 月至 6 月期间，被告人何鹏燕多次介绍李某某（女，2001 年 10 月 25 日出生）、万某（女，2001 年 2 月 23 日出生）、秦某（女，2000 年 8 月 30 日出生）在某县进行卖淫活动。具体事实如下：（1）2016 年 1 月的一天，被告人何鹏燕介绍李某某在某县一酒店 203 房间卖淫一次。（2）2016 年 4 月下旬的一天晚上，被告人何鹏燕介绍秦某在某县一酒店 201 房间卖淫一次。（3）2016 年 5 月下旬的一天下午，被告人何鹏燕介绍万某在某县一酒店 201 房间卖淫一次。（4）2016 年 5 月的一天晚上，被告人何鹏燕介绍万某在某县一酒店 4－6 房间卖淫一次。（5）2016 年 5 月 28 日凌晨，被告人何鹏燕介绍万某在某县一酒店 1304 房间卖淫一次。6. 2016 年 6 月中旬的一天凌晨，被告人何鹏燕介绍万某在某县××号卖淫一次。

某县人民法院认为，被告人何鹏燕介绍多名未成年人多次卖淫，情节严重，其行为已构成介绍卖淫罪。何鹏燕到案后如实供述了自己的罪行，依法对其从轻处罚。据此，判决：被告人何鹏燕犯介绍卖淫罪，判处有期徒刑五年六个月，并处罚金 1 万元。

一审宣判后，检察机关提出抗诉，认为原判认定何鹏燕的行为构成介绍卖淫罪的定性不当，应当以组织卖淫罪定罪处罚，原判适用法律错误，提请二审予以改判。

某市第三中级人民法院经审理认为，虽然何鹏燕具有管理他人卖淫的行为，但卖淫女李某某与秦某、万某的卖淫活动分别在不同时间段，无三人同在同一时段的情形，不符合最高人民法院、最高人民检察院《涉卖淫刑案解释》中有关组织卖淫罪构成要件的规定。检察机关的抗诉理由不能成立。原判认定何鹏燕的行为构成介绍卖淫罪的事实清楚，证据充分，定性正确。鉴于二审期间，因新的司法解释施行，认定介绍卖淫罪情节严重的标准与以前掌握的标准发生变化，导致原判认定情节严重不当，应当依法予以改判。据此，判决：原审被告人何鹏燕犯介绍卖淫罪，判处有期徒刑四年六个月，并处罚金 8000 元。

本案中，二审改判的理由是被告人何鹏燕所犯的介绍卖淫罪，在一审阶段，被认定为“情节严重”，但在二审期间，因《涉卖淫刑案解释》的实施而被认定为不属于“情节严重”。此问题在此不作论述。所要重点论述的是，何鹏燕的行为属于组织卖淫罪还是介绍卖淫罪？根据《涉卖淫刑案解释》第一条关于组织卖淫罪概念的规定，构成组织卖淫罪应当同时具备以下三个条件：(1) 组织者对卖淫人员采用了招募、雇佣、纠集等手段；(2) 组织者具有管理或者控制他人卖淫的行为；(3) 卖淫人员达到三人以上。本案中，被告人何鹏燕的行为符合前两项条件，但对于是否符合“卖淫人员在三人以上”，存在争论。公诉机关及支持抗诉机关的观点是：“卖淫人员在三人以上”是指在指控的犯罪期间内，卖淫人员累计达到三人以上。本案中，卖淫人员已累计达到三人以上，符合《涉卖淫刑案解释》对组织卖淫罪的规定，应认定为组织卖淫罪。而一、二审法院的观点是：“卖淫人员在三人以上”是指在指控的犯罪期间内，管理、控制卖淫人员不是累计达到三人以上，而是在同一时间段内管理、控制的卖淫人员达到三人以上。本案中，卖淫人员是先后累计达到三人以上，但被告人何鹏燕先是对李某某的卖淫活动进行管理，李某某离开后再对秦某、万某的卖淫活动进行管理，三名卖淫人员在被管理的时间上不存在交叉、重叠，不符合《涉卖淫刑案解释》对组织卖淫罪的规定。在不构成组织卖淫罪的前提下，何鹏燕具有介绍卖淫的行为，应以介绍卖淫罪定罪处罚。

我们同意一、二审法院的观点。理由如下：

第一，刑法规定的“组织”行为的本质在于体现“组织性”，即强调由分散个体组成整体的稳固性和强大性。这不只要求简单地将单个个体召集到一起，还要求组成成员的相对固化，形成相应的纪律、规则，具备一定的行为定式，从而使整体的实力远远大于个体实力的简单相加。就组织卖淫罪而言，该罪的构成同样应当以具有“组织性”为前提，即将单个卖淫人员以招募、雇佣、纠集等手段整合为三人以上的稳定的卖淫团体，并按照相应的纪律、规则对卖淫活动进行管理或控制。因此，对“组织他人卖淫”的理解也必须从是否具有组织性上进行考察。首先，组织他人卖淫的“组织性”在人数上要求达到多数。即行为人组织的卖淫人员的人数必须达到三人及以上，在数量上实现由少变多，如果卖淫的人数没有达到三人，那么行为的“组织性”则无法体现。其次，组织他人卖淫的“组织性”在空间上要求具有稳定性。即组织者与卖淫人员通过一定的管理或者控制手段形成相对稳定的团体，从而让卖淫人员处于有序状态下进行卖淫交易。再次，组织他人卖淫的“组织性”在时间上要求具有重合性。即三人以上的卖淫人员在被管理或者控制的某个时间段必须存在交叉、重叠，也即三人以上的卖淫人员必须是同时出现在一个时间段内，方能体现组织卖淫中的“组织性”。“时间上的重合”是“人数上多数”和“空间上稳定”有机结合的必要结合点。如果卖淫人员处于今天A来了又离开、明天B来了又离开，后天C来了又离开这样一种流动不定的状态，那么，稳定的卖淫团体难以形成，“组织性”也难以体现。就本案而言，被告人何鹏燕先是对李某某的卖淫活动进行管理，李某某离开后再对秦某、万某的卖淫活动进行管理。何鹏燕在管理卖淫人员李某某、秦某、万某的时间上不存在交叉，未能将卖淫人员整合成为三人以上的稳定的卖淫团体，缺乏组织他人卖淫的“组织性”。因此，何鹏燕的行为不构成组织卖淫罪。

第二，将“卖淫人员在三人以上”理解为累计达到三人以上，将会造成罪责刑不相适应。组织卖淫罪起点刑为五年有期徒刑，在刑法第八节中属于重罪，量刑起点较高，将《涉卖淫刑案解释》规定的“卖淫人员在三人以上”理解为累计达到三人以上，将会放宽组织卖淫罪的成立条件，扩大打击面。之所以不能将《涉卖淫刑案解释》第一条规定的“三人以上”理解为累计三人以上，主要原因在于同时管理、控制“三人以上”卖淫和累计管理、控制三人以上卖淫的社会危害性是不一样的。同一时间段内，管理、控制“三人以上”卖淫，体现了组织卖淫行为的“规模效应”。而“规模效应”既是组织卖淫行为的表现特征，也是其社会危害较容留、介绍卖淫更大的体现，对社会正常、健康秩序的冲击力也更大。这也是组织卖淫罪的起刑点高于容留、介绍卖淫罪的主要原因。

综上，被告人何鹏燕虽然具有联系嫖客、与嫖客谈价格、收取嫖资、确定与卖淫人员之间对嫖资的分配、接送卖淫人员等“管理他人卖淫”的行为，但是卖淫人员李某某与万某、秦某是在不同时段从事卖淫活动，不符合《涉卖淫刑案解释》规定的“卖淫人员在三人以上”的条件，不构成组织卖淫罪。一二审法院根据何鹏燕的行为本质，以介绍卖淫罪对其定罪是正确的。

（二）投资获利者能否认定为组织卖淫行为人

在司法实践中，卖淫犯罪往往以合法形式掩盖犯罪实质，如开设洗浴中心、保健中心等等，特别是一些行为人并不参与组织卖淫的具体管理或者控制活动，而仅仅对所谓的洗浴中心、保健中心等进行投资，并约定分成。在平时对卖淫嫖娼活动的管理中很少甚至不直接介入。对这类投资行为是否能认定为组织卖淫？

我们认为，投资者只要明知实际经营者、管理控制者所进行的是组织卖淫犯罪活动，即使没有实际直接参与经营，没有直接对卖淫活动进行管理控制，其投资行为也应认定为组织卖淫行为的组成部分。主要原因就在于实际经营者、管理控制者，如果离开了投资者的投资，可能组织卖淫的规模会受影响，甚至能否有经济实力实施组织卖淫行为都可能存在问题。当然，仅有投资没有实际经营行为，没有管理控制行为，投资行为不会自动转变为组织卖淫行为。因此，投资行为与实际经营行为、管理控制行为共同构成了组织卖淫行为。有时，投资者既是实际经营者，又是管理控制者，行为人集三角色于一身，那就更加充分体现了其组织卖淫的行为特征。

需要说明的是，明知是组织卖淫行为而投资，是投资者构成组织卖淫行为的前提条件。

如何认定投资获得者在共同犯罪中的地位作用？我们认为，就投资者而言，除了考察投资比例外，还要考察是否直接参与经营或者考察参与经营的程度。这是区分犯罪分子在共同犯罪中地位作用的一个重要方面。（1）主要投资者其地位明显高于仅投资而没有参与经营者，主要经营者比没有参与经营的人作用更突出。（2）虽然仅投资而不参与经营、管理，但居于控股地位的，其地位、作用不一定次于实际经营者和管控者。（3）仅投资且投资比例没有达到控股地位的，其地位作用明显次于投资处于控股地位者，或者明显次于实际经营者，或者明显次于实际管控者的，可以认定为组织卖淫的从犯。接近控股地位的，可以认定为主犯，但与最主要的主犯，在量刑上要有区分。

如在席某某、郑某某、陆某某组织卖淫案中，三人在某市金陵大酒店一楼以6∶3∶1的出资比例合伙经营某市金领保健服务中心（以下简称金陵SPA馆），其中由席某某具体经营管理。期间金陵SPA馆组织卖淫女向嫖客提供多种类的性服务，收取不等的费用。席某某与被告人郭某书面约定合作经营金陵SPA馆卖淫服务，由郭某组建管理卖淫女团队，席某某负责金陵SPA馆的整体运营管理，包括收银员的雇用、税费开支、物品提供以及相关人员违法行为被查处后的处置等。之后，郭某招募卖淫女，安排卖淫交易，利用微信、支付宝收银，通过微信及出租车司机招揽嫖客，同时向郑某某发送每日记账单。郑某某能通过郭某发送的每日记账单以及偶尔到金陵SPA馆查看掌握情况，陆某某偶尔到金陵SPA馆查看掌握卖淫情况。卖淫所得的13%归郭某，50%归卖淫女，37%由席某某、郑某某、陆某某按出资比例分配。法院认为：在组织卖淫共同犯罪中，被告人席某某、郭某起主要作用，系主犯，被告人郑某某、陆某某起次要作用，系从犯，同时在被告人郑某某、陆某某之间，被告人陆某某的作用又相对较轻。

我们认为，法院的这一认定是正确的。因为：被告人席某某既是主要投资者（投资比例占60%），又是主要经营者，理应认定为主犯。而郑某某投资30%、陆某某投资10%，且均未具体参与经营，只是偶尔查看经营情况，其地位、作用明显不如席某某，应当认定为从犯。被告人郭某虽然未出资，但其实施了招募卖淫女，组织卖淫团队，安排卖淫交易，利用微信、支付宝收银，通过微信及出租车司机招揽嫖客等行为，在共同犯罪中地位突出，行为积极且其收入占全部卖淫收入的13%，收入比投资者郑某某、陆某某都高，应当认定为共同犯罪中的主犯。

（三）一个人能否成为组织卖淫行为人

组织卖淫的第一特征是具备组织行为，既包括如何将卖淫人员组织在一起的行为，也包括将卖淫人员组织起来后如何实施卖淫的行为。前者是一种手段，如招募、雇佣、纠集等，实务中，也包括引诱、容留等手段。但组织卖淫中的引诱、容留与单纯的引诱、容留卖淫是有质的区别的，组织卖淫中的引诱、容留，是为组织卖淫服务的，是作为组织卖淫的一种手段，而单纯的引诱、容留卖淫，其本身就是基本犯罪行为，只是没有发展到组织卖淫的程度。后者则是组织卖淫行为本身。也就是说，组织卖淫行为的主要行为特征是管理和控制。这里的管理和控制是对卖淫人员以及卖淫活动的管理和控制。至于卖淫人员是否自愿卖淫，不影响组织卖淫行为的成立。管理和控制的主体表现就是卖淫人员在何处、何时卖淫、向谁卖淫、如何收费、如何分配卖淫的收入甚至卖淫人员的日常行为都是由行为人决定的。即使是卖淫人员自愿卖淫，但在上述事项上也是由组织卖淫行为人决定的。

实践中，有意见提出，组织卖淫行为应体现在行为人的组织性上。我们认为，刑法中类似于黑社会组织犯罪这类的组织性犯罪与本罪在本质上是不一样的。我国刑法在两种不同意义上使用组织一词。一种是作为组织犯罪中的组织意义上使用。如刑法第一百二十条的组织、领导、参加恐怖组织罪及第二百九十四条的组织、领导、参加黑社会性质组织罪。刑法第二十六条第一款关于“组织、领导犯罪集团进行活动的或者在共同犯罪中起主要作用的，是主犯”的规定，其中的组织，其本质也是组织犯罪中的组织意义上使用的。在此意义上，组织可以看成是共同犯罪中以分工为标准所称的组织犯。而所谓组织犯，是指组织、领导犯罪集团或者在犯罪集团中起策划、指挥作用的犯罪分子。[①] 因此，组织犯虽然也必须实行组织行为，但其组织的对象却是犯罪分子。另一种是作为组织犯罪中的行为意义上使用。作为犯罪行为意义上使用的组织一词，其组织的对象是犯罪行为。而不是行为人具有组织性质，行为人未必一定要成立组织机构。当然，作为组织卖淫犯罪分子，有时不仅组织卖淫人员，也组织犯罪分子。如组织卖淫犯罪集团，此时，其既实施了组织犯意义上的组织行为，又实施了组织犯罪行为。但是，组织卖淫罪的罪质特征主要体现在其组织行为上，即行为应当具有组织的性质。所有的组织卖淫犯罪，行为人都必须对卖淫行为实施组织行为，但未必组织犯罪分子。也就是说，组织犯罪分子成立相应的卖淫犯罪组织，不是组织卖淫罪的必须要件。犯罪分子既可以组织犯罪集团从事组织卖淫犯罪活动，也可以成立一般的共同犯罪组织从事组织卖淫犯罪活动，还可以一个人单独实施组织卖淫犯罪活动。综上分析，一个人也可以成为组织卖淫行为人。是否成立组织卖淫犯罪，关键看行为人是否组织了卖淫活动，而不是看其是否成立了卖淫犯罪组织性质的犯罪集团、犯罪团伙或者成为共同犯罪人。

（四）组织他人嫖娼的行为如何处理

与组织他人卖淫行为密切相关的是组织他人嫖娼的行为。两者经常并存，

---

① 马克昌主编：《犯罪通论》，武汉大学出版社 1999 年版，第 542 页。

并共同促使卖淫嫖娼现象的泛滥。但两者又不是对合性行为，并非相伴而生。因此，虽然组织卖淫行为被规定为犯罪行为，但组织他人嫖娼的行为未必作为犯罪处理。刑法也未将组织嫖娼的行为予以犯罪化，也说明这种行为的社会危害性没有达到必须加以刑事处罚的程度。刑法惩罚的是组织卖淫行为，不能随意将惩处范围扩大到组织嫖娼行为。虽然在实践中，组织卖淫和组织嫖娼行为因其表现形式的多样性和复杂性，往往容易重叠和混淆，但不能因此而不加区分。既不能进行无限扩张，把组织嫖娼行为一律作为组织卖淫行为纳入刑法打击范围，也不能将貌似组织嫖娼实际属于组织卖淫的行为排除在刑法打击范围之外。为此，必须明确以下几点。

1. 将组织他人嫖娼行为视为组织他人卖淫行为的一个有机组成部分，应按照组织卖淫罪来认定组织他人嫖娼的行为的观点，既与立法不符，也不符合刑法的基本理论。

2. 如果组织卖淫行为与组织嫖娼行为都是由同一人或数人策划、组织的，就应按照组织卖淫罪处罚，此时，组织他人嫖娼行为是组织他人卖淫行为的一个组成部分。但是，组织嫖娼的人员不能计算到组织卖淫的人数中去。

3. 如果有不同的组织者组织、策划他人卖淫，并且勾结在一起，那么组织他人嫖娼的行为，可视为组织卖淫行为的一部分，或起辅助作用，可按具体情况分别定组织卖淫罪（从犯）或者协助组织卖淫罪。

4. 如果组织嫖娼者与组织卖淫者没有任何关系，两种行为完全是分开的，那就应该依照法律的规定，该定罪处罚的要定罪处罚，法律没有规定的，则按罪刑法定原则，不得定罪处理：

（1）组织嫖娼者为了卖淫人员或者组织卖淫行为人的利益而组织他人去嫖娼的，依法应当认定为介绍他人卖淫。

（2）组织嫖娼者知道卖淫窝点或联系方式等，而与卖淫方面的相关人员没有关联性，组织他人去嫖娼的，属于介绍嫖娼，不应当认定为刑法意义上的介绍卖淫。

（3）在组织嫖娼的行为过程中，如果触犯其他罪名的，如聚众淫乱罪，则要按所触犯的罪名定罪处罚。

四、组织卖淫罪"情节严重"的认定

从立法层面看，从来没有规定过何谓组织卖淫"情节严重"、何谓组织卖淫“情节特别严重”。《决定》公布实施后，《解答》对组织卖淫的“情形严重”，也没有予以明确，相反，却对“情节特别严重”的情形予以规定，即“主要是指组织他人卖淫的首要分子情节特别严重的；组织他人卖淫手段特别恶劣的；对被组织卖淫者造成特别严重后果的；组织多人多次卖淫具有极大的社会危害性的，等等”。1997年刑法仍然没有对组织卖淫情节严重和情节特别严重的具体情形作出规定。虽然，《解答》所依附的《决定》有关刑事责任方面的规定已经被现行刑法所吸纳，但是，司法实践中一般仍然参照适用《解答》的有关规定。2013年，最高人民法院、最高人民检察院经对司法解释进行清理，宣布废止了《解答》。[①] 自此，司法机关再也不能参照适用《解答》。《刑法修正案（九）》取消了组织卖淫罪“情节特别严重”的规定，但仍然保留了“情节严重”的规定，却依然未对何谓“情节严重”的情形作出具体规定。而司法实践中还出现了许多新情况、新问题需解决。因此，迫切需要对组织卖淫“情节严重”的情形予以规定，以便对审理此类案件的法律适用问题进行统一、规范。为此，《涉卖淫刑案解释》提出了组织卖淫罪“情节严重”的以下内容。

（一）卖淫人员累计达十人以上的

如何从卖淫人数方面确定组织卖淫“情节严重”？《涉卖淫刑案解释》起草小组进行了充分调研和统计分析。据对北京市、上海市、天津市、重庆市、江苏省、福建省、广东省、四川省等八个高级人民法院2011－2015年审结的此类案件的统计汇总，组织卖淫案件中，卖淫人员为5人以上的共417件，占同期该类案件数的18.65%；卖淫人员为10人以上的共164件，占同期该类案件数的7.33%；卖淫人员为15人以上的共65件，占同期该类案件数的2.9%；卖淫人员为20人以上的共39件，占同期该类案件数的1.74%。通过对上述八省市组织卖淫案件的分析，经研究认为，将卖淫人数累计达到10人以上作为组织卖淫“情节严重”的起点标准，基本能够达到反映情节严重案件与情节一般案件的比例要求。

这里的累计十人，需明确：首先必须满足《涉卖淫刑案解释》第一条关于组织卖淫概念中卖淫人员必须在三人以上的条件，即同时组织三人以上实

---

① 2013年1月4日公布，自2013年1月18日起施行的《最高人民法院、最高人民检察院关于废止1980年1月1日至1997年6月30日期间制发的部分司法解释和司法解释性质文件的决定》（法释〔2013〕1号）。

施卖淫活动。在此基础上，对其另行组织的卖淫人员可以累计计算。如果每一次都只组织三人以下（不含三人），任何一次组织卖淫的人员均未达到三人以上的，则不构成组织卖淫罪，即使累计组织卖淫的人员达到十人以上。因不构成组织卖淫罪，构成组织卖淫“情节严重”也就无从谈起。

（二）卖淫人员中未成年人、孕妇、患有严重性病的人累计达五人以上的

这是从特殊保护角度进行的规定。对未成年人、孕妇、患有严重性病的人而言，人数标准参照组织一般人员卖淫“情节严重”的一半标准设置，体现对组织特殊群体人员卖淫予以更严厉打击的精神。因此，组织未成年人、孕妇、智障人员、患有严重性病的人员等具有特殊身份的人进行卖淫的，认定“情节严重”的卖淫人数标准，累计达到5人以上即构成组织卖淫“情节严重”。

（三）组织境外人员在境内卖淫或者组织境内人员出境卖淫的

这一条是从国际影响和社会危害程度方面考虑的。适用这一条件，需明确以下四点：

1. 必须满足《涉卖淫刑案解释》第一条关于组织卖淫概念中卖淫人员必须在三人以上的条件，即同时组织三人以上实施卖淫活动。没有三人以上的前提条件，就不能适用本项规定。

2. 认定是否属于“组织境外人员在境内卖淫或者组织境内人员出境卖淫”，应当看行为的主要特征。比如，行为人组织六人卖淫，其中有一人为境外人员，此时，不宜认定为组织境外人员在境内卖淫。只有行为人组织卖淫的对象主要为境外人员，即行为人以组织境外人员卖淫为组织卖淫的目的的，才能认定为组织境外人员在境内卖淫。同理，组织境内人员出境卖淫，也必须体现行为人以组织境内人员出境卖淫为主要行为特征，而不是主要行为是组织境内人员在境内卖淫，偶然夹带个别人员出境卖淫的情形。

3. 组织境内人员出境卖淫包括了两个行为，一为组织卖淫人员出境的行为，一为组织出境人员在境外卖淫的行为。其中出境既包括办理合法手续的出境，也包括非法出境。只要卖淫人员的出境是行为人基于组织卖淫的目的而组织的即可。而组织境外人员在境内卖淫，则不要求行为人对卖淫人员的入境行为实施相关组织、帮助行为。即不管境外人员通过何种方式入境，只

要行为人将境外人员组织起来在境内卖淫即可。

4. 关于“境”。《涉卖淫刑案解释》用的是“境”一词，而没有用“国”一词。因此，台湾、香港、澳门的人员可以称为境外人员。组织境内人员出境卖淫，也包括组织我国大陆人员到我国台湾地区、香港、澳门特别行政区卖淫。

（四）非法获利人民币一百万元以上的

将营利数额作为“情节严重”的一个选项，基于以下两个方面的原因。（1）营利性不是组织卖淫罪构罪的必须要件，但一般情况下，组织卖淫行为人是以营利为目的的。因此，有必要从非法获利这个角度对组织卖淫的情节严重予以规定。（2）从调研情况看，各地法院普遍赞同不以组织卖淫的次数衡量情节是否严重，而应以管理、控制卖淫的人数、造成被组织卖淫者伤亡后果及卖淫人员自身的情况等来认定情节是否严重。因为司法实践中，卖淫的次数问题，取证通常比较困难，往往会比较缺乏认定的证据。同时，组织卖淫的次数与人数相比，显然人数的危害比次数大得多。当然，解释对次数问题也是有充分的考虑的。一是专门设置第十条，将组织、强迫、引诱、容留、介绍他人卖淫的次数，作为在法定刑幅度内的量刑情节。二是将组织卖淫犯罪活动“非法获利人民币一百万元以上”作为“情节严重”的情形之一。组织卖淫活动获利越多，越能在较大程度上反映其组织卖淫的次数，体现其社会危害的严重性。从收集证据的角度来看，获利情况相对容易查明，将获利情况作为情节严重与否的标准，也有利于使一些反侦察意识较强，对卖淫者的信息实行一定保护，致使公安机关查处困难的犯罪分子难以逃避打击。当然，获利多少不是认定“情节严重”的主要选项，而是在认定组织卖淫人数存在取证困难时的一个补充手段，因此，不宜太高，也不宜太低。其获利情况应当与组织卖淫犯罪活动连续时间或者累计时间一年以上基本相当，因而确定为一百万元。实践中，犯罪分子获利数百万元甚至数千万元的也不在少数。

适用这一条件，必须满足《涉卖淫刑案解释》第一条关于组织卖淫概念中卖淫人员在三人以上的条件，即同时组织三人以上实施卖淫活动。没有三人以上的前提条件，就不能适用本项规定。

（五）造成被组织卖淫的人自残、自杀或者其他严重后果的

对此要件的理解，应当明确：

1. 这里的“自残、自杀”不是基于组织卖淫犯罪分子的故意行为。如果是犯罪分子的故意行为，则应当依照刑法第三百五十八条第三款的规定，以故意杀人、故意伤害罪等对犯罪分子数罪并罚。所犯故意杀人、故意伤害罪，如果应当判处死刑的，可以依法判处死刑。

2. 这里“自残、自杀”是一种结果，而不是行为本身，即被害人的自残、自杀行为必须导致被害人严重残疾或者死亡的结果，如果行为人仅有自残、自杀的行为，但没有造成严重残疾或者死亡结果的，不能认定为造成被害人自残、自杀的情形。

3. 理解条文中的“其他严重后果”的涵义和外延，应当按照体系解释的方法理解。体系解释是刑法解释方法之一，其目的在于避免断章取义，以便实现刑法或者刑法条文内部的协调与平衡。因为，“法律条文只有当它处于与它有关的所有条文的整体之中才显出真正的含义，或它所出现的项目会明确该条文的真正含义。有时把它与其他条文——其他法令或者同一法典的其他条款一一比较，其含义也就明确了”。[①] 对不明确的规定应当通过明确的规定来考察其含义。因此，对“其他严重后果”，应当基于罪刑法定原则的要求，按照体系解释方法，遵循同类解释规则进行。据此，我们认为，这里的“其他严重后果”必须是被害人即卖淫人员在卖淫期间发生的，且该严重后果与卖淫活动有紧密的因果或者条件关系的。同时，必须是与严重残疾、死亡基本同质的后果，如造成被害人严重精神病致生活不能自理的，造成多人重伤的，等等。而不是没有任何范围约束的严重结果。

4. 被害人在卖淫期间发生死亡、严重残疾等严重后果，且该严重后果与卖淫活动有紧密的因果或者条件关系的，应当认定为“其他严重后果”。如：卖淫人员在从事卖淫活动期间被嫖客杀害，虽然卖淫人员的死亡既非卖淫人员的自杀引起，也非组织卖淫行为人所实施，但发生在卖淫活动期间，因此，与卖淫活动有着刑法意义上的紧密联系，应当认定为“其他严重后果”。

5. 必须满足《涉卖淫刑案解释》第一条关于组织卖淫概念中卖淫人员

---

① ［法］亨利·莱维·布律尔：《法律社会学》，许钧译，上海人民出版社1987年版，第70页。

必须在三人以上的条件，即同时组织三人以上实施卖淫活动。没有三人以上的前提条件，就不能适用本项规定。

（六）其他情节严重的情形

这是刑法和刑事司法解释经常采用的“或者其他”型堵截条款。[①] 其目的是将法条无法或难以穷尽而社会生活中可能出现或以后将出现的情况，用概括性语言进行描述，用以解决法律的滞后和漏洞问题，尽最大可能发挥刑法的超前和预测功能，以全面、准确地调整各种刑事法律关系。

五、组织卖淫罪与相关犯罪的区别

（一）组织卖淫罪与引诱、容留、介绍卖淫罪的区别

所谓引诱、容留、介绍卖淫罪是指使用勾引、利诱等手段使他人从事卖淫，为他人卖淫提供场所、以及在卖淫者和嫖客之间牵线搭桥的行为。根据刑法第三百五十九条规定，引诱、容留、介绍他人卖淫的，处五年以下有期徒刑、拘役或者管制，并处罚金；情节严重的，处五年以上有期徒刑，并处罚金。引诱不满十四周岁的幼女卖淫的，处五年以上有期徒刑，并处罚金。

组织卖淫罪与引诱、容留、介绍卖淫罪在犯罪构成要件上具有诸多相似之处，在手段上有重合之处，均可以表现为引诱、容留和介绍行为。那么，对于实施了引诱、容留、介绍行为的行为人究竟构成何罪，我们认为主要可以从以下三方面进行区分：一是组织卖淫罪要求管理、控制卖淫人员的数量在三人以上。一般来说，只有被组织的人员达到多人以上的才能称之为组织，否则与一般的引诱、容留、介绍卖淫行为在社会危害性上难有本质区别。根据《涉卖淫刑案解释》第一条的规定，被组织的卖淫人员在三人以上的才能认定为刑法第三百五十八条规定的“组织他人卖淫”。如果受引诱、容留、介绍卖淫的人数未达到三人的，则不符合组织卖淫罪的适用条件，应认定为引诱、容留、介绍卖淫罪。二是组织卖淫罪要求行为人对卖淫人员实现管理和控制，这是两罪区分的关键。所谓控制，就是说卖淫活动必须在组织者掌握

① “或者其他”型构成要件语出储槐植：《刑事一体化与关系刑法论》，北京大学出版社 1997 年版，第 358～359 页。

的范围内或者操纵下进行。这种控制一方面表现在对卖淫对象人身和财产的控制，另一方面表现为对卖淫行为的控制。如果行为人只是简单地勾引、利诱他人从事卖淫活动、为他人卖淫活动提供场所、在卖淫者和嫖客之间牵线搭桥、沟通撮合，对卖淫人员、卖淫活动实际都不掌控，即使引诱、容留、介绍了多人从事卖淫活动，也不构成组织卖淫罪。三是两罪在引诱、容留、介绍行为的具体表现方式上存在差异。比如，容留卖淫罪中的容留是指行为人为他人卖淫提供场所或其他便利条件的行为，其强调的是便利性。而组织卖淫罪中的容留，是指容纳收留自愿卖淫者参加卖淫组织，或参加有组织的卖淫活动。其强调的是组织性。容留卖淫罪中的容留可以以不作为的形式出现，而组织卖淫罪中的容留行为，是一种作为的犯罪，一般不以不作为的形式出现，否则难以对卖淫者实现管理和控制。

在具体处罚上，在组织卖淫活动中，对被组织的人有引诱、容留、介绍卖淫行为的，依照处罚较重的规定处罚，不实行数罪并罚。一般情况下，组织卖淫罪的处罚重于引诱、容留、介绍卖淫罪，故一般按照组织卖淫罪进行处罚。但引诱的对象是不满十四周岁的幼女时，则存在引诱幼女卖淫罪重于组织卖淫罪的可能，即：组织卖淫罪未达到“情节严重”时，其法定刑幅度为五年以上十年以下有期徒刑，而引诱幼女卖淫罪的法定刑幅度为五年以上（十五年以下）有期徒刑，此时，引诱幼女卖淫罪的处罚重于组织卖淫罪，应依照引诱幼女卖淫罪定罪处罚，组织卖淫行为作为犯罪情节考虑。如果组织卖淫犯罪达到“情节严重”时，因其法定最高刑为无期徒刑，应当以组织卖淫罪一罪定罪处罚。对被组织卖淫者以外的其他人实施引诱、容留、介绍卖淫行为的，则仍应当分别定罪，实行数罪并罚。

（二）如何认定松散型管理的组织卖淫行为与容留卖淫的区别

组织卖淫与容留卖淫的最大区别在于行为人对卖淫人员是否实施了管理、控制行为。《涉卖淫刑案解释》第一条规定：“以招募、雇佣、纠集等手段，管理或者控制他人卖淫，卖淫人员在三人以上的，应当认定为刑法第三百五十八条规定的‘组织他人卖淫’。”“组织卖淫者是否设置固定的卖淫场所、组织卖淫者人数多少、规模大小，不影响组织卖淫行为的认定。”结合刑法理论和《涉卖淫刑案解释》的上述规定，我们认为，组织卖淫罪的最主要特征是犯罪分子实施的行为属于组织行为，既包括如何将卖淫人员组织在一起的行为，也包括将卖淫人员组织起来后如何管理、控制卖淫活动的行为。前者是一种手段，如招募、雇佣、纠集等，实务中，也包括容留等手段。但组织卖淫中的容留与单纯的容留卖淫是有质的区别的，组织卖淫中的容留，是为组织卖淫服务的，是作为组织卖淫的一种手段，而单纯的容留卖淫，其本身就是基本犯罪行为，而没有相应的管理、控制行为。后者则是组织卖淫行为本身。因此，组织卖淫行为的主要行为特征是管理和控制。这里的管理和控制是对卖淫人员以及卖淫活动的管理和控制。至于卖淫人员是否自愿卖淫，不影响组织卖淫行为的成立。管理和控制的主要表现就是卖淫人员在何处、何时卖淫、向谁卖淫、如何收费、如何分配卖淫的收入甚至卖淫人员的日常行为都是由组织卖淫行为人决定。即使卖淫人员自愿卖淫，但在上述事项上也是由组织卖淫行为人决定的。当然，组织卖淫行为必须具备一定规模要件。如果卖淫人员不到三人的，应当降格认定为容留卖淫。因为，《涉卖淫刑案解释》将组织卖淫罪中被组织卖淫人员的人数明确规定为三人以上。另外，在一般情况下，组织卖淫行为人是设置或者变相设置卖淫场所的，如以宾馆、洗浴中心、会所、发廊、旅店、饭店等为固定场所或者以经营宾馆、洗浴中心、会所等为名，行组织卖淫之实。但近些年来，面对严厉的“扫黄”活动，一些不法之徒采取动态管理方式，即不建立固定的卖淫窝点，而是利用现代化的交通与通信设施，指挥、控制着多人从事卖淫活动。这种动态管理模式，将组织卖淫行为化整为零，或者将分散的单个卖淫行为组织起来，既能扩大卖淫的范围，又便于逃避公安机关的追查。这类没有固定场所的组织卖淫行为，非常明显地体现了组织者的管理、控制行为，也应当认定为组织卖淫行为。

而容留他人卖淫，是指行为人故意为他人从事卖淫、嫖娼活动提供场所的行为。既包括在自己所有的、管理的、使用的、经营的固定或者临时租借的场所容留卖淫、嫖娼人员从事卖淫、嫖娼活动，也包括在流动场所，如运输工具中容留他人卖淫、嫖娼。①

通过以上对组织卖淫行为主要特征的分析，我们可以看出，组织卖淫行为，尤其是以容留卖淫为手段的组织卖淫行为，与单纯的容留卖淫行为，最主要的区别在于行为人对卖淫人员的卖淫活动是否实施了管理、控制行为。组织卖淫行为的最主要行为特征是对卖淫活动实施了管理、控制行为，而容留卖淫行为人对卖淫人员的卖淫活动既不管理，更不控制，而仅仅提供固定

---

① 参见王爱立主编：《中华人民共和国刑法解读》，中国法制出版社 2015 年版，第 860 页。

或者临时租借的场所以及流动场所，收取一定的场所费用甚至不收取任何费用，对卖淫人员在何时卖淫、向谁卖淫、如何收费等均不过问，至于卖淫人员的日常行为，更是由卖淫人员自行安排。

实践中，有的犯罪分子实施组织卖淫犯罪行为时，利用发廊、按摩店等，招募多名卖淫人员，但卖淫人员来去自由，与犯罪分子之间没有人身管理关系。此时，我们应该透过现象看本质。控制、限制和管理卖淫人员除卖淫活动外的行为，是一般组织卖淫犯罪的普遍现象。因此，组织卖淫罪强调的是犯罪分子对卖淫人员卖淫活动的管理和控制，犯罪分子是否对卖淫人员卖淫活动以外的行为进行管理和控制，并不是组织卖淫罪的本质特征。即使卖淫人员来去自愿，只要犯罪分子收取和分配卖淫人员卖淫所收取的费用，为卖淫活动提供食宿和放风等，而不是卖淫人员收取嫖资后向犯罪分子缴纳场所费用，就应当认定犯罪分子的行为性质为组织卖淫，而不是容留卖淫。实践中，有的法院建议，对于非集团化、公司化的非规模性组织卖淫案件，要充分考虑被告人对卖淫人员的控制和管理程度，卖淫人员人身自由程度和社会危害性等因素，对仅有一两名经营者负责收取嫖资或者管理的，只要行为人没有引诱、强迫行为，一般以容留、介绍卖淫罪定罪处罚。我们认为，这种观点没有认识到组织卖淫罪与容留卖淫罪的最本质区别，也与刑法及《涉卖淫刑案解释》突出打击重点，严惩组织卖淫犯罪的精神不相符。

（三）组织卖淫罪与协助组织卖淫罪的区别

所谓协助组织卖淫罪，是指协助组织者组织他人卖淫的行为，即为他人实施组织卖淫的犯罪活动提供方便、创造条件、排除障碍的行为。协助组织卖淫罪实际上是组织卖淫罪的帮助犯，两罪在犯罪主体、客体和主观方面基本一致，协助组织卖淫罪的成立也以存在组织卖淫罪为前提。

两罪区别主要体现于以下两方面：其一，从行为性质看，协助组织卖淫罪的主体实施的是为组织他人卖淫活动提供方便、创造条件、排除障碍的帮助行为，主要有两方面内容：一方面是在组织他人卖淫的共同犯罪中起帮助作用的行为，如充当保镖、打手、管账人等；另一方面是为组织卖淫的人招募、运送人员或者有其他协助组织他人卖淫的行为，这两方面内容突出了协助性。而组织卖淫行为系能将卖淫人员及卖淫活动集合起来的行为，包括招聘、雇佣、引诱、容留、介绍等，突出了组织性。其二，从行为对象看，组织卖淫罪的行为对象是卖淫人员，而协助组织卖淫罪的行为并非直接作用于卖淫人员，与卖淫人员之间也无直接的指挥、管理关系。

根据《涉卖淫刑案解释》第四条的规定，明知他人实施组织卖淫犯罪活动而为其招募、运送人员或者充当保镖、打手、管账人等的，以协助组织卖淫罪定罪处罚。此外，在具有营业执照的会所、洗浴中心等经营场所担任保洁员、收银员、保安员等，从事一般服务性、劳务性工作，仅领取正常薪酬，且无前款所列协助组织卖淫行为的，不认定为协助组织卖淫罪。

六、组织卖淫罪中的共同犯罪问题

共同犯罪是二人以上的共同故意犯罪，由于组织卖淫行为可以由二人以上的数人共同实施，且实践中往往以共同犯罪的形式存在，这就涉及如何用共同犯罪的理论来解决各行为人之间的责任分担问题。

（一）组织卖淫犯罪不属于必要共同犯罪，但以共同犯罪为主要形态

前已述及，单独一个人也可以实施组织卖淫犯罪行为，因此，组织卖淫犯罪不属于必要共同犯罪。但在司法实践中，共同犯罪却是组织卖淫犯罪的主要表现形式。这主要是因为组织卖淫犯罪是个复杂的犯罪行为，既要将卖淫人员组织起来，又要投入必要的资金甚至巨额资金，往往还要选好具有一定规模的场所。在平时犯罪活动中，还涉及卖淫人员的卖淫活动安排，嫖资的收取、分配以及逃避公安司法机关查处等事项，这些都是组织卖淫犯罪行为的有机组成部分。一般情况下，依靠单独的一个人很难完成。实践中，犯罪分子往往建立一个相对稳定的犯罪组织，内部进行必要的分工，甚至有一定数量的协助组织卖淫人员的帮助。因此，在办理组织卖淫犯罪案件中，如何认定共同犯罪是经常会遇到的问题。

（二）正确区分犯罪集团和一般共同犯罪

组织卖淫犯罪中，不仅共同犯罪是这类犯罪的常态，而且还常常出现犯罪分子组成犯罪集团进行组织卖淫犯罪的情况。为此，必须将犯罪集团和一般共同犯罪区分开来。这主要涉及主犯的处罚问题。因为，刑法第二十六条第一款规定："组织、领导犯罪集团进行犯罪活动的或者在共同犯罪中起主要作用的，是主犯。"而该条第三款规定："对组织、领导犯罪集团的首要分子，按照集团所犯的全部罪行处罚。"第四款规定："对于第三款规定以外的主犯，

应当按照其所参与的或者组织、指挥的全部犯罪处罚。”从上述规定看出，同为主犯，法律对犯罪集团的首要分子的惩罚力度要比一般共同犯罪中的主犯大得多。因此，正确认定犯罪集团，对于保证罪责刑相适应这一刑法原则的贯彻落实是非常必要的。

我国刑法中犯罪集团的内涵及其构成要件有一个发展、完善过程。了解这一过程，有助于正确界定犯罪集团的范畴。我国 1979 年刑法第二十三条规定：“组织、领导犯罪集团进行犯罪活动的或者在共同犯罪中起主要作用的，是主犯。”这一条文中虽然出现了犯罪集团一词，但未对犯罪集团的概念作出界定。1983 年 9 月 2 日全国人大常委会公布施行的《关于严惩严重危害社会治安的犯罪分子的决定》规定“严惩流氓犯罪集团和拐卖人口犯罪集团首要分子”。1984 年 6 月 15 日，为了更有效地同犯罪集团作斗争，澄清实务界和理论界在犯罪集团概念上的一些混淆，最高人民法院、最高人民检察院和公安部制定了《关于当前办理集团犯罪案件中具体应用法律的若干问题的解答》，提出了犯罪集团的五个基本特征：（1）人数较多（三人以上），重要成员固定或基本固定；（2）经常纠集一起进行一种或数种严重刑事犯罪活动；（3）有明显的首要分子，有的首要分子是在纠集过程中形成的，有的首要分子在纠集开始就是组织者和领导者；（4）有预谋地实施犯罪活动；（5）不论作案次数多少，对社会造成的危害或其具有的危害性都很严重。该《解答》的出台，明确了对犯罪集团首要分子、其他主犯、从犯和胁从犯的处罚原则，为以后的集团犯罪立法、司法工作奠定了基础。为了适应同集团犯罪作斗争的需要，1997 年刑法第二十六条第二款规定：“三人以上为共同实施犯罪而组成的较为固定的犯罪组织，是犯罪集团。”现行刑法从立法的角度对共同犯罪的概念进行了明确。根据这一规定，犯罪集团具有以下特征：（1）人数必须为三人以上；（2）具有一定的犯罪目的性，即犯罪集团是其成员以实施某一种或某几种犯罪为目的而组织起来的；（3）具有一定的稳定性，即犯罪集团的成员是为了在较长时期内进行犯罪活动而组织起来的，而不是临时或者偶尔纠合在一起的；（4）具有较强的组织性，即犯罪集团具有较严密的组织性，表现在组织制度上，通过一定的成文或不成文的律规维系在一起，有较严格的组织纪律，明确的组织宗旨；在组织结构上，成员比较固定，并且内部之间有较明确、固定的组织分工和等级划分，领导与被领导的关系，首要分子、骨干分子、一般成员分子。首要分子组织、领导、指挥其他成员进行集团犯罪活动；在组织稳定程度上，具有相当的稳固性，其组织机构、活动计划都是出于长远的考虑，准备长期存在。犯罪集团内部具有较强的组织性，是构成犯罪集团的组织性条件和必要性条件，缺少这一条件就不能构成犯罪集团。当然，不同的犯罪集团在组织严密程度上各有不同，有的组织性很强，甚至有铁的“纪律”“帮规”来维系和约束集团成员的活动，而有的组织性则相对弱一些。但总体来说犯罪集团内部都具有较强的组织性。因此，现行刑法关于犯罪集团的规定，较之1984年最高人民法院、最高人民监察院和公安部的《解答》更为完善，主要体现在从犯罪集团的组织性方面作了更为科学、合理的规定。

在认定组织卖淫犯罪集团时，应当注意：犯罪集团成员在一般情况下仅限于组织卖淫行为人，而不包括协助组织卖淫行为人，更不包括被组织卖淫的人员。协助组织卖淫行为人的行为，刑法已单独规定了其相应的单独罪名，不必以组织卖淫集团的犯罪分了定罪处罚。而被组织卖淫的人员，除非其自己在实施卖淫的同时，又参与组织卖淫犯罪活动，否则，不能认定为组织卖淫犯罪集团的成员。

（三）注重对黑社会组织的认定

犯罪有组织化是当今世界各国遇到的一个值得重视的问题。二十世纪八九十年代，有组织犯罪活动在我国个别地方也比较猖獗。他们有的称霸一方，形成地方恶势力。有的进行贩毒、走私、抢劫、拐卖妇女等恶性犯罪，有的还贿赂腐蚀国家工作人员，寻找保护伞，成为严重影响我国社会治安的一个重要问题。1997年修订刑法时，对我国的有组织犯罪情况进行了深入研究，各方面认为，我国还没有形成像一些国家出现的那样大规模的、对国家经济和社会生活产生重大影响的黑社会组织，但是带有黑社会性质的犯罪组织在个别地方已初见端倪，具备了黑社会组织所具有的组织特征和犯罪手法。另外，改革开放以来，境外黑社会势力也对我国不断进行渗透，寻找、发展黑社会成员，进行各种犯罪活动。为有利于司法机关正确适用法律，准确打击具有黑社会性质组织的犯罪活动，第九届全国人大常委会于2002年4月28日通过了《全国人民代表大会常务委员会关于〈中华人民共和国刑法〉第二百九十四条第一款的解释》，对黑社会性质的组织的含义作出了解释，规定了黑社会性质的组织应当同时具备的四个特征，即：（1）形成较稳定的犯罪组织，人数较多，有明确的组织者、领导者，骨干成员基本固定；（2）有组织地通过违法犯罪活动或者其他手段获取经济利益，具有一定的经济实力，以支持该组织的活动；（3）以暴力、威胁或者其他手段，有组织地多次进行违法犯罪活动，为非作恶，欺压、残害群众；（4）通过实施违法犯罪活动，或者利用国家工作人员的包庇或者纵容，称霸一方，在一定区域或者行业内，形成非法控制或者重大影响，严重破坏经济、社会生活秩序。实践证明，上述立法解释，准确地表述和把握了我国目前存在的黑社会性质的组织的本质特征。为正确适用法律，严格按照黑社会性质的组织的特征认定这种犯罪，《刑法修正案（八）》将上述立法解释纳入刑法第二百九十四条的规定。①

司法实践中，组织卖淫犯罪活动往往与黑社会性质组织犯罪交互影响。有的组织卖淫犯罪分子寻找黑社会性质的组织的保护，有的借用黑社会性质的组织的恶劣影响从事组织卖淫犯罪活动。更有甚者，有的组织卖淫犯罪分子就是黑社会性质的组织的主要成员甚至骨干成员。有的组织卖淫犯罪就是依托黑社会性质的组织进行的，是黑社会性质的组织所从事的主要犯罪活动。在上述情况下，对有关黑社会性质的组织的成员均要严格依法认定。如果黑社会性质的组织成员实施组织卖淫犯罪的，则应当依照刑法第二百九十四条第四款的规定，以组织、领导、参加黑社会性质组织罪和组织卖淫罪数罪并罚。实践中争议较大的是，黑社会性质的组织的组织者、领导者是否应对其本人未参加而由其他组织成员所实施的组织卖淫犯罪承担刑事责任？我们认为，首要分子应当按其所组织、领导的黑社会性质的组织所犯的全部罪行处罚；对于黑社会性质的组织的参加者，应当按照其所参与的犯罪处罚。凡是黑社会性质的组织成员为了实现该组织称霸一方、威慑公众的目的，为了组织利益而实施的犯罪，即使首要分子对具体的犯罪行为事先并不明知，也要对其组织成员的全部罪行承担全部罪责。这既符合黑社会性质的组织犯罪的客观情况，也是与我国刑法关于共同犯罪、集团犯罪以及黑社会性质犯罪的有关规定相符的。

（四）正确认定组织卖淫共同犯罪中的主从犯

构成组织卖淫罪共犯的数名组织者之间可否有主从犯之分？对此有三种不同的观点。第一种观点认为，只要构成组织他人卖淫的，都是主犯；第二种观点认为，多名主体共同组织他人卖淫时，各犯罪人之间无所谓主犯，也无所谓从犯，即不可能有主从犯之分；第三种观点认为，多名主体共同组织

① 见王爱立主编：《中华人民共和国刑法解读》，中国法制出版社 2015 年版，第 716～717 页。

他人卖淫的，各犯罪人之间可以有主从犯之分。[①]

我们同意第三种观点。刑法专门规定了协助组织卖淫罪以后，并不影响在组织卖淫共同犯罪中根据案件事实区分主从犯。概言之，只要是共同故意犯罪，都可能存在主从犯的问题。任何一种犯罪，在数人共同犯罪的形态中，除都是主犯或者共同正犯的情况外，只要犯罪分子在犯罪过程中发挥的作用有所不同，就应当有主犯、从犯之分，处于组织、指挥地位，起着主要作用的是主犯，处于被指挥或者起次要、辅助作用的是从犯。通常情况下，组织卖淫犯罪中，涉及的人员较多、关系复杂，既有组织者、各类管理人员，也有一般的服务人员。他们之间有不同的职责分工，共同参与犯罪活动，要根据其行为区分不同的罪责，确定主、从犯。

实践中有种观点认为，组织卖淫罪一般是由数人或者多个环节组成的共同犯罪行为，凡是共同组织卖淫的主犯应当定性为组织卖淫罪，凡是共同组织卖淫的从犯应当定协助组织卖淫罪。我们认为这种观点是片面的，混淆了组织卖淫罪从犯与协助组织卖淫罪的区别。协助组织卖淫罪是独立的犯罪，而不是组织卖淫罪的从犯；组织卖淫罪的从犯，应当定性为组织卖淫罪，而不能定性为协助组织卖淫罪。理由如下：（1）只要主观上形成共同组织卖淫的故意，客观上有共同的组织卖淫行为的，就构成组织卖淫的共同犯罪。组织卖淫罪的行为人主观上要有组织他人卖淫的故意，客观上要有组织卖淫行为。行为人对卖淫者的策划、指挥、管理、控制、安排、调度等组织行为（实行行为），均属于组织卖淫行为，这些行为对卖淫者的卖淫活动已经形成有效地管理与控制。实施这些行为的，不论是主犯、从犯，还是实行犯、帮助犯，都应当按照组织卖淫罪定性处罚，决不能根据分工或者作用的不同而分别定罪。（2）客观上只实施了为组织卖淫的人招募、运送人员或者其他协助组织他人卖淫的行为的，构成协助组织卖淫罪。组织卖淫罪的行为人主观方面为故意组织他人卖淫，而协助组织卖淫罪的行为人主观方面是具有协助组织卖淫活动的犯罪故意。协助组织卖淫行为属于帮助犯，帮助犯与主行为实施者即实行犯是按照分工不同划分的，二者的根本区别在于，帮助犯不实施主行为。就组织卖淫罪而言，协助组织卖淫者所实施的行为不能是前述组织行为，否则应当以组织卖淫罪论处。没有实施组织行为，即不是对卖淫活动直接进行策划、指挥、管理、控制、安排、调度，不与卖淫行为发生直接

---

① 何秉松主编：《刑法教科书》，中国法制出版社1995年版，第223页。

联系，而是在外围协助组织者实施其他行为，充当保镖、打手、管账人或为直接组织者招募、雇佣、运送卖淫人员，为卖淫人员安排住处，为组织者提供反调查信息等行为，这些都不构成组织卖淫罪，而仅构成协助组织卖淫罪。

七、组织卖淫罪的量刑

规范化量刑是对所有刑事案件量刑的基本要求。《最高人民法院关于常见犯罪的量刑指导意见》对不少案件的量刑规范化作出了规定。但该指导意见对组织卖淫罪的量刑并未作出规定，这主要是由于此类案件在司法实践中的发案率不是特别高，最高司法机关还未能总结出一套比较完整的量刑规范化方案，有待于在总结经验的基础上再作出详细的规定。在此之前，各高级法院可以根据各地的社会治安状况、经济发展状况等因素，制定适合本省、自治区、直辖市实际情况的量刑规范化标准。在有关规定出台前，司法人员应当根据犯罪的事实、犯罪的性质、情节和对于社会的危害程度，依照刑法和有关司法解释的规定判处刑罚。

但是，根据刑法和《涉卖淫刑案解释》的规定，对组织卖淫案件的量刑也是有一系列原则要求的。主要有：

（一）始终坚持严厉打击、宽严相济的方针

卖淫嫖娼是一种社会丑恶现象，而组织卖淫的行为由于其规模效应，即卖淫人数之多、时间之长、影响之恶劣，因而具有极大的社会危害性。同时，组织卖淫罪，往往是共同犯罪，甚至是集团犯罪，有时组织卖淫犯罪甚至背后有黑社会性质组织犯罪支撑，其逃避打击和公安机关查处的能力又较强。因此，对组织卖淫犯罪，在量刑上要始终坚持从严的指导思想，保持对此类犯罪的“严打”高压态势。同时要坚持“宽严相济”的刑事政策，根据案件的不同情况区别对待，该宽则宽、当严则严，宽严相济，罚当其罪。突出严厉打击少数严重的组织卖淫罪的原则。

（二）严格认定事实和情节，确定量刑幅度

根据刑法第三百五十八条第一款规定，组织他人卖淫的，处五年以上十年以下有期徒刑，并处罚金；情节严重的，处十年以上有期徒刑或者无期徒刑，并处罚金或者没收财产。《涉卖淫刑案解释》第二条对组织卖淫罪的“情

节严重”作了明确：（1）卖淫人员累计达十人以上的；（2）卖淫人员中未成年人、孕妇、患有严重性病的人累计达五人以上的；（3）组织境外人员在境内卖淫或者组织境内人员出境卖淫的；（4）非法获得人民币一百万元以上的；（5）造成被组织卖淫的人自残、自杀或者其他严重后果的；（6）其他情节严重情形。根据刑法和司法解释的规定，组织卖淫罪有两个量刑幅度。第一个量刑幅度为五年以上十年以下有期徒刑。只要行为人实施了组织他人卖淫的行为，至少应当在这个量刑幅度内选择。第二个量刑幅度为十年以上有期徒刑或者无期徒刑。只要出现《涉卖淫刑案解释》规定的六种情形，就可以选择此量刑幅度。司法实践中，要准确认定犯罪事实和情节，确保既严厉打击此类犯罪，又做到宽严相济。一是要正确认定卖淫人数，卖淫人员本身的情况，如是否属于未成年人、孕妇、患有严重性病等，以便正确认定以卖淫人数为标准的“情节严重”。二是要正确认定组织境外人员在境内卖淫或者组织境内人员出境卖淫。三是要正确认定被告人的获利数额，特别是获利数额在一百万元左右时，应当准确认定。如果认定获利在一百万的证据不充分的，应当就低认定不满一百万元。四是应当根据司法解释关于“情节严重”的其他情形准确认定。五是既要准确认定被告人的法定从重、加重处罚情节，又要注重认定被告人的法定、酌定从宽处罚情节，如是否具有自首、立功以及坦白等情节，以做到准确量刑。

（三）既要注重对人数等法定情节的认定，也要注重对次数这一酌定情节的认定

在司法实践中，组织他人卖淫次数的认定难度很大。而且，一个人被组织多次卖淫，与多人被组织一次卖淫相比，肯定是组织多人卖淫的社会危害更大。因此，《涉卖淫刑案解释》未将组织他人多次卖淫作为法定加重情节予以规定，但在第十条明确规定：“组织、强迫、引诱、容留、介绍他人卖淫的次数，作为酌定情节在量刑时考虑。”因此，虽然组织他人卖淫的次数不是构成法定加重情节的依据，但仍然是酌定从重的因素，卖淫次数在已经查实的情况下，在法定刑幅度范围内应当作为量刑的情节予以考虑。实践中，既要重视对组织卖淫人数的认定，也要在证据充分的前提下，重视对组织卖淫次数的认定。对卖淫次数的认定，同样要坚持证据裁判原则，不能仅凭被告人供述或者仅凭被组织卖淫人员的陈述就予以认定。要综合全案证据，包括被组织卖淫人员的陈述，相关证人证言，账单等书证，视频资料等证据，结合

被告人供述和辩解予以认定。

既然《涉卖淫刑案解释》将卖淫的次数，作为酌定情节在量刑时考虑，那也就说明卖淫的次数既可能是从重处罚的依据，有时也可能是酌定从宽处罚的证据。这在类案比较工作中显得更为突出。同样是组织三人卖淫，甲组织三人共卖淫十次，而乙组织三人共卖淫五次，那么，比较而言，对乙的量刑，在其他情节相同的情况下，就应该比对甲的量刑轻一些。

（四）注重法定从重处罚情节的运用

根据刑法第六十二条规定，犯罪分子具有本法规定的从重处罚情节的，应当在法定刑的限度以内判处刑罚。因此，所谓从重处罚，是指在法定刑范围内，对具有从重处罚情节的犯罪分子，比没有该种处罚情节的犯罪分子，适用较重的刑种或较长的刑期。就组织卖淫刑事案件而言，法定从重处罚情节，除了一般案件都有的共性即刑法总则规定的情节，如累犯，也有其特别的从重处罚情节。主要有两类。（1）组织未成年人的。根据刑法第三百五十八条第二款规定，组织未成年人卖淫的，从重处罚。《涉卖淫刑案解释》第七条第二款对此予以重申，明确规定，组织未成年人卖淫的，应当从重处罚。这里的未成年人，指不满十八周岁的未成年人。既包括女性，也包括男性。（2）特殊行业人员组织卖淫的从重处罚问题。刑法第三百六十一条规定，旅馆业、饮食服务业、文化娱乐业、出租汽车业等单位的人员，利用本单位的条件，组织他人卖淫的，依照组织卖淫罪的规定定罪处罚。上述单位的主要负责人利用本单位的条件犯组织卖淫罪的从重处罚。对此类案件，主要审查行为人是否属于单位的主要负责人，是否利用本单位的条件组织卖淫。只有这两个条件都具备时，才能适用本条规定从重处罚。

（五）注重对财产刑的适用

虽然实践中有时组织卖淫行为人不是为了经济利益而犯罪，但总体而言，组织卖淫罪属于图利型犯罪。因此，惩罚和预防此类犯罪，应当注重同时从经济上制裁犯罪分子。刑法对组织卖淫罪规定了财产刑，人民法院应当严格依法判处。关于涉卖淫类刑事犯罪案件如何适用财产刑的问题，本书将另有章节作专门论述，这里不再重复。

第三章　协助组织卖淫罪的司法认定

一、协助组织卖淫罪的立法沿革

协助组织卖淫罪的立法沿着组织卖淫罪的立法进行。1979 年刑法仅有强迫妇女卖淫罪和引诱、容留妇女卖淫罪的规定，没有组织卖淫罪和协助组织卖淫罪的规定。

1991 年 9 月 4 日，全国人大常委会公布实施了《决定》。决定第一条在规定了组织卖淫罪的定罪量刑后，紧接着对协助组织他人卖淫行为的定罪量刑作了规定，即："协助组织他人卖淫的，处三年以上十年以下有期徒刑，并处一万元以下罚金；情节严重的，处十年以上有期徒刑，并处一万元以下罚金或者没收财产。"为更好地贯彻全国人大常委会《决定》，最高人民法院、最高人民检察院于 1992 年 12 月 11 日发布了《解答》。《解答》对协助组织他人卖淫罪的有关问题作了规定。一是规定了协助组织他人卖淫罪的概念。《解答》第三条第一款规定，协助组织他人卖淫罪，是指在组织他人卖淫的共同犯罪中起帮助作用的行为。如充当保镖、打手、管账人等。二是明确协助组织他人卖淫的行为单独定罪量刑，不以组织卖淫罪从犯处罚。《解答》第三条第二款规定，协助组织他人卖淫的行为，有具体的罪状和单独的法定刑，应当确定为独立的罪名，适用单独的法定刑处罚，不适用刑法总则第二十四条关于从犯的处罚原则。

1997 年刑法修订。修订后的刑法第三百五十八条第三款规定："协助组织他人卖淫的，处五年以下有期徒刑，并处罚金；情节严重的，处五年以上十年以下有期徒刑，并处罚金。"1997 年刑法与全国人大常委会《决定》相比，降低了对协助组织卖淫罪的刑罚，一是将最低刑三年有期徒刑改为六个月有期徒刑，二是将情节严重的量刑幅度由十年以上有期徒刑改为五年以上十年以下有期徒刑，突出了重点严厉打击组织卖淫犯罪的原则。

1997年刑法实施后，司法实践中出现了许多新情况、新问题。社会上出现了专门为卖淫场所招募、转送人员的组织和个人，他们每向卖淫场所招募、运送一个人就可以从卖淫场所的经营者那里拿几百元甚至上千元的所谓人头费、介绍费、招募费或者运送费。在通常情况下，招募、接送者其本身并不是组织卖淫活动的成员，也不参与卖淫场所的组织卖淫、强迫卖淫活动。司法机关办理组织卖淫或者强迫卖淫案件时，对“老鸨”、强迫卖淫者和卖淫场所的保镖、打手、管账人等，基本上都可以依法追究刑事责任。但对于仅为组织卖淫的场所招募、运送人员的人，很多人都没有受到法律追究，得到应有的惩罚。正是这些招募、接送行为，为性剥削场所输送了源源不断的被剥削者，使更多的人落入悲惨境地，刑法应当追究这些人的刑事责任。2009年12月26日，第十一届全国人大常委会第十二次会议决定，我国加入《联合国打击跨国有组织犯罪公约关于预防、禁止和惩治贩卖人口特别是妇女和儿童行为的补充议定书》（以下简称《补充议定书》），该议定书要求缔约国采取必要的立法和其他措施，将以利用他人卖淫进行剥削或其他形式的性剥削为目的而招募、运送、转移、窝藏或接收人员的行为规定为刑事犯罪。为履行联合国《补充议定书》的缔约国义务，严厉打击这类侵犯人权的行为，2011年2月25日，第十一届全国人民代表大会常务委员会第十九次会议通过的《刑法修正案（八）》将刑法第三百五十八条第三款修改为：“为组织卖淫的人招募、运送人员或者有其他协助组织他人卖淫行为的，处五年以下有期徒刑，并处罚金；情节严重的，处五年以上十年以下有期徒刑，并处罚金。”《刑法修正案（八）》对原条文主要的修改完善之处，是明确将“为组织卖淫的人招募、运送人员”规定为协助组织他人卖淫行为之一。①

《刑法修正案（八）》实施后，各地法院对“其他协助组织他人卖淫行为”包括哪些，如何确定，一直有争议。有的将组织卖淫罪的从犯一律认定为协助组织卖淫罪；有的将在以合法形式作掩护的卖淫场所如具有营业执照的会所、洗浴中心等经营场所，担任保洁员、收银员、保安员等，从事一般服务性、劳务性工作，仅领取正常薪酬，且无协助组织卖淫行为的，也一律以协助组织卖淫罪定罪处罚；有的认为协助组织卖淫行为，本质上是组织卖淫罪

① 黄太云：《刑法修正案解读全篇——根据刑法修正案（八）全新阐释》，人民法院出版社2011年版，第95～96页。

的从犯行为，因而对协助组织卖淫行为人在协助组织共同犯罪中地位、作用区别明显的也不分主从犯，导致量刑不平衡，等等。同时，对如何理解和适用刑法关于协助组织卖淫“情节严重”的问题也存在困惑。为了明确司法实践中对协助组织卖淫行为的范围和定罪处罚尺度，2017 年 7 月 25 日开始实施的《涉卖淫刑案解释》第四条对协助组织卖淫罪的入罪标准即哪些行为可以认定为协助组织卖淫罪以及出罪标准作了详细规定。该条第一款规定：“明知他人实施组织卖淫犯罪活动而招募、运送人员或者充当保镖、打手、管账人等的，依照刑法第三百五十八条第四款规定，以协助组织卖淫罪定罪处罚，不以组织卖淫罪的从犯论处。”第二款规定：“在具有营业执照的会所、洗浴中心等经营场所担任保洁员、收银员、保安员等，从事一般服务性、劳务性工作，仅领取正常薪酬，且无前款所列协助行为的，不认定为协助组织卖淫罪。”另外，《涉卖淫刑案解释》还专门在第五条对协助组织他人卖淫“情节严重”的情形作了规定，即：“（一）招募、运送卖淫人员累计达十人以上的；（二）招募、运送的卖淫人员中未成年人、孕妇、智障人员、患有严重性病的人累计达五人以上的；（三）协助组织境外人员在境内卖淫或者协助组织境内人员出境卖淫的；（四）非法获利人民币五十万以上的；（五）造成被招募、运送或者被组织卖淫的人自残、自杀或者其他严重后果的；（六）其他情节严重的情形。”

二、协助组织卖淫罪的构成要件认定

明知他人实施组织卖淫犯罪活动而招募、运送人员或者充当保镖、打手、管账人等，均应认定为协助组织卖淫罪。

协助组织卖淫罪构成要件如下：

（一）主体要件

协助组织卖淫罪的主体为自然人一般主体，即凡是年满十六周岁，具有刑事责任能力的人，只要实施了协助组织他人卖淫的行为，都是本罪的犯罪主体。单位不能构成本罪的主体。

刑法第三百六十一条第一款规定，旅馆业、饮食服务业、文化娱乐业、出租汽车业等单位的人员，利用本单位的条件，组织、强迫、引诱、容留、介绍他人卖淫的，依照本法第三百五十八条、第三百五十九条的规定定罪处罚。实践中，需要解决的问题是，上述单位的人员，利用本单位的条件，协助组织他人卖淫的，能否依照刑法第三百五十八条第四款的规定，以协助组织卖淫罪定罪处罚？我们认为，应当以协助组织卖淫罪从重处罚。理由是：(1) 刑法第三百六十一条第一款的规定，实际上是注意性规定。有没有这个规定，以及旅馆业、饮食服务业、文化娱乐业、出租汽车业等单位的人员是否利用本单位的条件都不影响犯罪认定，只要实施组织、强迫、引诱、容留、介绍他人卖淫行为，构成犯罪的，都应当依法定罪处罚。(2) 该款规定的重点在于强调利用本单位的条件，并不包含上述单位人员并未利用本单位条件协助组织卖淫的内容。(3) 该款规定还有一个目的，就是明确上述单位的人员利用本单位的条件实施犯罪行为的，不能以单位犯罪论处，而只能对相关自然人即单位人员的行为定罪处罚。如果单位人员实施共同犯罪的，则依照共同犯罪理论和刑法关于共同犯罪的规定进行处罚，即根据《全国人民代表大会常务委员会关于〈中华人民共和国刑法〉第三十条的解释》规定处理。该解释规定，公司、企业、事业单位、机关、团体等单位实施刑法规定的危害社会的行为，刑法分则和其他法律未规定追究单位的刑事责任的，对组织、策划、实施该危害社会行为的人依法追究刑事责任。(4) 根据刑法第三百六十一条第二款规定，上述单位负责人利用本单位的条件犯组织、强迫、引诱、容留、介绍卖淫罪的，从重处罚。此规定仍然可以适用于协助组织卖淫犯罪分子。①

（二）主观要件

协助组织卖淫罪的主观方面表现为直接故意。过失不能成为本罪的主观要件。间接故意在一般情况下也不能成为本罪的主观要件。但在个别情况下，间接故意也可以成为协助组织卖淫罪的主观要件。如旅馆业等单位主要负责人，明知单位人员利用本单位条件实施协助组织卖淫犯罪，如利用旅馆场所对卖淫人员进行培训，但却放任不管且配合提供本单位的条件。

营利性是否为协助组织卖淫罪的构成要件？我国刑法中并未规定淫业犯罪需“以营利为目的”②。只要符合协助组织卖淫罪的犯罪构成，就应当以协

---

① 对利用本单位条件协助组织卖淫行为，应当从重处罚的论述，详见本书第八章“关于特殊行业涉卖淫犯罪的定罪处罚问题”之三“特殊行业人员组织、强迫、引诱、容留、介绍卖淫行为的定罪处罚”。

② 其原因，参见本书第二章组织卖淫罪主观要件的分析部分。

助组织卖淫罪定罪处罚，而不考虑其是否以营利为目的或者是否实际盈利。因此，营利性不是本罪成立所必须的主观要件。《涉卖淫刑案解释》在第四条规定协助组织卖淫罪的概念时，未将行为人的获利情况作为构成要件予以规定。但是，考虑到一般情况下，获利性是涉卖淫类刑事犯罪的共同主观特点，《涉卖淫刑案解释》第二条在规定组织卖淫罪"情节严重"的情形时，特别将"非法获利一百万元以上"作为"情节严重"的情形之一，相应地，在第五条将"非法获利五十万元以上"作为协助组织卖淫罪"情节严重"的情形之一。

协助组织卖淫罪主观要件的另一个内容是行为人必须明知，即明知他人实施组织卖淫犯罪活动而实施协助组织他人卖淫的行为。如果行为人不明知，往往也不会认识到自己行为的社会危害性，没有认识到行为的社会危害性，因而就不能从道义上，更不能从刑罚上加以责难。虽然刑法条文并未明确规定，协助组织卖淫行为人必须在明知他人实施组织卖淫犯罪的前提下实施协助组织卖淫行为才符合协助组织卖淫罪的主观要件，但是，《涉卖淫刑案解释》根据协助组织卖淫罪的罪质特征，将该罪主观上必须"明知他人实施组织卖淫犯罪活动"这一必备要件予以明确化。这是因为，从刑法理论上看，如前所述，行为人如果不明知自己行为的社会危害性，那么其行为受刑罚的责难性就不存在。如果行为人在主观上缺乏故意，仅仅在客观上为他人组织卖淫提供了方便，则不能构成本罪，但行为人协助组织他人卖淫的动机、目的如何，不影响本罪构成。从司法实践看，确实有一些行为人不知是卖淫人员而认为是运送、招募劳务人员，但实际协助了组织卖淫者的情况。当然，认定行为人是否明知，关键是看行为人的行为。一般可以从实施协助组织卖淫行为持续的时间来佐证其主观上的直接故意，如果行为人受雇时并不知情，而且也仅工作了一两天，则并不能排除其主观上的非明知；如果是长期配合、互相熟知的，则不能解释为不明知。

（三）客体要件

协助组织卖淫犯罪，侵犯的客体是社会管理秩序以及社会风化，即在长期的社会生活过程中所形成的良好的、健康的社会风俗教化。[①] 一般情况下，协助组织卖淫罪只侵犯社会管理秩序，但有时也同时侵犯公民的人身自由，

---

① 对协助组织卖淫罪犯罪客体的分析认定，可参照本书第二章关于组织卖淫罪犯罪客体的分析认定。

此时，侵犯的客体就是双重客体。但从构成要件这个意义上说，社会管理秩序才是协助组织卖淫罪的直接客体，人身自由只是协助组织卖淫罪可能会侵犯的客体。

本罪的犯罪对象是“他人”，而不限于“妇女”。“他人”既包括男人，也包括女人。

（四）客观要件

协助组织卖淫罪在客观方面表现为实施了协助组织行为。具体地说，就是实施了为组织卖淫犯罪分子招募、运送人员等行为或者充当保镖、打手、管账人等角色。

1. 协助组织卖淫行为的基本范围。司法实践中，协助组织卖淫行为可发生于组织卖淫犯罪活动的各个环节，表现形式多种多样。组织卖淫犯罪的实行行为（主行为）包括以招募、雇佣、强迫、引诱、容留等手段，控制多人从事卖淫的行为，核心是策划、指挥、管理、控制、安排、调度等组织行为，而协助组织卖淫罪的行为人就是没有具体参与实施上述组织行为而只是在外围协助组织者实施主行为，提供物质上、体力上和精神上帮助的人员，主要有三种形式：（1）招募、运送。以招工为名，通过广告、互联网等方式，协助诱骗、招募妇女卖淫，但本身不参与组织卖淫活动；提供交通工具，为组织卖淫者接送、转移卖淫人员，只收取相应运输费用的。（2）充当保镖、打手、管账人等。充当保镖，看家护院，望风放哨；充当打手，协助强迫妇女卖淫，逼良为娼；为组织卖淫者充当管账人。（3）其他方法和行为。这是一种兜底规定，实践中主要包括：对卖淫人员进行所谓的“技术培训”，明知是组织卖淫场所而从事保洁员、收银员、保安员等工作，并有帮助行为的；为卖淫者安排住处；为组织卖淫者指示犯罪目标，提供犯罪工具，排除障碍；提供反调查信息等。

2. 关于“行为人充当保镖、打手、管账人等”。《解答》第三条第一款曾作过规定，即：“协助组织他人卖淫罪，是指在组织他人卖淫的共同犯罪中起帮助作用的行为。如充当保镖、打手、管账人等。”但 1997 年刑法并未对协助组织卖淫罪的客观行为进行列举，而《刑法修正案（八）》虽然进行了列举，但仅列举了招募、运送人员，其他行为方式，用“其他协助组织他人卖淫行为”进行概括。《涉卖淫刑案解释》鉴于《解答》所称的“充当保镖、打手、管账人”，基本上可以作为刑法第三百五十八条第四款规定的“其他协助组织他人卖淫行为”的范围，遂将这一范围予以明确。但考虑到这一范围还不能完全概括其他协助组织卖淫行为，《涉卖淫刑案解释》在“充当保镖、打手、管账人”后面加了个“等”字。此处用“等”字，表明实践中，远不止保镖、打手、管账人这些角色。典型的如培训师，有的协助组织卖淫罪人甚至成立专门的培训机构。对培训师这样的角色，理应认定为协助组织卖淫的犯罪分子。

3.《涉卖淫刑案解释》对组织卖淫和协助组织卖淫罪概念表述均用了“招募”一词，两者是有区别的。

《涉卖淫刑案解释》第一条第一款规定，以招募、雇佣、纠集等手段，管理或者控制他人卖淫，卖淫人员在三人以上的，应当认定为刑法第三百五十八条规定的“组织他人卖淫”。第四条第一款规定，明知他人实施组织卖淫犯罪活动而为其招募、运送人员或者充当保镖、打手、管账人等的，依照刑法第三百五十八条第四款的规定，以协助组织卖淫罪定罪处罚，不以组织卖淫罪的从犯论处。两个条文都用了“招募”一词，含义是否相同？如果相同，如何判断“招募”这一行为是组织卖淫还是协助组织卖淫？我们认为，招募，作为一个词语，其含义是相同的，原本意思是：为了吸引足够数量的具备相应能力和态度，从而助力于实现目标的人员而开展的一系列活动，如招揽有意向的人员，参与并配合共同建立活动、工作任务等。其基本内涵是征召募集的意思。招募本是一个中性词，但在涉卖淫类犯罪中，招募是指行为人为了组织卖淫活动而向社会召集卖淫人员。组织卖淫罪和协助组织卖淫罪的构罪要件中“招募”一词的含义是一样的。但是，“招募”在组织卖淫罪中只是一种手段，并非犯罪行为本身，组织卖淫罪的犯罪行为是管理和控制卖淫人员。而协助组织卖淫罪中的“招募”就是犯罪行为本身，此其一。其二，组织卖淫罪中，行为人招募的目的是为了自己实施组织卖淫犯罪，而协助组织卖淫罪中，行为人招募的目的是为了帮助组织卖淫者。也就是说，理解“招募”一词，必须把其放到具体的法条语境中理解和适用。唯如此，才能区分招募行为实施人所犯之罪是组织卖淫罪还是协助组织卖淫罪。

三、协助组织卖淫罪与组织卖淫罪从犯的区分

要明确协助组织卖淫罪的入罪标准，首先要区分协助组织卖淫罪与组织卖淫罪的从犯是否为一个概念。对此问题，有不同观点。第一种观点认为，

协助组织卖淫罪附随于组织卖淫罪而存在，协助者和组织者本质上是组织卖淫罪共犯的从犯与主犯关系。立法虽然把协助组织他人卖淫的行为另规定为他罪，但由于刑法理论的延续性，许多情况下仍不得不借助于共同犯罪理论来理解两罪的关系，在刑法理论上和司法实践中都易混淆协助组织卖淫罪和组织卖淫罪的界限。这种观点认为，凡是在组织卖淫的共同犯罪行为中起主要作用的是组织者，其构成组织卖淫罪；凡是在共同犯罪行为中起次要作用的，只是帮助或辅助组织者进行组织卖淫活动，其行为构成协助组织卖淫罪。其刑事责任的分担不能按照共同犯罪理论来解决，只能以行为触犯的罪名来定罪量刑。[①] 如果刑法没有规定协助组织卖淫罪，对协助组织他人卖淫的行为，应认定为组织卖淫罪的共犯行为，但刑法考虑到这种行为的严重危害程度，避免将犯罪人以从犯论进而从轻、减轻或者免除处罚，从而导致刑罚畸轻现象，便将协助组织他人卖淫的行为规定为独立犯罪。第二种观点认为，组织卖淫罪的从犯不是协助组织卖淫罪。因为，一是组织卖淫罪共犯中的从犯与协助组织卖淫罪是两种不同的罪，各有其独立的犯罪构成要件。这两种罪的界限清晰，不管是理论上，还是实践中，都不能混淆。二是组织卖淫罪共犯的从犯应当按照组织卖淫罪定罪，并按照他们在共同犯罪中起的作用和刑法第二十七条规定处刑，而决不能把组织卖淫共同犯罪中的从犯，作为协助组织卖淫罪定性处罚。[②] 这种观点认为，如果协助组织卖淫者与组织卖淫者通谋后，在主观上已经就组织卖淫形成共同故意，并且都以积极的行为追求这种结果的发生的，应当按照共同组织卖淫罪定罪。如果协助组织卖淫者与组织卖淫者进行通谋时，并未就组织卖淫形成共同故意的，可以按照协助组织卖淫罪处理。因为，虽然协助组织卖淫者明知他人在从事组织卖淫活动，但是他并没有参与组织卖淫活动并从中牟取非法利益。根据共同犯罪理论的“否定说”，这种直接故意与间接故意相结合的犯罪，不能构成共同组织卖淫罪。因此，虽然协助组织卖淫者与组织卖淫者在事前都有意思联络，但能否构成共同组织卖淫罪，要根据主客观相一致的原则和案件的实际情况而定。

我们认为，协助组织卖淫罪既不是简单地从组织卖淫罪从犯中分离而来，也不是完全地与组织卖淫罪没有关系的一种犯罪。从法律关于协助组织卖淫

---

① 参见李邦友、王德育、邓超：《性犯罪的定罪与量刑》，人民法院出版社 2001 年版，第 198～200 页。

② 参见孙华璞：《组织卖淫罪从犯与协助组织卖淫罪关系问题的研究》，载《人民法院报》2017 年 6 月 7 日。

罪最初的规定看，协助组织卖淫罪是将组织卖淫罪的部分从犯从组织卖淫罪中剥离出来的。全国人大常委会《决定》对协助组织卖淫罪规定的是简单罪状，而《解答》第三条第一款则明确指出，“协助组织卖淫罪是指在组织他人卖淫的共同犯罪中起帮助作用的行为，如充当保镖、打手、管账人等”。为了避免司法实践中将协助组织卖淫罪与组织卖淫罪的其他从犯混淆，《解答》第二款明确规定：“协助组织他人卖淫的行为，有具体的罪状和单独的法定刑，应当确定为独立的罪名，适用单独的法定刑处罚，不适用刑法总则第二十四条关于从犯的处罚原则。”1997年刑法吸纳了《决定》的体例，对协助组织卖淫罪仍然规定为简单罪状，司法实践中依然依照《解答》的规定办理协助组织卖淫案件。但是，1997年刑法典颁布后，有部门提出，近年来，社会上出现了专门为卖淫场所招募、运送人员的组织和个人，他们虽不参加卖淫场所的组织卖淫、强迫卖淫活动，但为了牟利，致使许多女性陷入不幸境地，对这种“帮凶”行为也应追究刑事责任。立法机关采纳了这种意见，《刑法修正案（九）》将1997年刑法第三百五十八条关于协助组织卖淫罪的罪状从“协助组织卖淫”这一简单罪状修改为“为组织卖淫的人招募、运送人员或者有其他协助组织他人卖淫行为”这一具体罪状。[①]

立法上将协助组织卖淫罪独立规定，刑法将协助组织卖淫罪从组织卖淫罪中区分开来，从刑法理论和司法实践看，也是完全有其必要性的。理由如下：

1. 司法实践中协助组织卖淫行为的常态化

从实践看，由于组织卖淫罪的复杂性，涉及内部管理、对外交涉等各种复杂关系，组织卖淫者往往不能单独完成犯罪，需要合作者或者帮助者才能顺利实施组织卖淫行为。[②] 在组织卖淫者开设“娱乐场所”的过程中，离不开保镖、打手、管账人等的“协助”，这些协助组织卖淫行为已经常态化、类型化，甚至可以说必不可少。而由于其中犯罪分子之间的分工不同、作用不同，导致各自承担的刑事责任也是不同的，必须区别对待。实施了策划、指挥、管理、控制、安排、调度等组织行为的行为人相对主观恶性更大、更深，而实施招募、运送人员或者充当保镖、打手、管账人等行为的协助者在犯罪中

---

① 高铭暄：《中华人民共和国刑法的孕育诞生和发展完善》，北京大学出版社2012年版，第582页。

② 参见茹士春：《论帮助行为单独定罪——以协助组织卖淫罪与组织卖淫罪的切分为例》，载《中国刑事法杂志》2011年第1期。

仅仅起到“跑龙套”等帮助作用，往往依附于组织者，一般危害要轻于组织者，其处罚也必然要小于组织者。因此，将这些协助行为从组织卖淫行为中分离出来，而不是按照组织卖淫罪一并处罚，分别定罪量刑，就成为一个比较稳妥的选择，也体现了罪责刑相适应原则。同时，如果只有组织卖淫罪一罪，将一部分处于从属地位的行为人定为从犯，则如何将从事组织卖淫行为的从犯与协助组织卖淫行为人区分开来？只有将协助组织卖淫行为单独定罪，才能更好地评价这些行为人在此类犯罪中的地位作用，从而准确量刑。

2. 协助组织卖淫行为的相对独立性

协助组织卖淫行为发生于组织卖淫犯罪活动的各个环节，表现形式多种多样，既有充当保镖、打手、管账人的，也有为组织者招募、雇佣、运送、培训卖淫者的，还有为卖淫人员安排住处，为组织者提供反调查信息的，等等。这些协助者与组织者之间的关系是协助与被协助的关系，在大多数情况下，这些保镖、打手、管账人等往往是组织者的依附者，依靠组织者生存，二者之间密不可分。但在实践中，也存在协助者独立于组织卖淫者的情况，如一些协助组织卖淫的行为人专门负责招募、雇佣、运输、培训卖淫者，但他们不仅仅服务于某一个组织卖淫者或某一个组织卖淫团伙，而是同时为好几个团伙服务；或者提供反调查信息的人员，平时也并不与某个组织卖淫团伙直接关联，而是收钱办事。这种情况下，协助者与组织卖淫者之间并不存在密切的人身依附关系，也很难说是同一个犯罪组织，如果简单地按照共同犯罪理论，以组织卖淫罪共犯定罪处罚，对协助者的处理可能会出现偏差。比如，对于同时服务于几个组织卖淫团伙的招募、雇佣、运输、培训卖淫者，如果仅仅将之作为某一个组织卖淫团伙的共犯来处理，就很可能会遗漏掉对协助者其他协助行为的处罚。

3. 有利于打击协助组织卖淫行为

实践中，组织卖淫犯罪过程中，除了组织者外，往往有非常多的其他参与者，包括保镖、打手、管账人、服务员等。但由于组织卖淫罪的“组织”含义是比较确定的，对这些不具有组织特点的外围帮助人员，如果适用组织卖淫罪来定罪处罚，显然比较牵强，适用法律困难。而刑法将“协助组织”行为单独规定为犯罪，从而合理合法地将这些协助行为纳入刑法调整范围，显然更有利于打击这类犯罪行为。且从量刑的角度来看，如果只有组织卖淫罪一罪，则对于这些协助组织卖淫者，只能作为从犯而予以从轻、减轻或免除处罚，在处刑上与组织卖淫罪的主犯拉开差距，而在单独成罪后，就可以避免此问题，从而加大对协助组织卖淫行为的打击力度。[①] 此外，组织卖淫罪可能存在犯罪预备、未遂、中止等停止形态，将协助组织卖淫行为单独定罪，对其进行法律制裁就不再受制于前罪的这些形态，也有利于打击本罪。

4. 不违反共同犯罪原则

组织卖淫与协助组织卖淫，从广义上而言属于共同犯罪，但是对共同犯罪人分别定罪处刑，也并不违反刑法总则中有关共同犯罪的规定。

从刑法总则与刑法分则的关系而言，总则具有指导作用，分则是具体规定，但分则仍然可以在总则之外作出特别或例外规定。协助组织卖淫行为当然是组织卖淫罪的帮助犯，如果刑法没有单独规定，则对此行为当然要适用组织卖淫罪的法定刑，并结合刑法总则有关共同犯罪的规定进行处罚，但现有刑法分则已经对此行为单独定罪量刑，则不必再结合刑法总则有关共同犯罪的规定以组织卖淫罪来处罚。[②] 但共同犯罪的规定仍然适用于组织卖淫罪和协助组织卖淫罪。在组织卖淫罪中，不同的组织者地位、作用仍有可能不同，仍然可以区分主从犯，在协助组织卖淫罪中，其内部也同样可以区分主犯和从犯，两罪均可以适用共同犯罪的规定，并对从犯从轻、减轻或免除处罚。因此，并不存在违背刑法总则的问题。

5. 将主行为的帮助行为单独定罪量刑有立法先例

将协助组织卖淫行为单独定罪，有利于正确区分淫业类犯罪中不同行为人在犯罪中的地位和作用，从而准确量刑。从目前我国刑法规定来看，将主行为的帮助行为单独定罪量刑，将帮助犯正犯化，也并非特例，如资助危害国家安全罪，帮助毁灭、伪造证据罪等。这也说明从立法上而言，将协助组织卖淫行为单独定罪是可行的。

总之，协助组织卖淫罪与组织卖淫罪是两个密切关联的犯罪。从本质上说，大多数协助组织卖淫行为属于组织卖淫共同犯罪从犯的性质，但也有部分行为人成立专门的培训机构、运输组织等，专门从事协助组织卖淫的行为，这部分行为的独立性就非常强，将其作为组织卖淫罪的从犯处理，不符合这类行为的本质。而且，协助组织他人卖淫行为的性质、所起的作用与组织卖淫者具有很大的不同，不宜笼统地以组织卖淫罪的共犯处理，所以刑法对协

---

① 参见郑伟：《就这样动摇了共同犯罪的根基——论组织卖淫罪与协助组织卖淫罪的怪异切分》，载《法学》2009 年第 12 期。

② 参见茹士春：《论帮助行为单独定罪——以协助组织卖淫罪与组织卖淫罪的切分为例》，载《中国刑事法杂志》2011 年第 1 期。

助组织他人卖淫的行为单独规定了刑罚。[①]《涉卖淫刑案解释》第四条第一款也对协助组织卖淫罪的概念和处理原则作了明确规定："明知他人实施组织卖淫犯罪活动而为其招募、运送人员或者充当保镖、打手、管账人等的，依照刑法第三百五十八条第四款的规定，以协助组织卖淫罪定罪处罚，不以组织卖淫罪的从犯论处。"因此，要严格按照刑法和《涉卖淫刑案解释》规定的构成要件，准确认定协助组织卖淫罪。实践中容易出现的误区是，主犯设置了组织卖淫的场所，而帮助主犯管理的人员处于帮助地位，因而认定为协助组织卖淫罪。如某法院审理的被告人胡某等八人协助组织卖淫案，余某某（另案处理）于2016年8月3日与某公司签订承包地下停车场协议，后利用该场所从事组织卖淫的活动。余某某为老板，被告人胡某为执行经理负责日常管理，被告人夏某某负责收银，被告人方某、李某、张某、吴某某、严某某等营销人员通过网站、QQ、微信等方式发布招嫖信息，并将嫖客带到某俱乐部，再由被告人龙某某确认嫖客身份后将嫖客放入到卖淫场所，方某等营销人员再行安排房间让嫖客和卖淫人员进行卖淫嫖娼活动。嫖资按照事先规定进行分成。2016年8月30日晚，公安人员查获了本案，当场抓获卖淫嫖娼人员5对10人。公诉机关以协助组织卖淫罪提起公诉，法院对胡某等八名人员均以协助组织卖淫罪定罪处罚。我们认为，本案中，除胡某以外的被告人，其行为性质认定为协助组织卖淫罪均没问题。但胡某虽然地位上次于另案处理的余某某，其行为却应当认定为组织卖淫罪。因为其在以余某某为首的卖淫犯罪团伙中，担任了执行经理的角色，所负责的是日常管理，而不是实施充当保镖、打手、管账人等角色，也不是帮助招募、运送人员等处于协助地位的行为，其行为本质上属于管理和控制卖淫人员的行为，因此，应当认定为组织卖淫罪。

四、协助组织卖淫罪的入罪标准

鉴于协助组织卖淫罪犯罪行为中，部分系从组织卖淫罪的从犯中分离而来，部分则本质上就是独立于组织卖淫罪而存在。因此，对协助组织卖淫罪的入罪标准，可分两种情况。

---

① 参见黄太云：《刑法修正案解读全篇——根据刑法修正案（八）全新阐释》，人民法院出版社2011年版，第96页。

其一，作为组织卖淫罪从犯性质的协助组织卖淫行为，其入罪标准依托于组织卖淫行为是否构成犯罪。只有在组织卖淫行为构成犯罪的前提下，协助组织卖淫行为才构成协助组织卖淫罪。最高人民检察院、公安部于 2017 年 4 月 27 日发布的《关于公安机关管辖的刑事案件立案追诉标准的规定（一）的补充规定》第十二条规定："在组织卖淫的犯罪活动中，帮助招募、运送、培训人员 3 人以上，或者充当保镖、打手、管账人等，起帮助作用的，应予立案追诉。"同时，要注意正确适用《涉卖淫刑案解释》第四条第二款关于"在具有营业执照的会所、洗浴中心等经营场所担任保洁员、收银员、保安员等，从事一般服务性、劳务性工作，仅领取正常薪酬，且无前款所列协助组织卖淫行为的，不认定为协助组织卖淫罪"的规定。

其二，相对独立于组织卖淫罪的协助组织卖淫行为，如成立专门的培训机构、运输组织等，对这类行为，《涉卖淫刑案解释》没有明确其入罪标准。我们认为，可以参照组织卖淫罪的人数标准，即培训三人或运输三人以上的，构成协助组织卖淫罪。其理由如下：一是这一类型的协助组织卖淫罪，与前述类型的协助组织卖淫罪相比，其社会危害性更大。而且，由于该类型犯罪本身具有一定的组织性，侦查难度也更大，犯罪行为人的人身危险性更大，主观恶性也更深。因此，参照组织卖淫罪的入罪标准，只会有利于被告人，而不会对被告人处以偏重的刑罚。二是《涉卖淫刑案解释》第五条规定的协助组织卖淫罪"情节严重"的情形，除非法获利以组织卖淫罪"情节严重"的一半即五十万元为标准外，其他标准与组织卖淫罪"情节严重"的标准完全一致。

五、协助组织卖淫罪之罪与非罪问题

实践中，公安机关在查处组织卖淫案件时，往往是"一锅烩"，不仅抓捕组织卖淫者和主要协助组织卖淫者，对一般协助卖淫行为性质不明显的人员也一并抓获。对此类人员应具体情况具体分析，不能一概而论地都予以定罪处罚。那种认为只要是在卖淫场所工作的人，都应当按照协助组织卖淫罪定罪的观点是错误的。

如果行为人协助卖淫行为性质明显的，不论其从事何种协助行为，均应以协助组织卖淫罪定罪处罚。但对协助组织卖淫行为性质不明显的，则不宜轻易定罪处罚。区分协助组织卖淫行为性质是否明显，主要看三个方面：一是从其工作场所来区分。如果是在隐蔽场所，非合法经营场所，则不存在协助行为性质不明显的问题，这是前提条件。行为人明知是非法场所，仍然实施协助行为，不能认定为协助性质不明显。因此，在会所、洗浴中心等合法经营场所，是认定协助行为性质不明显的首要条件。二是以从事工作性质来区分。充当保镖、打手、管账等工作的，从其平时工作中就应发现组织卖淫犯罪活动。而从事一般性的服务工作，如打扫卫生、迎宾、一般结账等一般性服务工作的，就不一定能在主观上具有协助组织卖淫的故意。三是从所获取的利益来区分。这是认定行为人与组织卖淫者关系密切程度的重要方法之一。仅领取正常的一般性薪酬的，与领取高额工资者，明显不同。上述三个方面结合起来，可以确定协助组织卖淫行为性质是否明显。

从缩小犯罪打击面的角度而言，政策上也需要从宽掌握。除在组织卖淫或协助组织卖淫中发挥重要作用的人员外，一般情节显著轻微、从事一般工作并领取固定工资的人员，不宜按照协助组织卖淫罪处理。因此，《涉卖淫刑案解释》第四条第二款规定，在具有营业执照的会所、洗浴中心等经营场所担任保洁员、收银员、保安员等，从事一般服务性、劳务性工作，仅领取正常薪酬，且无"明知他人实施组织卖淫犯罪活动而为其招募、运送人员或者充当保镖、打手、管账人等"等协助组织卖淫行为的，不认定为协助组织卖淫罪。

此外，协助组织卖淫行为是组织卖淫行为的帮助行为，故组织卖淫行为是否构成犯罪，对协助组织卖淫行为是否构成犯罪也是有影响的。如果组织卖淫行为情节显著轻微，不构成犯罪，则显然相应的协助组织卖淫行为也不能认定为犯罪；如果组织卖淫行为情节较轻，比如人员较少、次数很少等，则也要考虑相应的协助组织卖淫行为是否属于情节显著轻微、危害不大，不以犯罪论处的情况。但是，协助组织卖淫行为人还帮助其他组织卖淫行为人，如果构成犯罪的，则仍应依法定罪处罚。

六、协助组织卖淫罪的共同犯罪依然可以区分主从犯

刑法专门规定了协助组织卖淫罪以后，并不影响在组织卖淫共同犯罪中根据案件事实区分主从犯；同样，协助组织卖淫罪本身也有主从犯之分。如有的犯罪分子成立专门的运送卖淫人员团伙，在团伙内部就有主从犯之分，有的起着指挥、领导者地位，甚至对组成人员进行利益分配，俨然是一个标

准的共同犯罪组织。另外，从共同犯罪理论以及刑法总则关于共同犯罪的规定看，只要是共同故意犯罪，都可能存在主从犯的问题。

有观点认为，组织卖淫罪只有主犯、没有从犯，协助组织卖淫罪只有从犯，没有主犯。[①] 也有观点提出，最高人民法院、最高人民检察院《解答》的第三条规定关于协助组织他人卖淫的行为“应当确定为独立的罪名，适用单独的法定刑处罚，不适用刑法总则第二十四条关于从犯的处罚原则”，在协助组织卖淫罪中就排斥了从犯问题。[②] 我们认为，这些观点是错误的。

首先，任何一种犯罪，在数人共同犯罪的形态中，除都是主犯或者共同正犯的情况外，只要犯罪分子在犯罪过程中发挥的作用有所不同，就应当有主犯、从犯之分，处于组织、指挥地位起着主要作用的是主犯，处于被指挥地位或者起次要、辅助作用的是从犯。

其次，就刑法规定而言，刑法总则规定了共同犯罪的处罚原则，而总则对分则各条有着普遍指导适用性，刑法分则中也并未排除共同犯罪条款对本罪的适用。如果排除在协助组织卖淫罪中对刑法总则关于共同犯罪一般规定的适用，显然不符合立法将之独立定罪的原意，也在法理上无法自圆其说。

最后，从实践来看，通常情况下，协助组织卖淫共同犯罪中，往往涉及的人员比较多、关系也复杂，既有充当保镖、打手、管账人的，也有为组织者招募、雇佣、运送、培训卖淫者的，还有为卖淫人员安排住处，为组织者提供反调查信息的。他们之间有不同的职责分工，共同参与犯罪活动，但不同的协助者有不同的犯罪参与度，即使实施同一协助行为的，同样作用有大有小、地位有高有低，当然要根据其行为、作用、地位区分不同的罪责，确定主从犯，从而准确量刑。如果一概不区分主从犯，显然有悖于罪责刑相适应原则，导致法律适用的不公平。实践中还存在一种情况：有的行为人纠集人员专门从事协助组织卖淫的行当，比如组织一些人充当打手，成立运输组织等等。在协助组织卖淫的这些人员中，有的人起着指挥、领导者作用，甚至对组成人员进行利益分配，使该组织成为一个标准的共同犯罪组织甚至可能成为一定规模的犯罪集团。对这样的共同犯罪组织，当然应当区分主从犯。

需要注意的是，根据《涉卖淫刑案解释》第七条的规定：“根据刑法第三

---

① 参见郑伟：《就这样动摇了共同犯罪的根基——论组织卖淫罪与协助组织卖淫罪的怪异切分》，载《法学》2009 年第 12 期。

② 参见蒋志如、严明：《社会变迁视野下的组织卖淫罪与协助组织卖淫罪——以陈某、张思某组织卖淫罪为例》，载《贵州警官职业学院学报》2017 年第 3 期。

百五十八条第三款的规定，犯组织、强迫卖淫罪，并有杀害、伤害、强奸、绑架等犯罪行为的，依照数罪并罚的规定处罚。协助组织卖淫行为人参与实施上述行为的，以共同犯罪论处。”即虽然协助组织卖淫行为人与组织卖淫者在本罪中不作为共同犯罪处理，但如果二者共同实施了杀害、伤害、强奸、绑架等犯罪行为的，在后面这些犯罪中仍然构成共同犯罪，应当依照共同犯罪的有关规定处罚。

七、协助组织卖淫罪与相关犯罪的区别

（一）协助组织卖淫罪与窝藏、包庇罪的区别

窝藏、包庇罪，是指明知是犯罪的人而为其提供隐藏处所、财物，帮助其逃匿或者作假证明包庇的行为。《涉卖淫刑案解释》第十四条规定，根据刑法第三百六十二条、第三百一十条的规定，旅馆业、饮食服务业、文化娱乐业、出租汽车业等单位的人员，在公安机关查处卖淫、嫖娼活动时，为违法犯罪分子通风报信，情节严重的，以包庇罪定罪处罚。事前与犯罪分子通谋的，以共同犯罪论处。

这种通风报信、提供隐藏处所或其他方便条件的，广义上也是一种包庇行为，但对这种“情节严重”的行为，根据刑法第三百六十二条规定，应按刑法第三百一十条规定的包庇罪定罪处罚。关键区别在于事前是否有通谋。如果事前有通谋的，应定为组织卖淫罪或协助组织卖淫罪的共犯；如果事前没有通谋，而纯系在组织卖淫犯罪完成之后的一种帮助行为，说明行为人并没有协助他人实施组织卖淫犯罪的主观故意，则应定为包庇罪，而不能定组织卖淫罪或协助组织卖淫罪。此外，如果是负有查禁犯罪活动职责的国家机关工作人员，向组织卖淫犯罪者通风报信、提供便利，帮助其逃脱法律追究的，则应当依照刑法第四百一十七条之规定，以帮助犯罪分子逃避处罚罪论处。

（二）组织卖淫罪、协助组织卖淫罪与强迫卖淫罪的区别

强迫卖淫罪，是指以暴力、胁迫、虐待或者其他手段，迫使他人卖淫的行为。组织卖淫罪、协助组织卖淫罪与强迫卖淫罪的手段行为都包含有强迫卖淫的情形，其间存在竞合关系。区分的关键在于，组织卖淫罪、协助组织

卖淫罪中，存在相对稳定的卖淫团体，组织者对卖淫活动进行管理、支配、控制，而卖淫人员听从组织和管理，卖淫活动一定程度上服从、依赖于组织者的安排、调度、管理等组织行为，而协助者则帮助组织者进行控制，主观上是为他人组织卖淫提供帮助，不具有迫使他人卖淫的故意；而在强迫卖淫罪中，行为人以殴打、伤害、捆绑等暴力手段或者以暴力相威胁，以及其他手段，如以揭发隐私相要挟或者进行精神上的摧残、折磨等，迫使对方违背自己的意志进行卖淫，是单纯的人身强制，不存在组织、控制性。

（三）组织卖淫罪、协助组织卖淫罪与引诱、容留、介绍卖淫罪的区别

引诱、容留、介绍卖淫罪，是指以金钱、物质或者其他利益为手段，诱使他人卖淫，或者为他人卖淫提供场所，或者为卖淫的人与嫖客牵线搭桥的行为。组织卖淫罪、协助组织卖淫罪，与引诱、容留、介绍卖淫罪在犯罪的客体、客观方面、主观方面有相同或者相似之处。在组织卖淫、协助组织他人卖淫活动中，往往有引诱、容留、介绍等行为。但是，三者仍然是可以区分的。组织卖淫罪中的引诱、容留行为是以控制多人为基本特征的，存在管理与被管理、服从与被服从的关系，具有组织性；协助组织他人卖淫的行为主要是在组织他人卖淫犯罪中起帮助作用的行为，同样也有一定的组织性；而引诱、容留、介绍他人卖淫的行为，则表现为纯粹的引诱、容留、介绍他人卖淫的行为，手段被动、消极，双方之间不存在服从、依赖、支配等管理关系，相互之间只是一种比较松散的关系，卖淫人员来去自由，同时有权决定何时卖淫、和怎样的嫖客进行卖淫、收费多少等事项，而不必受制于人。

（四）行为人既实施组织卖淫行为又实施协助组织卖淫行为的，如何定罪处罚

实践中，还存在一种情况，即行为人既实施了组织卖淫行为，又实施了协助组织卖淫行为。对此，有观点认为，既然行为人的行为分别构成两种独立犯罪，就应当按照数罪并罚的原则处罚。

我们认为这种观点是错误的。组织卖淫行为与协助组织卖淫行为二者是密切相关的，在行为人基于同一犯罪目的，同时实施这两个行为时，其行为分别触犯了组织卖淫罪、协助组织卖淫罪，但行为之间是有着牵连关系的，已经构成了牵连犯，应当按照从一重处断的一般原则处理，即按照组织卖淫

罪来定罪处罚，不存在数罪并罚的问题。[①] 理由如下：（1）组织卖淫罪应当属于结合犯。刑法第三百五十八条第一款组织他人卖淫罪，虽然系简单罪状，但是应当既包括安排卖淫者与嫖客发生性关系，从中牟取非法利益的行为，也应当包括协助组织卖淫的行为。如“通过纠集、控制……或者以雇佣、招募、容留等手段组织诱骗他人卖淫”。因此，犯罪人同时实施协助组织卖淫与组织卖淫两种犯罪行为的，应当按照组织卖淫罪一罪定罪，而不能定为数罪。正如同以暴力、胁迫等手段抢夺财物的，只能定抢劫罪一罪，而不能定伤害罪、抢夺罪两罪一样。（2）如果组织卖淫罪的客观构成要件仅指的是“安排卖淫者与嫖客发生关系，并从中牟取非法利益”，那么招募、运送等其他协助卖淫的行为也可以单独成罪。即便这样，那么也应当根据牵连犯从一从重的原则定性为组织卖淫罪；而不能认为构成协助组织卖淫和组织卖淫两个罪，并适用数罪并罚原则处理。（3）按照牵连犯原则处理更为合理。鉴于协助组织卖淫罪是一种独立的犯罪，而组织卖淫罪并不必须以协助组织卖淫行为为必要条件。否则，如果仅有安排卖淫者与嫖客发生关系从中取利的行为，而没有实施协助卖淫行为时，就不符合组织卖淫罪的犯罪构成，无法定组织卖淫罪了。因此，组织卖淫罪应当仅指的是安排卖淫者与嫖客发生关系，并从中牟取非法利益的行为。当犯罪人同时实施了组织卖淫与协助组织卖淫两个行为时，鉴于他所追求的是同一犯罪目的，所以可以考虑根据牵连犯的处断原则，按照组织卖淫罪一罪定罪处罚，而不存在数罪并罚的问题。

八、协助组织卖淫罪“情节严重”的认定

刑法第三百五十八条第四款规定：“为组织卖淫的人招募、运送人员或者有其他协助组织他人卖淫行为的，……情节严重的，处五年以上十年以下有期徒刑，并处罚金。”这里规定的“情节严重”，是本罪的加重处罚情节。但对何为“情节严重”，刑法中并未明确。一般而言，认定情节严重与否，应当结合协助组织卖淫犯罪中的卖淫人员数量、运送次数、规模、情节及危害后果等犯罪情节综合考虑。

《涉卖淫刑案解释》对哪些情形属于“情节严重”进行了明确，有利于司

---

① 参见孙华璞：《组织卖淫罪从犯与协助组织卖淫罪关系问题的研究》，载《人民法院报》2017年6月7日。

法实践中对本罪的正确处理。《涉卖淫刑案解释》第五条规定：

“协助组织他人卖淫，具有下列情形之一的，应当认定为刑法第三百五十八条第四款规定的‘情节严重’：

“（一）招募、运送卖淫人员累计达十人以上的；

“（二）招募、运送的卖淫人员中未成年人、孕妇、智障人员、患有严重性病的人累计达五人以上的；

“（三）协助组织境外人员在境内卖淫或者协助组织境内人员出境卖淫的；

“（四）非法获利人民币五十万元以上的；

“（五）造成被招募、运送或者被组织卖淫的人自残、自杀或者其他严重后果的；

“（六）其他情节严重的情形。”

从《涉卖淫刑案解释》条文来看，协助组织卖淫罪的“情节严重”基本上是比照组织卖淫罪的“情节严重”界定的。其理由在于，从刑法关于两个罪名的刑罚幅度配置看，实际上协助组织卖淫罪的刑罚幅度就相当于组织卖淫罪从犯的刑罚幅度。因此，本罪“情节严重”的标准也可以参照组织卖淫罪“情节严重”的标准来确定。仅对其中非法获利一项作了调整。组织卖淫非法获利一百万元作为“情节严重”的起点，但协助组织卖淫的获利一般情况下明显小于组织卖淫者，因此，《涉卖淫刑案解释》按照组织卖淫罪获利起点的一半即五十万元作为协助组织卖淫罪“情节严重”的起点。

九、协助组织卖淫罪的量刑问题

根据《刑法修正案（八）》修改后的刑法第三百五十八条第四款规定：“为组织卖淫的人招募、运送人员或者有其他协助组织他人卖淫行为的，处五年以下有期徒刑，并处罚金；情节严重的，处五年以上十年以下有期徒刑，并处罚金。”由此可见，协助组织卖淫罪的法定刑有两个量刑幅度：（1）符合本罪基本构成要件的，处五年以下有期徒刑，并处罚金；（2）如果符合本罪基本构成要件，同时又达到前述情节严重标准的，处五年以上十年以下有期徒刑，并处罚金。

关于本罪的量刑原则。对犯协助组织卖淫罪行为人的量刑，其基本原则与其他犯罪相同，即：（1）全面考虑、正确评价行为人所犯的罪行及所承担的刑事责任的大小；（2）正确认定犯罪性质，从而正确确定对应的法定刑；

（3）全面考虑行为人有无法定、酌定从重和从宽处罚情节。尤其是在协助组织卖淫共同犯罪中，一般存在一定程度的分工和职责划分，对受人指使、安排，所处地位较低、发挥作用较小的行为人，可以认定为是从犯；（4）认真研究其行为对法律保护的社会关系损害的程度，既包括直接造成的危害后果，也包括潜在的危害后果，等等。

在对犯协助组织卖淫罪行为人进行量刑时，还需要特别注意的是，必须与组织卖淫罪主犯的量刑予以均衡考虑。特别是当协助组织卖淫罪与组织卖淫罪是实际上的共同犯罪时，虽然不适用共同犯罪的有关规定，但在量刑时仍然要考虑到这一点。一般情况下，协助组织卖淫行为人在犯罪中所起的作用和行为的社会危害性比组织卖淫罪的主犯小，相对而言，处刑一般也会轻于组织卖淫罪的主犯。当然，具体量刑，仍需要考虑犯罪分子所参加实施的犯罪性质、情节轻重、参与犯罪的程度以及所起作用的次要程度等情况来确定。

第四章　强迫卖淫罪的司法认定

一、强迫卖淫罪的立法沿革

（一）1979 年刑法的有关规定

新中国成立后，我国大陆曾一度禁绝了卖淫，但是为了防患于未然，立法机关并没有因这些现象的一度销声匿迹而予以忽视[①]。在 1954 年开始研究起草至 1979 年刑法颁布之前的刑法立法工作中，一直有关于强迫卖淫罪的规定。如刑法草案第 22 稿规定，强迫卖淫的，“处五年以上有期徒刑”，第 33 稿改为“处三年以上十年以下有期徒刑”[②]。1979 年刑法保留了第 33 稿的规定，在第一百四十条规定：“强迫妇女卖淫的，处三年以上十年以下有期徒刑。”综观 1979 年刑法关于强迫卖淫的规定，主要有两个特点。一是强迫卖淫的对象仅限于妇女。二是强迫妇女卖淫罪规定在刑法分则第四章“侵犯公民人身权利、民主权利罪”中，强调保护被强迫卖淫妇女的人身权利。

（二）全国人大常委会《关于严惩严重危害社会治安的犯罪分子的决定》的有关规定

1979 年刑法实施后，司法机关严格依照刑法的规定，惩处了一批强迫卖淫犯罪分子。随着二十世纪八十年代初我国社会治安形势的恶化和卖淫现象的快速发展，原有的强迫妇女卖淫罪法定刑过轻（最高只能判处有期徒刑十年）的弊端暴露出来。为此，1983 年 9 月 2 日，全国人大常委会公布实施的

---

① 李邦友、王德育、邓超：《性犯罪的定罪与量刑》，人民法院出版社 2001 年版，第 167 页。

② 参见高铭暄：《中华人民共和国刑法的孕育诞生和发展完善》，北京大学出版社 2012 年版，第 118 页。

《关于严惩严重危害社会治安的犯罪分子的决定》对刑法条文作了重要修改与补充，规定对强迫妇女卖淫，情节特别严重的，可在刑法规定的最高刑以上处刑，直到判处死刑。这体现出立法机关坚决打击强迫卖淫行为的力度和决心，体现了党和国家对严重危害社会治安的刑事犯罪保持“严打”的高压态势。

（三）全国人大常委会《决定》的有关规定

“严打”以来，由于全国人大常委会《关于严惩严重危害社会治安的犯罪分子的决定》对强迫妇女卖淫罪的法定量刑幅度的弹性过大，从三年有期徒刑直到死刑，不利于司法机关的实务操作，而且犯罪对象仅限于妇女，不符合司法实践中出现的男人卖淫的实际情况，也没有在财产刑上体现对此类贪利型犯罪的打击。为此，1991 年 9 月 4 日，全国人大常委会公布实施了《决定》。决定第二条重新规定了强迫卖淫罪的定罪量刑，即：“强迫他人卖淫的，处五年以上十年以下有期徒刑，并处一万元以下罚金；有下列情形之一的，处十年以上有期徒刑或者无期徒刑，并处一万元以上罚金或者没收财产；情节特别严重的，处死刑，并处没收财产：（一）强迫不满十四周岁的幼女卖淫的；（二）强迫多人卖淫或者多次强迫他人卖淫的；（三）强奸后迫使卖淫的；（四）造成被强迫卖淫的人重伤、死亡或者其他严重后果的。”这一决定，在定罪和量刑上都作了重大修改。一是定罪，将强迫妇女卖淫罪修改为强迫他人卖淫罪。二是将量刑幅度分为三个，细化了量刑情节，提高了司法实践中的可操作性，同时提高了法定最低刑，将 1979 年刑法规定的最低三年有期徒刑提高为最低五年有期徒刑。另外，决定还在第三条第二款特别规定，“引诱不满十四岁的幼女卖淫的，依照本决定第二条关于强迫不满十四岁的幼女卖淫的规定处罚”。

为更好地贯彻《决定》，最高人民法院、最高人民检察院于 1992 年 12 月 11 日发布了《解答》。《解答》对强迫卖淫罪的有关问题作了规定。一是第四条规定了怎样理解“强奸后迫使卖淫的”规定，即：“指强奸行为与强迫他人卖淫的行为有联系，是强迫他人卖淫的法定从重情节。因此，只定强迫他人卖淫罪即可。如果强奸行为与强迫他人卖淫的行为之间没有联系，则应当分别定罪，实行并罚。”二是第五条规定了强迫他人卖淫罪的“情节特别严重”情形，即：“强迫他人卖淫罪中的‘情节特别严重’，是指全国人大常委会《决定》第二条所列四项情形中特别严重的情节。在具体执行中，不要在这四项情形之外再扩大范围。”这对于防止罪刑擅断具有积极的意义，实际上在当时存在类推制度的背景下，这也体现了罪刑法定的积极内涵。

（四）1997 年刑法的有关规定

1997 年刑法修订。修订后的刑法第三百五十八条第一款规定：“组织他人卖淫或者强迫他人卖淫的，处五年以上十年以下有期徒刑，并处罚金；有下列情形之一的，处十年以上有期徒刑或者无期徒刑，并处罚金或者没收财产：（一）组织他人卖淫，情节严重的；（二）强迫不满十四周岁的幼女卖淫的；（三）强迫多人卖淫或者多次强迫他人卖淫的；（四）强奸后迫使卖淫的；（五）造成被强迫卖淫的人重伤、死亡或者其他严重后果的。”第二款规定：“有前款所列情形之一，情节特别严重的，处无期徒刑或者死刑，并处没收财产。”此次修改，体现了三个特点。一是取消了绝对死刑条款。《决定》对于严厉打击强迫卖淫犯罪，维护社会治安有非常积极的意义。但是，在量刑上仍然偏重，规定有绝对死刑条款。立法机关为了减少死刑的条文数量，将组织卖淫罪和强迫卖淫罪合并在同一条文的两款中。二是将引诱幼女卖淫与强迫幼女卖淫区分开来。《决定》将引诱幼女卖淫的行为按照强迫幼女卖淫罪量刑，不利于突出打击强迫幼女卖淫的重点。1997 年刑法单独规定了引诱幼女卖淫罪，体现了强迫幼女卖淫和引诱幼女卖淫在罪质上和刑罚上的区别。三是将“不满十四岁的幼女”改为“不满十四周岁的幼女”，体现了立法用语的严谨。

（五）《刑法修正案（九）》的有关规定

2015 年 8 月 29 日，第十二届全国人民代表大会常委会第十六次会议通过了《刑法修正案（九）》。修正后的刑法第三百五十八条第一款规定：“组织、强迫他人卖淫的，处五年以上十年以下有期徒刑，并处罚金；情节严重的，处十年以上有期徒刑或者无期徒刑，并处罚金或者没收财产。”第二款规定：“组织、强迫未成年人卖淫的，依照前款的规定从重处罚。”第三款规定：“犯前两款罪，并有杀害、伤害、强奸、绑架等犯罪行为的，依照数罪并罚的规定处罚。”

《刑法修正案（九）》对 1997 年刑法的修改，主要体现在：一是取消了强迫卖淫罪的死刑。取消强迫卖淫罪的死刑后，最高还可以判处无期徒刑。司法实践中，对于该罪仍然应当严厉惩处，在法定刑范围内可以做到整体惩处力度不减，以确保社会治安整体形势稳定。二是将判处十年以上刑罚的五项具体情形修改为“情节严重的”。这一修改，使得强迫他人卖淫可能判处十年以上有期徒刑刑罚的适用范围更加宽泛。三是增加强迫未成年人卖淫从重处罚的规定。原来只有强迫不满十四周岁的幼女卖淫的，才作为法定加重处罚情节，但对于强迫不满十八周岁的未成年人卖淫没有从重处罚的规定。四是增加规定，对强迫他人卖淫，并有杀害、伤害、强奸、绑架等犯罪行为的，依照数罪并罚的规定处罚。主要是考虑到组织、强迫他人卖淫的行为，往往伴随着杀害、伤害、强奸、绑架等犯罪行为，实践中也是按照数罪并罚的规定处罚的。为进一步明确法律适用，严厉惩处这类犯罪行为，增加了这一规定①。同时，对犯故意杀人罪、故意伤害罪、强奸罪、绑架罪，依法应当判处死刑的，可以依法判处死刑。这是立法技术上的一个处理，体现了“保留死刑，严格控制和慎重适用”的死刑政策。

2017 年 7 月 25 日，最高人民法院、最高人民检察院公布实施了《涉卖淫刑案解释》。该解释第六条对强迫卖淫罪的“情节严重”作了细化，即“（一）卖淫人员累计达五人以上的；（二）卖淫人员中未成年人、孕妇、患有严重性病的人累计达三人以上的；（三）强迫不满十四周岁的幼女卖淫的；（四）造成被强迫卖淫的人自残、自杀或者其他严重后果的；（五）具有其他强迫卖淫情节严重情形的”。

二、强迫卖淫罪的构成要件认定

强迫卖淫，主要是指行为人采取暴力、威胁或者其他手段，违背他人意志，迫使他人卖淫的行为。强迫卖淫罪的构成要件如下：

（一）主体要件

强迫卖淫罪的主体为自然人一般主体，即凡是满十六周岁，具有刑事责任能力的人，只要实施了强迫他人卖淫的行为，都是本罪的犯罪主体。单位不能构成本罪的主体。

根据刑法第三百六十一条规定，旅馆业、饮食服务业、文化娱乐业、出

---

① 全国人大常委会法制工作委员会刑法室编著：《〈中华人民共和国刑法修正案（九）〉解读》，中国法制出版社 2015 年版，第 288～289 页。

租汽车业等单位的人员，利用本单位的条件，强迫他人卖淫的，依照强迫卖淫罪定罪处罚。上述单位的主要负责人犯强迫卖淫罪的，从重处罚。对刑法的这一规定，我们认为可作如下理解：（1）根据刑法的这一规定，单位不能成为本罪的犯罪主体，只有自然人才是本罪的犯罪主体。（2）如果单位人员实施共同犯罪的，则依照共同犯罪理论和刑法关于共同犯罪的规定进行处罚。（3）对单位主要负责人从重处罚，是基于两个方面原因。一是作为单位主要负责人，有义务自觉遵守国家法律规定，应当合法经营。其利用本单位的条件实施强迫卖淫罪，说明其不但并未履行采取措施制止发生在本单位的卖淫嫖娼活动的法定职责，而且亲自利用单位条件实施强迫卖淫行为，这种行为不仅直接破坏了社会管理秩序，妨害社会治安，而且还严重影响单位声誉，破坏了单位的正常经营活动，甚至使自己负责的单位成为藏污纳垢的色情场所，说明其主观恶性特别深，影响特别恶劣。二是在单位主要负责人参与的利用本单位条件实施强迫卖淫的共同犯罪中，由于其对单位具有管理和控制地位，也在一定程度上能够反映其在共同犯罪中的地位和作用。一般情况下，其在共同犯罪中也是处于主犯地位的。即使其在共同犯罪中处于从犯地位，也应该按照刑法总则中有关从犯的量刑原则，在从犯的量刑幅度内从重处罚。

（二）主观要件

强迫卖淫罪的主观方面表现为直接故意。过失不能成为本罪的主观要件。间接故意在一般情况下也不能成为本罪的主观要件。但在个别情况下，间接故意也可以成为强迫卖淫罪的主观要件。如单位主要负责人，明知单位人员利用本单位条件实施强迫卖淫犯罪，但却放任不管且配合提供本单位的条件。

营利性是否为强迫卖淫罪的构成要件？我们认为，本罪行为人一般是以营利为目的的，但营利性不是本罪成立的主观要件。《涉卖淫刑案解释》第八条第三款规定："引诱、容留、介绍他人卖淫是否以营利为目的，不影响犯罪的成立。"该解释虽然未对组织、强迫卖淫罪的营利性作出规定，但原理是一样的。但是，获利性是涉卖淫类刑事犯罪的共同主观特点。即使行为人不具有营利的目的，也有获取其他利益的目的。但获利性与营利性的范围不完全一样。营利性一定属于获利性，而获利性未必一定以获取经济利益为目的。正如有学者所言：犯这种罪的都是些品质恶劣的人，既可以是被害者的亲属，也可以是其他人。其犯罪动机是为了获取不法利益，既可以是取得钱财，也可以是谋取其他不法利益，如实现个人向上爬的欲望等。①

（三）客体要件

涉卖淫类刑事犯罪中，组织、引诱、容留、介绍卖淫犯罪，侵犯的客体是社会管理秩序。但强迫卖淫罪、故意传播性病罪的客体除社会管理秩序外，还侵犯了公民的人身权利。

由于强迫卖淫罪与其他涉卖淫类刑事犯罪规定在刑法分则的同一个章节中，因此，关于强迫卖淫罪所侵犯的客体也相应地存在一定争议。1979 年刑法把强迫卖淫罪规定在分则第四章“侵犯公民人身权利、民主权利罪”中，而现行刑法却将强迫卖淫罪规定在分则第六章“妨害社会管理秩序罪”中，这也是引起争论的主要原因。

我们认为，现行刑法将强迫卖淫罪规定在“妨害社会管理秩序罪”中，主要原因并不是因为强迫卖淫罪侵犯的主要客体是社会管理秩序。当然，所有刑事犯罪，从大的方面说，不管其侵犯的直接客体是什么，其实质都是对正常社会秩序的侵犯。但是，“妨害社会管理秩序罪”中的大多数犯罪，侵犯的客体主要是正常的社会秩序。强迫卖淫罪则不然，其侵犯的直接客体是人身权利。人身权利不仅包括生命权利、健康权利，也包括性自由权利。强迫卖淫罪以暴力、胁迫等为手段，直接侵犯的是卖淫人员的性权利，有时也可能对卖淫人员的人身造成一定的伤害。采取非法拘禁以迫使卖淫的，还侵犯到卖淫人员的人身自由。而最本质的则是侵犯了卖淫人员的性自由权利。如同强奸罪一样，被强迫卖淫者在卖淫活动中与他人发生性关系，是违背其意志的。因此，从强迫卖淫罪定罪要件来说，其侵犯的直接客体是被强迫卖淫人员的性自由权利。1997 年刑法之所以将强迫卖淫罪与组织、引诱、容留、介绍卖淫罪一起规定在“妨害社会管理秩序”罪中，原因有两个。一是 1997 年刑法修订时，组织卖淫罪、强迫卖淫罪均可以判处死刑，为了减少死刑罪名，将组织卖淫罪、强迫卖淫罪规定在同一条文中。二是在司法实务中，单纯的强迫卖淫犯罪并不多见，强迫卖淫罪往往更多地发生在组织卖淫犯罪活动中，有时到底是组织卖淫还是强迫卖淫并不能够明确地区分开来。如组织卖淫时对卖淫人员采取非法拘禁措施，卖淫人员从事卖淫违法活动是自愿的，

---

① 参见高铭暄：《中华人民共和国刑法的孕育诞生和发展完善》，北京大学出版社 2012 年版，第 118～119 页。

但组织卖淫行为人所采取的非法拘禁这一管理和控制措施却非卖淫人员所愿。三是将以卖淫行为为犯罪载体的组织、强迫、引诱、容留、介绍卖淫犯罪规定在刑法分则的同一章节，有利于突出这些犯罪间的共性特点。《刑法修正案（九）》公布，特别是《涉卖淫刑案解释》公布实施后，组织卖淫、强迫卖淫从以前的两个单独罪名发展成为选择性罪名。行为人既实施组织卖淫犯罪行为，又实施强迫卖淫犯罪行为的，不再以组织卖淫罪和强迫卖淫罪予以并罚，而是以组织、强迫卖淫罪一罪予以定罪处罚。

本罪的犯罪对象是“他人”，而不限于“妇女”。区别于1979年刑法规定的强迫妇女卖淫罪，现行刑法规定的是强迫（他人）卖淫罪。按词义解释，“他人”既包括男人，也包括女人。现实中，充当卖淫人员的主要是女人，但在相当多的地方，男性卖淫现象也不鲜见。当然，从司法实践看，被强迫卖淫的，一般都是妇女。男人被强迫卖淫的事例极少，男人在不愿意从事卖淫活动的时候，也很难被强迫卖淫。但是，刑法这样规定，一是将强迫卖淫与组织、引诱、容留、介绍卖淫规定在一个章节里，没有必要特别强调强迫卖淫的对象一般为女人，二是立法规定男人也可以成为被强迫卖淫的对象具有一定的积极意义，有助于严密法网。

（四）客观要件

强迫卖淫罪的客观方面表现为以暴力、胁迫或者其他手段，违背他人意志，迫使他人卖淫的行为。因此，客观方面包含三方面的内容，一是行为人采取的手段是暴力、胁迫或者其他手段；二是强迫卖淫本质上违背了被强迫卖淫者的意志；三是被强迫卖淫的人与行为人以外的人发生性关系，而且发生性关系属于卖淫性质，即与卖淫人员发生性关系的对方是嫖娼人员。这也是强迫卖淫罪与强奸罪最大的区别之所在。

这里所说的“强迫”，既包括直接使用暴力手段或者以暴力相威胁，也包括使用其他非暴力的逼迫手段，如以揭发他人隐私或者以可能使他人某种利害关系遭受损失相威胁，或通过使用某种手段和方法，形成精神上的强制，在别无出路的情况下，违背自己的意愿从事卖淫活动。无论行为人采取哪一种强迫手段，都构成强迫他人卖淫罪。[①] 暴力，是指人身强制方法；威胁，是

---

① 全国人大常委会法制工作委员会刑法室编著：《中华人民共和国刑法解读》（第四版），中国法制出版社2015年版，第857～858页。

指精神强制方法；其他方法，是指采用灌醉、麻醉等方法。[①] 强迫卖淫的强迫性主要表现为以下情形：（1）在他人不愿意从事卖淫活动的情况下，使用强制手段迫使其从事卖淫活动；（2）他人虽然原本从事卖淫活动，但在他人不愿意继续从事卖淫活动的情况下，使用强制手段强迫其继续从事卖淫活动；（3）在卖淫者不愿意在某地从事卖淫活动或者为某人从事卖淫活动的情况下，使用强制手段使其在某地或为某人从事卖淫活动。因此，从事卖淫活动的卖淫者也可以成为强迫卖淫罪的对象。

司法实践中，对于以暴力手段强迫他人卖淫的比较好认定。但对于使用胁迫手段的，就要结合具体案件进行分析。关键是要看卖淫是否从根本上违背卖淫者的意志。如：被告人刘某某强迫卖淫一案。被告人刘某某等人带黄某某、朱某某（均已满十四周岁不满十六周岁）到外地“坐台”（陪唱歌、陪跳舞等但不卖淫）。因黄某某、朱某某“坐台”不成功，且二人与刘某某等人的日常开支均是刘某某支付，为此，刘某某将已支出的费用全部算在黄某某和朱某某的身上，威逼黄某某、朱某某写下欠条，要二人还这笔费用（其中黄某某写了一张 4.5 万元的欠条、朱某某写了一张 1.5 万元的欠条），且该债务需要以高利贷来计算，被害人在未还清债务之前不许回家。其中朱某某如不按期还款需自砍手指一根，以逼二人去卖淫得钱还给刘某某。期间，黄某某、朱某某卖淫还被查处。后因二人欠刘某某的费用未清，又被迫按照刘某某的意思进行卖淫活动。刘某某的辩护人提出：指控刘某某犯强迫卖淫罪证据不充分。理由是本案被害人随时可以呼救、报警却不呼救、报警，且在卖淫时被公安机关抓获却不向公安机关求救，不能排除被害人是自愿卖淫的合理怀疑。在本案中，认定刘某某的行为是否属于强迫卖淫，关键是看刘某某所采取的手段是否属于胁迫行为，从事卖淫活动是否违背了黄某某、朱某某的意志。我们认为，被告人刘某某结伙使用胁迫手段，迫使她人卖淫，其行为已构成强迫卖淫罪。胁迫方面主要体现在：刘某某等人将在组织“坐台”活动过程中支出的费用威逼被害人黄某某、朱某某归还，并让被害人通过卖淫得款归还债务，且威逼黄某某、朱某某写下欠条。此欠条本身就包含了胁迫的内容。这些内容足以使得黄某某、朱某某产生惧怕心理。至于辩护人“被害人有机会呼救、报警却不呼救、报警以及在卖淫时被公安机关抓获却不向公安机关求救”的辩护意见，我们认为，此与黄某某、朱某某均为未成年

---

① 陈兴良：《规范刑法学》，中国人民大学出版社 2013 年版，第 1061 页。

人，缺乏自我保护意识和能力有关，不能以被害人未报警、未呼救为由，认定黄某某、朱某某系自愿卖淫。而且被害人黄某某在陈述中也对此予以解释，其因害怕报案后，刘某某等人去家里找麻烦，所以不敢报警。因此，纵观全案，是被害人不知报警和不敢报警，不是因自愿卖淫而有条件报警不报警。况且，未报警、未呼救，与自愿卖淫是两个完全不能等同的概念。自愿卖淫的人，肯定不会报警和呼救，但不能反过来推导出未报警、未呼救就是自愿卖淫的结论。另外，被告人刘某某等人强迫未成年人卖淫，应依法从重处罚。

强迫卖淫罪是行为犯，而且是比较严重的犯罪，刑法配置的最低法定刑为五年有期徒刑。因此，行为人只要实施了强迫他人卖淫的行为就构成强迫卖淫罪。实践中，要非常慎重地运用刑法第十三条关于“情节显著轻微危害不大的，不认为是犯罪”的规定。一般情况下，对于行为人实施了强迫卖淫行为的，都不能认定此类行为“情节显著轻微危害不大”。当然，如果行为人虽然实施了强迫行为，但强度不大，只是一般性地威胁，也没有真正付诸实施的暴力，并且被强迫者也没有因为行为人的强迫而卖淫，没有造成任何后果的，可以不以犯罪论处。

三、强迫卖淫罪“情节严重”的认定

1997年刑法曾经有关于强迫卖淫罪“情节严重”和“情节特别严重”的规定。但《刑法修正案（九）》取消了强迫卖淫罪的死刑，并取消了关于“情节特别严重”的规定，仅规定“情节严重的，处十年以上有期徒刑或者无期徒刑，并处罚金或者没收财产”。对何谓“情节严重”却没有专门作出规定。且强迫卖淫罪的“情节严重”，也因情势而变化，如强奸后迫使卖淫的，依照《刑法修正案（九）》的规定，应当以强奸罪和强迫卖淫罪数罪并罚，不再认定为强迫卖淫“情节严重”。杀害被强迫卖淫人员的，应当以故意杀人罪和强迫卖淫罪并罚，不再认定为强迫卖淫“情节严重”。因此，如何在《刑法修正案（九）》的框架内确定强迫卖淫“情节严重”的问题，也显得非常迫切。

《涉卖淫刑案解释》参考1997年刑法对强迫卖淫罪“情节严重”的有关规定，基于《刑法修正案（九）》取消情节严重具体规定的实际情况，并结合《刑法修正案（九）》取消强迫卖淫罪死刑条款的实际，认为仍然应当规定强迫卖淫罪“情节严重”的具体情形，但必须遵循《刑法修正案（九）》规定的精神，并且强迫卖淫罪的“情节严重”标准应当在门槛设置上低于组织卖淫罪。主要原因是强迫卖淫罪的行为人对卖淫人员的人身具有较大的侵害性。以此为立足点，《涉卖淫刑案解释》提出了强迫卖淫罪“情节严重”的以下内容。

1. 强迫卖淫的人员累计达五人以上的。此标准参照组织卖淫罪人员的一半标准设置，体现对强迫卖淫罪予以更严厉打击的精神。

2. 强迫未成年人、孕妇、患有严重性病的人卖淫累计达三人以上。对未成年人、孕妇、患有严重性病的人而言，人数标准参照组织卖淫罪人员的一半标准设置，体现对强迫卖淫罪予以更严厉打击的精神。

3. 强迫不满十四周岁的幼女卖淫的。即强迫幼女卖淫的，不需要人数的限定，只要强迫幼女卖淫的，即属于“情节严重”。理由有二：其一，与组织卖淫罪不同的是，组织卖淫罪的构成条件本身就要求组织三人以上，无论是否幼女，而强迫卖淫罪的构成要件没有人数限制，只要卖淫人员是被强迫卖淫的即可。其二，刑法第三百五十九条第二款规定，引诱幼女卖淫的，即相当于引诱他人卖淫的“情节严重”。此条透露出的立法精神是，针对幼女实施的犯罪行为应当作为加重处罚情节。据此，强迫幼女卖淫也应当作出比强迫其他人员卖淫更严厉的处罚。

4. 造成被强迫卖淫者自残、自杀或者其他严重后果的。对此要件的理解，应当明确：(1) 这里的“自残、自杀”不是基于强迫卖淫犯罪分子的故意行为。如果是犯罪分子的故意行为，则应当依照刑法第三百五十八条第三款的规定，以故意杀人罪、故意伤害罪等对犯罪分子数罪并罚。所犯故意杀人、故意伤害罪，如果应当判处死刑的，可以依法判处死刑。(2) 这里“自残、自杀”是一种结果，而不是行为本身，即被害人的自残、自杀行为必须导致被害人严重残疾或者死亡的结果，如果行为人仅有自残、自杀的行为，但没有造成严重残疾或者死亡结果的，不能认定为造成被害人自残、自杀的情形。(3) 这里的其他严重后果，是指与严重残疾、死亡基本同质的后果，如造成被害人严重精神病致不能生活自理的，造成多人重伤的，等等。(4) 被害人在卖淫期间发生死亡、严重残疾等严重后果，且该严重后果与卖淫活动有紧密的因果或者条件关系的，应当认定为“其他严重后果”。如卖淫人员在从事卖淫活动期间被嫖客杀害的情形下，卖淫人员的死亡既非卖淫人员的自杀引起，也非强迫卖淫行为人所实施，但发生在卖淫活动期间，因此，与卖淫活动有着刑法意义上的紧密联系，应当认定为“其他严重后果”。

5. 其他情节严重的情形。这是刑法和刑事司法解释经常采用的“或者其他”型堵截条款。其目的是将法条无法或难以穷尽而社会生活中可能出现或以后将出现的情况，用概括性语言进行描述，用以解决法律的滞后和法律漏洞问题，尽最大可能发挥刑法的超前和预测功能，以全面、准确地调整各种刑事法律关系。

四、强迫卖淫罪与强奸罪的区别认定问题

强奸罪是指行为人以暴力、胁迫或者其他手段，违背妇女意志，强行与妇女发生性关系的行为。而强迫卖淫的行为在实质上就是强迫他人牺牲自己的性的自由权利，最主要的本质是违背他人的意志。这一点与强奸罪是一样的。因此，有学者提出：“强迫妇女卖淫行为从本质上讲是强奸罪，因为它具备了强奸罪的构成要件——客体是妇女性的不可侵犯的权利，客观上实施了暴力、胁迫或者其他手段，违背妇女意志使妇女与男子发生性关系，主观上有强使妇女被奸淫的目的”。①

但是，强迫卖淫罪与强奸罪的区别还是明显的。主要体现在以三几个方面：

1. 两罪的主观内容不同

虽然都是强行让妇女与他人发生性关系（强迫卖淫罪还包括强行让男人与他人发生性关系），但强迫卖淫罪在主观内容上具有获利性，包括具有营利性或者获取其他利益。但强奸罪的主观目的是满足性欲或者其他目的，一般不具有获利性，更不具有营利性。当然，在特定情况下，强奸犯罪分子也具有获利性。主要有两种情况。一是受他人所雇强奸某妇女，即在经济利益驱使下受雇犯强奸罪。二是为了一定的经济利益或者其他目的，帮助他人实施强奸犯罪行为。实践中比较多的是女性帮助男人强奸他人。

2. 客观方面的区别

（1）奸淫的内容不一样。强奸行为限于性交，如果对被害妇女实施其他流氓行为的，如抠摸、手淫，或者强迫被害妇女对行为人进行口交、肛交等非直接性交行为的，都不能以强奸罪定罪，而只能以强制猥亵罪定罪处罚。而强迫卖淫行为除迫使被害人与嫖客性交外，还包括迫使被害人与嫖客发生

① 储槐植主编：《“六害”治理论》，中国检察出版社 1996 年版，第 271～272 页。

口交、肛交等虽然不是直接性交但属于进入式且容易传播性病的性行为。[1]（2）奸淫行为具体实施人的性质不一样。在强奸行为的情况下，被害妇女多是处于被动接受他人奸淫，而在强迫卖淫的情况下，被害妇女经常是主动甚至“笑脸相迎”，主动地去招引嫖客，与嫖客的性行为多在表象上是同意的。强奸犯罪中，与妇女发生性关系的行为人即强奸犯，对妇女违背自己的意志被奸淫的事实是明知的，因为强奸罪的暴力手段主要来自强奸行为实施人（有帮助犯时该暴力也会来自帮助犯）。而强迫卖淫犯罪中，嫖客通常并不知道为自己提供性服务的一方是被强迫的，与暴力实施者之间没有意思联络，而且嫖客本人也不需要实施暴力、胁迫等手段就能达到与被害妇女发生性关系的目的。

3. 犯罪对象的区别

强奸罪的对象只限于妇女。而强迫卖淫罪的犯罪对象为“他人”，包括男人和女人。强迫的对象可以是品行良好，从未有过卖淫历史的人，也可以是有过卖淫史，但已不再卖淫的人。

根据以上分析，强迫卖淫罪与强奸罪在大多数情况下是不难区分的。但是在强迫妇女卖淫与强奸罪帮助犯的情况下，两罪有时容易混淆。因此，应当结合行为人的目的等进行判断。强奸罪的帮助犯也会采用暴力、胁迫或者其他手段，目的是为强奸罪的实行犯具体实施强奸行为时扫清障碍，如帮助他们对被害妇女进行捆绑、殴打等，其帮助的对象是特定的。帮助者一般也不以获取利益为目的。强奸行为的实行犯一般也知道帮助犯的存在和帮助犯所实施的帮助行为。而强迫卖淫罪的强迫行为实施人，帮助的对象是不特定的，即不特定的嫖客，而且以获取利益为目的。嫖客既不知道强迫卖淫行为人的存在，也不知道强迫卖淫行为人对卖淫者所实施的暴力、胁迫等手段。

在经过以上分析后，我们就可以明确“强迫卖淫行为为何不以强奸罪定罪处罚”的原因。这就是，强迫卖淫行为人虽然违背被强迫者的意志，但其本身并未与被强迫者发生性关系。与被强迫者发生性关系的人，在其本质上，属于实施性交易行为，除非在明知被强迫者属于不满十四周岁的幼女时仍然实施嫖娼行为应当以强奸罪或者故意传播性病罪定罪外，一般不追究嫖客的

---

① 《涉卖淫刑案解释》起草者的观点：在目前情况下，不能将刑法意义上的卖淫局限于性交行为，对于性交之外的肛交、口交等进入式的性行为，应当依法认定为刑法意义上的卖淫——参见周峰、党建军、陆建红、杨华：《〈关于办理组织、强迫、引诱、容留、介绍卖淫刑事案件适用法律若干问题的解释〉的理解与适用》，载《人民司法》2017 年第 25 期。

刑事责任。也就是说，在一般情况下，无法以强奸罪追究与被强迫卖淫妇女发生性关系行为人的刑事责任。如此，强迫卖淫行为实施人，因不存在强奸罪的直接正犯而无法以强奸罪追究其刑事责任。

分析强迫卖淫罪与强奸罪的区别时，还有两个需要特别明确的问题。

1. “强奸后迫使卖淫”如何处理

强奸罪与强迫卖淫罪原本是两个不同的罪名。但是，立法上曾经将两个罪名联系起来。本章在介绍强迫卖淫罪的立法沿革时已经说到了此点。《决定》最早出现对“强奸后迫使卖淫”如何处理的规定，即作为强迫卖淫罪的“情节严重”情形之一。《解答》对怎样理解“强奸后迫使卖淫的”作出了规定，即：“指强奸行为与强迫他人卖淫的行为有联系，是强迫他人卖淫的法定从重情节。因此，只定强迫他人卖淫罪即可。如果强奸行为与强迫他人卖淫的行为之间没有联系，则应当分别定罪，实行并罚。”上述《决定》和《解答》的内容被吸纳到1997年的刑法中。因此，多年来，实务部门也都是依此来处理此类案件的。但是，无论在理论界还是实务部门，对如何理解“强奸行为与强迫他人卖淫的行为有联系”却是有争论的，而这一争论却直接关系到是否对被告人实行数罪并罚的问题。第一种观点认为，强奸后迫使卖淫，是指犯罪分子对不服从其意志进行卖淫的妇女，通过强奸、轮奸的手段，进行摧残，逐步消除他她们的贞操观，迫使她们陷入绝境后而被迫卖淫。第二种观点认为，强奸后迫使卖淫的，在任何条件上都是强迫他人卖淫的加重情节之一；针对同一对象实施的强奸行为和强迫卖淫行为，不管相互之间有无联系，只要强奸行为发生在前，均定强迫卖淫罪一罪，适用法律规定的加重法定刑予以处罚。①

但是，也有学界对立法上的这一做法提出异议。认为，强奸后迫使卖淫的，与实施强奸、强迫卖淫之间没有联系的行为，可以说在表象上是相同的，即同样实施了两个相同的行为。仅仅因为一个人的两行为有联系而定一罪，而另外一个人的两行为因为没有联系而定二罪并数罪并罚，这种做法是不公平的。对行为人行为的定罪与量刑必须按照法律的规定，符合刑法的基本理论。如果是因为立法原因造成定罪上的不公正，不能靠改变刑法的基本理论来解决。将独立数罪中的一罪作为他罪的加重情节予以规定，这种立法技术是否科学是值得探讨的。在有些情况下强奸罪还要重于强迫卖淫罪，却将强

① 何秉松主编：《刑法教科书》，中国法制出版社1995年版，第814～815页。

奸行为视为强迫卖淫罪的一个加重情节，司法实践中会出现矛盾与不公正也就不可避免了。因此，现状的改变不在于理论的迁就，而在立法的改变。[①] 后来，立法界出于减少死刑罪名的原因，通过《刑法修正案（九）》取消了强迫卖淫罪的死刑规定。但是取消强迫卖淫罪的死刑规定后，对于强迫卖淫行为人实施了“强奸后迫使卖淫”的行为如果继续按照强迫卖淫罪一罪处理，就有可能轻纵严重危害社会治安的犯罪。于是，在《刑法修正案（九）》后的刑法第三百五十八条第三款规定，犯强迫卖淫罪，并有杀害、伤害、强奸、绑架等犯罪行为的，依照数罪并罚的规定处罚。据此，学界的争议就基本停止。在司法实践中，不需要考虑先实施的强奸行为与后实施的强迫卖淫行为之间是否有联系，只需要对强奸和强迫卖淫行为分别定罪予以数罪并罚即可。如果强奸行为情节严重，依法应当判处死刑的，可依法判处死刑。

对于女性使用暴力、胁迫方法强行与男子发生性交后迫使男子卖淫的，是否属于“强奸后迫使卖淫”的情形？有观点认为，既然强迫卖淫罪包括强迫男子卖淫，1997 年刑法第三百五十八条第一款第四项也只规定“强奸后迫使卖淫”而没有规定“强奸妇女后迫使卖淫”，就有理由认为，女性使用暴力、胁迫方法强行与男子发生性交后迫使男子卖淫的，也属于“强奸后迫使卖淫”。得出肯定结论并不存在文理解释的障碍（只是存在观念上的障碍）。但是，得出肯定结论是否具有实质的合理性（如是否存在间接处罚），则是另一回事。[②] 我们认为，现实中发生这样的案件是可能的。但在司法实务中是存在障碍的。因为，女性强行与男子发生性关系，不符合我国刑法关于强奸罪的构罪要件，不能以强奸定性。强奸罪的犯罪对象仅限于妇女。《刑法修正案（九）》后，对于“强奸后迫使卖淫”的行为实行以强奸罪和强迫卖淫罪数罪并罚，仅限于犯罪主体是男子（女性为帮助犯时除外）。女性使用暴力、胁迫方法强行与男子发生性交后迫使男子卖淫的，对其强迫卖淫行为依照强迫卖淫罪定罪处罚，对其强行与男子发生性关系的行为，如果符合构罪要件的，则以强制猥亵罪定罪处罚。

2. 被强迫卖淫者后来变化为自愿提供卖淫服务的，是否要追究当初强迫卖淫行为人的刑事责任

在现实生活中，卖淫人员从事卖淫违法活动的原因是复杂的。既有生活

---

① 李邦友、王德育、邓超：《性犯罪的定罪与量刑》，人民法院出版社 2001 年版，第 181～182 页。

② 张明楷：《刑法学》，法律出版社 2011 年版，第 1022 页。

困难被迫卖淫的，也有贪图享受而自愿卖淫的，还有追求刺激等畸形生活方式自愿卖淫的，等等，不一而足。有些人最初被强迫卖淫，但随后由于种种原因却自己主动选择从事卖淫违法活动。对此情况下，应否继续追究强迫卖淫行为人当初强迫卖淫的刑事责任？学界有两种观点。第一种观点认为，不宜追究行为人当初强迫卖淫的刑事责任。理由是，被强迫卖淫的人，已由不自愿到自愿卖淫，性质已经发生变化。司法实践中，在强奸与通奸行为的转化过程中，先强奸后通奸的，一般都不追究先前强奸行为的刑事责任，主要原因是，在这种情况下，诉诸刑法的强制力，已经失去了合理的根据。同样，对于先迫使卖淫后他人又自愿卖淫的情况下，也没有必要诉诸刑法来解释，但行为人构成其他犯罪的，应按相应的犯罪处罚。[①] 第二种观点认为，不管被害对象在主观意志上发生何种变化，都不能改变强迫者业已构成强迫卖淫罪的事实。[②]

我们同意第二种观点。主要理由有三。一是强迫卖淫行为人当初的强迫卖淫行为已经构成犯罪，而且强迫卖淫罪是比较严重的刑事犯罪，没有法定理由，不应该放弃追诉。二是除非是自诉案件，在一般刑事案件中，被害人事后主观意志的变化不能成为不追究犯罪分子刑事责任的理由。三是不能将强迫卖淫案件与强奸案件进行比较。在强奸案件中，强奸行为实施人对被害人强奸后又与被害人保持通奸关系的，其行为主体非常特定。主体是被害人与强奸行为实施者。二人从强奸关系变成通奸关系，是基于两人产生的感情，在这种情况下，受破坏的社会关系在一定程度上得到了修复。而强迫卖淫案件中，主体不特定，被害人与嫖客之间仍然属于与不特定人员之间的关系，被害人与强迫卖淫行为人之间的关系并没有改变。先被强迫卖淫后自愿卖淫，并不能表明卖淫人员与嫖客之间有了感情关系，更不能表明卖淫人员与强迫卖淫行为人之间有了感情。也就是说，当初受到破坏的社会关系并没有受到任何程度的恢复。相反，在大多数情况下，由于强迫卖淫行为人的强迫卖淫行为，使得一个曾经守法有廉耻观的人成了一个违法甚至犯罪的卖淫人员。

---

① 参见李邦友、王德育、邓超：《性犯罪的定罪与量刑》，人民法院出版社 2001 年版，第 186～187 页。

② 储槐植主编：《“六害”治理论》，中国检察出版社 1996 年版，第 274 页。

五、强迫他人提供手淫等色情服务的定性

在理论界和实务部门，对如何理解刑法意义上的卖淫概念，争议一直较大。对此，本书第一章就专门作了论述。主要观点是：司法实践中认定刑法意义上的卖淫，应当依照刑法的基本含义，结合大众的普遍理解及公民的犯罪心理预期等进行认定，并严格遵循罪刑法定原则。据此，不宜对刑法上的卖淫概念作扩大解释，刑法没有明确规定手淫等色情行为属于刑法意义上的“卖淫”，因而相关行为就不宜入罪。同时，在目前情况下，也不能将刑法意义上的卖淫局限于性交行为，对于性交之外的肛交、口交等进入式的性行为，应当依法认定为刑法意义上的卖淫。[①] 当然，本书在第十一章也对如何处理组织他人提供色情服务提出立法建议。但是，在刑法修改之前，组织、引诱、容留、介绍他人提供色情服务的，不仅不能以组织、引诱、容留、介绍卖淫罪定罪处罚，也找不到其他相应的治罪条款。

但是，对于强迫他人提供色情服务的，如何处理？我们认为，组织、引诱、容留、介绍他人提供色情服务，不能以犯罪处理，主要原因是该类行为侵害的主要是社会秩序，还没有被现行刑法评价为犯罪，也就是还没有达到应受刑罚处罚的程度。但是，强迫他人提供色情服务的行为，其侵害的客体主要是公民的人身权利。在情节严重时，还是应当以犯罪论处的。以何罪论处？我们认为，按照刑法第二百三十七条规定的强制猥亵罪定罪处罚比较具有可行性。法理上也说得通。主要理由：（1）对强制他人提供色情服务的行为以强制猥亵罪定罪符合立法发展轨迹。从历史沿革来看，强制猥亵罪是从1979年刑法第一百六十条流氓罪分解出来的罪名。由于原流氓罪的规定比较原则和概括，司法实践中把握标准也不统一。为防止司法的随意化，按照罪刑法定的要求，1997年修订刑法时，根据多年司法的情况，将流氓罪进一步具体化，分解为几个不同的罪名。强制猥亵罪就属于其中之一。而对于强迫他人提供色情服务的行为，在1997年刑法修订前，实践中都是以流氓罪处理的。（2）对强制他人提供色情服务的行为以强制猥亵罪定罪符合立法意图。刑法规定强制猥亵罪，其目的是为了保障被害人的人身权利免受不法侵害，

---

① 参见周峰、党建军、陆建红、杨华：《〈关于办理组织、强迫、引诱、容留、介绍卖淫刑事案件适用法律若干问题的解释〉的理解与适用》，载《人民司法》2017年第25期。

同时也是为了净化社会风气，维护正常的社会秩序。强制他人提供色情服务的行为既侵害了被害人的人身权利，也污染了社会风气，是对社会正常秩序的严重破坏。(3) 对强制他人提供色情服务的行为以强制猥亵罪定罪符合强制猥亵罪的构成要件。强制猥亵罪是指以暴力、胁迫或者其他方法，强制猥亵他人的行为。其最主要的本质特征在于违背被害人的意志。在行为内容上，是强行对被害人实施抠摸、手淫等下流行为。被害人既可以是女性，也可以是男性。而强迫他人提供色情服务也是采取暴力、胁迫或者其他方法，其最本质的特征也是违背被害人的意志。在行为内容上，是强迫被害人为他人提供手淫、胸推等色情服务，被害人既可以是女性，也可以是男性。(4) 对强制他人提供色情服务的行为可以做到正确量刑。强制他人提供色情行为，强制者本身不一定对被害人实施猥亵行为，也不一定接受被害人的色情服务，而是强制被害人为他人（类似于"嫖客"）提供色情服务，因此，其不是强制猥亵罪的正犯，而是帮助犯。在强奸罪中，如果没有强奸罪的直接正犯，那么，帮助犯是无法构成强奸罪的。特别是强奸罪的女性帮助犯，更是不具有直接正犯的可能性，必须依托正犯的成立才能构成强奸罪。而在强制猥亵罪中，帮助犯不必一定要依赖于直接正犯才构成强制猥亵罪。这主要是由于两个原因。一是本罪来源于流氓罪，根据 1997 年刑法关于流氓罪的规定，强制他人提供色情服务的人，有时是流氓犯罪的主犯甚至是流氓集团的首要分子。二是虽然行为人自己不直接实施猥亵行为，但"嫖客"接受色情服务的行为在客观上是违背被害人的意志的，可以作为行为人强迫他人提供色情服务得以实现犯罪目的的载体。但强奸罪则不能以嫖客接受性服务作为强迫卖淫行为人得以实现犯罪目的的载体。理由就在于在现行刑法框架内强奸罪的刑罚重于强迫卖淫罪，不能以轻罪吸收重罪，将重罪作为轻罪的犯罪目的载体。嫖客接受色情服务的行为一般不以犯罪处理，因此，可以成为强制猥亵罪的行为载体。基于上述理由，在对强制他人提供色情服务行为以强制猥亵罪定罪的同时，在处理上，要有别于行为人自己对被害人实施"猥亵"行为，即要酌情从轻处罚。如此，才能实现罪责刑一致。

有的行为人既强迫他人卖淫，又强迫他人实施手淫等行为的；或者既组织他人卖淫，又强迫他人提供色情服务行为的，如何处理？我们认为，应当按照刑法理论关于罪数的原理予以明确，以利于基层法官正确认定罪名和适用刑罚。(1) 关于行为人既强迫他人卖淫，又强迫他人实施手淫等行为的问题。如果单纯强迫他人实施手淫等行为的，以强制猥亵他人罪定罪。但由于这种强制猥亵与一般的强制猥亵不同，其主要目的还是以营利为目的。之所以以强制猥亵罪定罪，是由于定强迫卖淫罪不合适。但如果行为人又同时有强迫卖淫犯罪行为的，则可将强制猥亵行为吸纳到强迫卖淫罪中去。行为人的目的都是一个，即牟取非法利益。（2）关于行为人既组织他人卖淫，又强迫他人实施色情服务等行为的问题。根据《涉卖淫刑案解释》第三条规定，在组织卖淫犯罪活动中，对被组织卖淫的人有引诱、容留、介绍卖淫行为的，依照处罚较重的规定定罪处罚。参照此规定，行为人既组织他人卖淫，又强迫他人实施手淫等行为的，也应当以组织卖淫罪一罪论处。不必数罪并罚。

六、强迫卖淫罪的量刑

规范化量刑是对所有刑事案件量刑的基本要求。《最高人民法院关于常见犯罪的量刑指导意见》对不少案件的量刑规范化作出了规定。但该指导意见对强迫卖淫罪的量刑并未作出规定，这主要是由于此类案件在司法实践中的发案率不是特别高，最高司法机关还未能总结出一套比较完整的量刑规范化方案，有待于在总结经验的基础上再作出详细的规定。在此之前，各高级法院可以根据各地的社会治安状况、经济发展状况等因素，制定适合本省、自治区、直辖市实际情况的量刑规范化标准。在有关规定出台前，司法人员应当根据犯罪的事实、犯罪的性质、情节和对于社会的危害程度，依照刑法和有关司法解释的规定判处刑罚。

但是，根据刑法和《涉卖淫刑案解释》的规定，对强迫卖淫案件的量刑也是有一系列原则要求的。主要有：

（一）始终坚持严厉打击、宽严相济的方针

卖淫嫖娼是一种社会丑恶现象，而强迫卖淫的行为不仅严重侵犯公民的人身自由权利和性自由权利，往往还造成被害人身体的伤害和精神上巨大的创伤，具有极大的社会危害性。有时强迫卖淫犯罪甚至背后有黑社会性质组织犯罪支撑。因此，对强迫卖淫犯罪，在量刑上要始终坚持从严的指导思想，保持对此类犯罪的“严打”高压态势。同时要坚持“宽严相济”的刑事政策，根据案件的不同情况区别对待，该宽则宽、当严则严，宽严相济，罚当其罪。突出严厉打击少数严重的强迫卖淫罪的原则。

（二）严格认定事实和情节，确定量刑幅度

根据刑法第三百五十八条第一款规定，强迫他人卖淫的，处五年以上十年以下有期徒刑，并处罚金；情节严重的，处十年以上有期徒刑或者无期徒刑，并处罚金或者没收财产。《涉卖淫刑案解释》第六条对强迫卖淫罪的“情节严重”作了明确：（1）卖淫人员累计达五人以上的；（2）卖淫人员中未成年人、孕妇、患有严重性病的人累计达三人以上的；（3）强迫不满十四周岁的幼女卖淫的；（4）造成被强迫卖淫的人自残、自杀或者其他严重后果的；（5）具有其他强迫卖淫情节严重情形的。根据刑法和司法解释的规定，强迫卖淫罪有两个量刑幅度。第一个量刑幅度为五年以上十年以下有期徒刑。只要行为人实施了强迫他人卖淫的行为，即使只有一人一次，至少应当在这个量刑幅度内选择。第二个量刑幅度为十年以上有期徒刑或者无期徒刑。只要出现《涉卖淫刑案解释》规定的五种情形，就可以选择此量刑幅度。司法实践中，要准确认定犯罪事实和情节，确保既严厉打击此类犯罪，又做到宽严相济。一是要正确认定卖淫人数，卖淫人员本身的情况，如是否属于未成年人、孕妇、患有严重性病等，以便正确认定以卖淫人数为标准的“情节严重”。二是要正确认定被害人是否为不满十四周岁的幼女。因为只要强迫一名不满十四周岁的幼女卖淫，就属于强迫卖淫“情节严重”。实践中要注意，法律规定的是强迫不满十四周岁的幼女卖淫的，如果强迫不满十四周岁的男童卖淫的，不适用此规定。是否属于“情节严重”，应当根据司法解释关于“情节严重”的其他情形来认定，但在量刑上仍然要从重处罚。三是既要准确认定被告人的法定从重、加重处罚情节，又要注重认定被告人的法定、酌定从宽处罚情节，如是否具有自首、立功以及坦白等情节，以做到准确量刑。

（三）既要注重对人数等法定情节的认定，也要注重对次数这一酌定情节的认定

在《刑法修正案（九）》之前，多次强迫他人卖淫属于“情节严重”。但在司法实践中，次数的认定难度很大。而且，如果仅强迫一个人卖淫，虽然强迫多次，但与相应数量的强迫多人卖淫相比，肯定是强迫多人卖淫的社会危害更大。因此，在《刑法修正案（九）》后，《涉卖淫刑案解释》未将多次强迫卖淫作为法定加重情节予以规定，但却在第十条明确规定：“组织、强迫、引诱、容留、介绍他人卖淫的次数，作为酌定情节在量刑时考虑。”因

此，虽然强迫卖淫的次数不是法定加重情节的依据，但仍然是酌定从重的因素，卖淫次数在已经查实的情况下，在法定刑幅度范围内应当作为量刑的情节予以考虑。实践中，既要重视对强迫卖淫人数的认定，也要在证据充分的前提下，重视对强迫卖淫次数的认定。对卖淫次数的认定，同样要坚持证据裁判原则，不能仅凭被告人供述或者仅凭被强迫卖淫人员的陈述就予以认定。要综合全案证据，包括被强迫卖淫人员的陈述，相关证人证言，账单等书证，视频资料等证据，结合被告人供述和辩解予以认定。

既然《涉卖淫刑案解释》将卖淫的次数，作为酌定情节在量刑时考虑，那也就说明卖淫的次数既可能是从重处罚的依据，有时也可能是酌定从宽处罚的依据。这在类案比较工作中显得更为突出。同样是强迫三人卖淫，甲强迫三人共卖淫十次，而乙强迫三人共卖淫五次，那么比较而言，对乙的量刑，在其他情节相同的情况下，就应该比对甲的量刑轻一些。

（四）注重法定从重处罚情节的运用

根据刑法第六十二条规定，犯罪分子具有本法规定的从重处罚情节的，应当在法定刑的限度以内判处刑罚。因此，所谓从重处罚，是指在法定刑范围内，对具有从重处罚情节的犯罪分子，比没有该种处罚情节的犯罪分子，适用较重的刑种或较长的刑期。就强迫卖淫刑事案件而言，法定从重处罚情节，除了一般案件都有的共性即刑法总则规定的情节，如累犯，也有其特别的从重处罚情节。主要有两类。（1）强迫未成年人卖淫的。根据刑法第三百五十八条第二款规定，强迫未成年人卖淫的，从重处罚。《涉卖淫刑案解释》第七条第二款对此予以重申，明确规定，强迫未成年人卖淫的，应当从重处罚。这里的未成年人，指不满十八周岁的未成年人。既包括女性，也包括男性。（2）特殊行业人员强迫卖淫的从重处罚问题。刑法第三百六十一条规定，旅馆业、饮食服务业、文化娱乐业、出租汽车业等单位的人员，利用本单位的条件，强迫他人卖淫的，依照强迫卖淫罪的规定定罪处罚。上述单位的主要负责人利用本单位的条件犯强迫卖淫罪的从重处罚。对此类案件，主要审查行为人是否属于单位的主要负责人，是否利用本单位的条件强迫卖淫。只有这两个条件都具备时，才能适用本条规定从重处罚。

（五）注重对财产刑的适用

虽然实践中有时强迫卖淫行为人不是为了经济利益而犯罪，但总体而言，强迫卖淫罪属于图利型犯罪。因此，惩罚和预防此类犯罪，应当注重同时从经济上制裁犯罪分子。刑法对强迫卖淫罪规定了财产刑，人民法院应当严格依法判处。关于如何适用涉卖淫类刑事犯罪的财产刑问题，本书将另有章节作专门论述，这里不再重复。

第五章　引诱、容留、介绍卖淫罪的司法认定

一、引诱、容留、介绍卖淫罪的立法沿革

（一）1979年刑法的有关规定

1979年刑法第一百六十九条规定："以营利为目的，引诱、容留妇女卖淫的，处五年以下有期徒刑、拘役或者管制；情节严重的，处五年以上有期徒刑，可以并处罚金或者没收财产。"由于当时卖淫现象还比较少，与之伴随的淫媒行为也并不常见，因此1979年刑法将可能涉及助长卖淫嫖娼的外围性行为规定为犯罪体现了立法的前瞻性。[①] 1979年刑法对淫媒犯罪的规定主要体现以下几个特点：(1) 只规定了引诱和容留两种行为；(2) 须以营利为目的；(3) 引诱、容留卖淫的对象仅限于妇女；(4) 财产刑处罚较重，最高可判处没收财产。

（二）全国人大常委会《关于严惩严重危害社会治安的犯罪分子的决定》的有关规定

由于改革开放，一方面我国经济迅速发展，另一方面社会城市化进程加快，流动人口大幅增多，一些造成社会丑恶现象的犯罪死灰复燃，风化犯罪尤为突出。因此1983年全国人大常委会《关于严惩严重危害社会治安的犯罪分子的决定》将卖淫犯罪纳入严厉打击的范畴，规定引诱、容留、强迫妇女卖淫，情节严重的，可以在刑法规定的最高刑以上处刑，直至判处死刑。

---

① 李邦友、王德育、邓超：《性犯罪的定罪与量刑》，人民法院出版社2001年版，第206页。

（三）全国人大常委会《决定》的有关规定

严刑峻法只在短期内打压了卖淫现象，由于社会形势的急剧变幻加之原有立法上的不足，卖淫嫖娼行为又有抬头之势。为遏制此类犯罪的嚣张气焰，严厉打击犯罪，全国人大常委会于 1991 年通过《决定》对卖淫犯罪作了系统的规定，将引诱、容留妇女卖淫罪修改为："引诱、容留、介绍他人卖淫的，处五年以下有期徒刑或者拘役，并处五千元以下罚金；情节严重的，处五年以上有期徒刑，并处一万元以下罚金；情节较轻的，依照治安管理处罚条例第三十条的规定处罚。引诱不满十四岁的幼女卖淫的，依照本决定第二条关于强迫不满十四岁的幼女卖淫的规定处罚。"该决定对引诱、容留妇女卖淫罪作出了较大的修改和补充，主要表现在：（1）增加了"介绍"这一淫媒行为；（2）扩大了犯罪对象的范围，将"妇女"修改为"他人"，即男性也是本罪的对象；（3）不再需要"以营利为目的"作为主观要件；（4）对该罪主刑重新确认了 1979 年刑法第一百六十九条的法定刑，不再处以直至死刑的刑罚，在附加刑上明确了罚金的限额，并取消了没收财产的刑罚，以做到罪刑相适应；（5）对引诱幼女卖淫的行为按照强迫他人卖淫行为处理；（6）对特殊行业涉卖淫犯罪行为作出相关规定。

为司法人员在司法实践中正确适用全国人大常委会的决定，1992 年最高人民法院、最高人民检察院发布的《解答》明确"引诱、容留、介绍他人卖淫罪是一个选择性罪名"，重申了"是否以营利为目的，不影响本罪的成立"，并对引诱、容留、介绍他人卖淫的"情节严重"的情形作出规定：（1）多次引诱、容留、介绍他人卖淫的；（2）引诱、容留、介绍多人卖淫的；（3）引诱、容留、介绍明知是有严重性病的人卖淫的；（4）容留、介绍不满十四岁的幼女卖淫的；（5）引诱、容留、介绍他人卖淫具有其他严重情节的。

（四）1997 年刑法的有关规定

1997 年修订后的刑法第三百五十九条规定"引诱、容留、介绍他人卖淫的，处五年以下有期徒刑、拘役或者管制，并处罚金；情节严重的，处五年以上有期徒刑，并处罚金。引诱不满十四周岁的幼女卖淫的，处五年以上有期徒刑，并处罚金"。1997 年刑法对引诱、容留、介绍他人卖淫罪作出的修改可以归纳为以下几点：（1）基本沿用人大《决定》关于本罪的写法，删除行政处罚的规定；（2）将原先限额罚金的规定修改为无限额罚金制；（3）在第一档法定刑中增加了“管制”；（4）引诱幼女卖淫行为不再以强迫卖淫罪定罪处罚，将该行为独立成罪。

（五）最高人民法院、最高人民检察院《涉卖淫刑案解释》的有关规定

《涉卖淫刑案解释》用三个条文对引诱、容留、介绍卖淫罪的入罪标准、情节严重标准和次数问题，以及利用网络、短信发布招嫖信息，散发小广告等公开介绍卖淫行为的定罪处罚问题作出规定。

第八条规定：“引诱、容留、介绍他人卖淫，具有下列情形之一的，应当依照刑法第三百五十九条第一款的规定定罪处罚：（一）引诱他人卖淫的；（二）容留、介绍二人以上卖淫的；（三）容留、介绍未成年人、孕妇、智障人员、患有严重性病的人卖淫的；（四）一年内曾因引诱、容留、介绍卖淫行为被行政处罚，又实施容留、介绍卖淫行为的；（五）非法获利人民币一万元以上的。

“利用信息网络发布招嫖违法信息，情节严重的，依照刑法第二百八十七条之一的规定，以非法利用信息网络罪定罪处罚。同时构成介绍卖淫罪的，依照处罚较重的规定定罪处罚。

“引诱、容留、介绍他人卖淫是否以营利为目的，不影响犯罪的成立。

“引诱不满十四周岁的幼女卖淫的，依照刑法第三百五十九条第二款的规定，以引诱幼女卖淫罪定罪处罚。

“被引诱卖淫的人员中既有不满十四周岁的幼女，又有其他人员的，分别以引诱幼女卖淫罪和引诱卖淫罪定罪，实行并罚。”

第九条规定：“引诱、容留、介绍他人卖淫，具有下列情形之一的，应当认定为刑法第三百五十九条第一款规定的“情节严重”：（一）引诱五人以上或者引诱、容留、介绍十人以上卖淫的；（二）引诱三人以上的未成年人、孕妇、智障人员、患有严重性病的人卖淫，或者引诱、容留、介绍五人以上该类人员卖淫的；（三）非法获利人民币五万元以上的；（四）其他情节严重的情形。”

第十条规定：“组织、强迫、引诱、容留、介绍他人卖淫的次数，作为酌定情节在量刑时考虑。”

二、引诱、容留、介绍卖淫罪的构成要件认定

引诱、容留、介绍卖淫罪，是指利用金钱、物质等手段诱使他人卖淫，为他人卖淫提供场所，以及在卖淫者和嫖娼者之间牵线搭桥的行为。[①] 本罪的构成要件如下：

（一）主体要件

引诱、容留、介绍卖淫罪的主体为自然人一般主体，即任何达到刑事责任年龄、具有刑事责任能力的自然人实施了引诱、容留、介绍他人卖淫行为的，都可构成本罪。

根据刑法第三百六十一条规定，旅馆业、饮食服务业、文化娱乐业、出租汽车业等单位的人员，利用本单位的条件，引诱、容留、介绍他人卖淫的，依照引诱、容留、介绍他人卖淫罪定罪处罚，并对单位主要负责人从重处罚。

（二）主观要件

引诱、容留、介绍卖淫罪的主观方面表现为故意，即行为人明知自己的行为对卖淫行为的滋生和卖淫活动的发生提供媒介性帮助，并希望或放任这种危害结果的发生，过失不能构成本罪。对本罪主观要件的认定需注意以下几点：

1. 故意内容既包括直接故意也包括间接故意

有观点认为引诱、容留、介绍卖淫罪在主观方面只能是直接故意，我们认为直接故意并不能涵盖上述三种行为的全部犯意内容。通常情况下，引诱、容留、介绍卖淫行为在主观上多出于直接故意，尤其是对于引诱和介绍卖淫行为，可以排除间接故意的可能性。但是，对于容留卖淫行为，我们认为存在间接故意的情形。例如，某房屋出租者甲将其房屋长期出租给女性乙和丙居住，其在出租房屋时并不知道乙和丙从事卖淫活动，过了一段时间甲发现乙和丙在出租屋内与他人实施卖淫活动，但甲对乙和丙的卖淫行为未加干涉，此时甲对乙和丙的卖淫行为持放任的态度，即间接故意，此时甲构成容留卖淫罪。

---

① 周强、李少平主编：《中华人民共和国刑法案典（下）》，第2013页。

2. 不以营利为目的

对于淫媒罪是否须以营利为目的，世界各国的规定不尽相同，大致分为三类：一是须以营利为目的。例如《法国刑法典》直接规定了“淫媒牟利罪”；二是无须以营利为目的，例如《西班牙刑法典》；三是对有些淫媒行为作出须以营利为目的的规定，但对有些淫媒行为则不要求具有营利目的。例如《德国刑法典》对人身交易罪作出两款不同情形的规定：“（1）因财产利益而对他人施加影响，使其认识其窘境而接受或继续从事卖淫活动的，处5年以下自由刑或罚金刑。因财产利益而对他人施加影响，使其认识到其在外国逗留的无助状况，迫使其与他人或在他人面前实施性行为，或让他人与其实施性行为的，处相同之刑罚。（2）行为人对①认识到其在外国逗留的无助状况的人，或②不满21岁的人施加影响，以达到使其接受或继续卖淫的目的，或者已促使其接受或继续卖淫的，处6个月以上10年以下自由刑。”对第二款规定未要求“因财产利益”。

一般而言，引诱、容留、介绍卖淫的行为人是为了在卖淫活动中牟取利益或分取卖淫所得。我国1979年刑法规定引诱、容留、介绍卖淫罪须以营利为目的，但实践中确实存在并非以“营利为目的”，而是出于奸淫、报复社会、破坏他人家庭、迫于人情等其他目的引诱、容留、介绍他人卖淫的情况，如果必须以“营利为目的”，就不能追究这类人的刑事责任。因此1991年通过的人大《决定》删除了这一主观要件，2017年《涉卖淫刑案解释》又再一次强调“是否以营利为目的，不影响犯罪的成立”。

（三）客体要件

对于引诱、容留、介绍卖淫罪的客体，刑法学界有几种不同的认识：第一种观点认为本罪侵犯的客体是社会治安管理秩序和社会主义道德风尚；第二种观点认为本罪侵犯的客体是社会主义道德风尚和他人的身心健康；第三种观点认为本罪侵犯的客体是社会治安管理秩序。[①] 我们认为本罪的客体应认定为社会治安管理秩序，理由是：（1）以立法渊源看，从1979年刑法到1997年刑法都将引诱、容留、介绍卖淫罪放在第六章妨害社会管理秩序罪中，1983年全国人大常委会制定《关于严惩严重危害社会治安的犯罪分子的决定》和1991年全国人民代表大会常务委员会制定《决定》都是为了维护社会治安

---

① 李邦友、王德育、邓超：《性犯罪的定罪与量刑》，人民法院出版社2001年版，第208页。

管理秩序，严惩危害社会治安的犯罪分子，保障社会主义建设的顺利进行。(2) 社会主义道德风尚和社会治安管理秩序属于同类客体，前者属于后者的一部分。(3) 本罪并未侵犯他人的身心健康，对于被引诱、容留和介绍卖淫的他人来说，其个人从事卖淫的意志是自由的，不论开始是否有卖淫的想法，最后都是自愿参与并实施卖淫行为，不同于被他人强迫或控制而被迫实施卖淫的情形，因此也就不存在因主观意志被强制导致其身心健康受到损害的问题。

（四）客观要件

1. 引诱

引诱是指行为人利用金钱、物质利益或非物质利益作诱饵，或者采取其他手段，拉拢、勾引、劝导、怂恿、诱惑、唆使他人从事卖淫活动。这里的物质利益，是指除金钱以外的具有财产价值的物品，可以是如金银首饰、珠宝古玩、家电房产等合法物品，也可以是毒品等违禁品。这里的非物质利益，是指金钱、物质利益以外的其他利益，如提供招工指标、安排城市户口、调换优越工作、给予出国机会等等。这里的其他手段，是指向他人宣扬腐朽生活方式，灌输"性解放""性自由""卖淫光荣"等腐败思想等等。至于行为人的引诱行为是以言语、文字、举动、图画或者其他方式实施，与本罪的成立无关；引诱者允诺的内容有无实践，由谁实践，也不影响本罪的成立。①

有观点认为引诱他人卖淫实质上是教唆他人卖淫，这种观点值得商榷。首先，引诱行为不能等同于教唆行为，教唆行为既包括引诱行为，还包括强迫、激将、威胁、命令等，如果采用这些方法唆使他人卖淫，其行为就不构成引诱他人卖淫罪，而是强迫他人卖淫罪；其次，刑法第二十九条规定"教唆他人犯罪的，应当按照他在共同犯罪中所起的作用处罚"，行为人教唆他人卖淫，而卖淫并不构成犯罪，被教唆的行为不构成犯罪，教唆行为又如何能定罪处罚？因此，不能将引诱卖淫行为等同于教唆行为，如此会混淆罪与非罪的界限。

2. 容留

容留是指行为人为他人卖淫提供场所或者其他便利条件的行为。这里的

---

① 张军主编：《刑法（分则）及配套规定新释新解（下）》，人民法院出版社 2013 年版，第 1574 页。

场所是指具有一定符合卖淫隐蔽条件的空间，一般是指房屋，包括行为人自己或他人所有的、经营的、管理的、经手的、使用的场所，可以是长期的，也可以是暂时的；这里的场所还包括火车、汽车、船舶、飞机等交通工具，在移动的交通工具里实施卖淫嫖娼行为更为隐蔽。如被告人岑某利用其停泊在某市河面上的小船，先后容留莫某、程某、黎某等 11 名妇女进行卖淫，就是利用交通工具容留他人卖淫的行为。[①] 这里的其他便利条件是指行为人为他人卖淫提供场所以外所需的物品、用具及其他一些条件，如为他人卖淫把风望哨、提供避孕套等等。有观点认为不能仅仅将本罪的容留狭隘地理解为是指为他人卖淫提供场所，还应注意此行为还包括提供便利条件。我们认为，容留的本意是容纳、收留，是指在固定的空间和范围内接收（人或事物），容留行为的本质总是和一定的场所联系，“提供便利条件”的容留行为是依附在“提供场所”的基础上，如果只提供了便利条件，而未提供场所的不可能构成本罪。

3. 介绍

介绍是指在卖淫者与嫖娼者之间进行引见、沟通、撮合，包括通过电信、互联网等媒介发布卖淫信息，使卖淫嫖娼行为得以实现的行为。介绍卖淫的行为人或利用工作之便从事居间介绍活动，如宾馆服务员为房客介绍卖淫女，或者行为人专门从事这类活动。1979 年刑法并未规定介绍妇女卖淫罪，介绍卖淫行为大多以引诱、容留妇女卖淫罪予以定罪处罚，但介绍行为毕竟不同于引诱和容留行为，介绍的对象一般是嫖娼者，不需要利益作诱导，而引诱的对象是可能实施卖淫行为的人，一般情况下需要多种利益作为诱饵；介绍行为和容留行为虽然一般伴随发生，但介绍行为并非一定要向卖淫嫖娼者提供场所或是提供其他便利条件，容留行为也不一定要在嫖卖之间牵线搭桥，因此 1991 年全国人大常委会通过的《决定》增加了“介绍”这一淫媒行为。

引诱、容留、介绍卖淫罪是行为犯，只要行为人实施了引诱、容留、介绍他人卖淫的行为，即可构成本罪，客观上是否真正促成卖淫嫖娼，不影响犯罪既遂的成立。换言之，被引诱卖淫的对象许诺或同意卖淫，引诱卖淫罪即可构成既遂；被容留卖淫的对象已经进入特定的场所，无论是否着手实施嫖卖行为，容留卖淫罪即可构成既遂；在卖淫者与嫖娼者之间牵线搭桥，使二者能通过某种方式取得联系，介绍卖淫罪即可构成既遂。

---

① 李邦友、王德育、邓超：《性犯罪的定罪与量刑》，人民法院出版社 2001 年版，第 211 页。

（五）罪与非罪的界定

《治安管理处罚法》第六十七条规定："引诱、容留、介绍他人卖淫的，处十日以上十五日以下拘留，可以并处五千元以下罚款；情节较轻的，处五日以下拘留或者五百元以下罚款。"据此，引诱、容留、介绍他人卖淫行为并不一定都构成犯罪，有的情形作为一般违法行为处理。《涉卖淫刑案解释》第八条对引诱、容留、介绍卖淫罪的入罪标准作出明确规定："引诱、容留、介绍他人卖淫，具有下列情形之一的，应当依照刑法第三百五十九条第一款的规定定罪处罚：（一）引诱他人卖淫的；（二）容留、介绍二人以上卖淫的；（三）容留、介绍未成年人、孕妇、智障人员、患有严重性病的人卖淫的；（四）一年内曾因引诱、容留、介绍卖淫行为被行政处罚，又实施容留、介绍卖淫行为的；（五）非法获利人民币一万元以上的。"由此可以看出，关于引诱、容留、介绍卖淫罪的入罪标准，主要从以下几个方面考虑：一是卖淫人数；二是卖淫人员的类别；三是参照其他司法解释的范例，对具有同类行为被行政处罚过的人作出降低入罪门槛的规定；四是根据行为人获利情况确定入罪标准。

1. 关于引诱他人卖淫问题

虽然刑法对引诱、容留、介绍卖淫在同一个定罪量刑条款中进行规定，但从罪质看，引诱他人卖淫，是让一个本没有卖淫想法的人走上了卖淫的道路，而容留、介绍卖淫的对象，本身就是具有卖淫恶习，至少是具有卖淫愿望的人。因此，《涉卖淫刑案解释》将引诱他人卖淫作为第一项内容，不作任何人数的限定，即只要引诱一人卖淫即构成犯罪。事实上，这样规定也是符合刑法精神的。比如，容留、介绍幼女卖淫，刑法就没有作出特别的加重处罚的规定，但是刑法第三百五十九条第二款却专门规定，引诱不满十四周岁的幼女卖淫的，处五年以上有期徒刑，并处罚金。而引诱一般人员卖淫的，则在情节严重的情况下才处五年以上有期徒刑，并处罚金。从刑法关于引诱幼女卖淫和容留、介绍幼女卖淫的处罚严厉程度不同可以看出，刑法对引诱他人卖淫的惩罚力度大于容留、介绍他人卖淫。因此，在引诱他人卖淫的入罪标准问题上采取了引诱一人即构成犯罪的标准。

2. 关于容留、介绍他人卖淫的基本入罪标准

《涉卖淫刑案解释》将容留、介绍二人作为入罪标准是适当的。主要理由如下：（1）符合法律规范的阶梯性规定。从文字逻辑上分析，《治安管理处罚

法》第六十七条规定，以最低数量理解，容留、介绍他人卖淫，起码达到二人或二次以上才处十日以上十五日以下拘留，可以并处五千元以下罚款，而一人或一次的，则属于“情节较轻”的，可处五日以下拘留或者五百元以下罚款。否则，条文的内涵就无法解读。2008 年最高人民检察院、公安部《关于公安机关管辖的刑事案件立案追诉标准的规定（一）》第七十八条规定，容留、介绍卖淫案的立案追诉标准之一是容留、介绍二人次以上卖淫（其他标准分别是被容留、介绍的人已满十四周岁未满十八周岁，患有艾滋病或者患有梅毒、淋病等严重性病，其他容留、介绍卖淫应予追究刑事责任的情形）。可见，以人次计算，一般二人次以上才予以刑事立案。（2）以容留、介绍的人数作为入罪标准更具可操作性。司法实践表明，确定引诱、容留、介绍人数相对容易，公安侦查时取证也容易些，但卖淫者卖淫的次数则较难取证，也难统计。（3）符合一般性规定与例外性规定相结合的原则。容留、介绍未成年人、孕妇、智障人员、患有严重性病的人卖淫，与一般的容留、介绍卖淫相比，危害性更大，因此，其入罪标准应当低一些。

3. 关于容留、介绍特殊人员卖淫的入罪标准问题

特殊人员指未成年人、孕妇、智障人员、患有严重性病的人。这类人员要么是法律特别保护的对象，要么其卖淫对社会会造成更大危害，如患有严重性病的人。因此，《涉卖淫刑案解释》规定，容留上述特殊人员卖淫的，不受二人的人次限制，即容留上述人员一人卖淫即构成容留卖淫罪。

4. 对具有同类行为被行政处罚过的人作出降低入罪门槛的规定

一年内曾因引诱、容留、介绍卖淫行为被行政处罚，又实施容留、介绍卖淫行为的，以容留、介绍卖淫罪定罪处罚。这样规定，是因为此类人员主观恶性较深，人身危险性更大些，因此，在入罪门槛上更低些。

需要说明的是，引诱他人卖淫一人即构成犯罪，但治安管理处罚法依然有引诱卖淫的规定。主要是，引诱他人手淫的，按照公安部的规定，依照引诱卖淫处理。同时，引诱他人卖淫未成功的，也可以进行治安处罚。这些行为均不作刑事处罚。因此，在前提条件上，还是规定因引诱、容留、介绍卖淫被行政处罚的内容。但是，由于《涉卖淫刑案解释》对于引诱卖淫行为构成犯罪不需要前科劣迹的条件，因此，只对容留、介绍卖淫行为，在具有前述前科劣迹的情况下以犯罪化处理。

5. 关于非法获利作为入罪标准的问题

有观点认为应将容留、介绍卖淫的次数规定一个入罪标准，如前所述，

次数问题在证据认定上有难度，且容留、介绍不同的人卖淫和容留、介绍相同的人卖淫，对社会管理秩序的影响和危害，肯定是前者更大些。但是，容留、介绍次数多，即使是针对同一个人，其危害还是相对较大的。为了织密法网，《涉卖淫刑案解释》从非法获利的角度涵括次数问题。而且，查处非法收入比查处容留、介绍的次数更容易些，操作性更强些，将一万元的非法获利标准作为入罪标准比较合理。

三、引诱、容留、介绍卖淫罪与组织卖淫等罪的区别

（一）引诱、容留、介绍卖淫罪与组织卖淫罪的区别

引诱、容留、介绍卖淫罪和组织卖淫罪在犯罪构成上有许多相同和相似之处，两罪在犯罪客体、主体、主观方面基本相同，在客观方面采取的手段也有重合之处，组织卖淫罪的行为人也可能采取引诱、容留、介绍的手段。区分两罪应注意以下四个方面。

1. 行为方式不同

《涉卖淫刑案解释》将组织卖淫的行为界定为“招募、雇佣、纠集等手段”，将引诱、容留等手段隐含在组织卖淫的方法之中，以将组织卖淫与一般的引诱、容留及介绍行为区分开来，说明是否实施引诱、容留、介绍他人卖淫的行为不影响组织卖淫罪的成立，关键看是否实施了组织行为，而成立引诱、容留、介绍卖淫罪必须实施了引诱、容留或者介绍他人卖淫的行为。

2. 行为对象不同

两罪的行为对象都是“他人”，既包括妇女，也包括男人。但组织卖淫罪的核心行为是管理或者控制，说明有部分被组织卖淫的人员不是自愿的，而引诱、容留、介绍卖淫的对象仅包括自愿参与卖淫的人。

3. 行为人与卖淫人员的关系不同

这是区别两罪的关键，即行为人是否对卖淫活动进行管理和控制。如果行为人只实施了引诱、容留、介绍他人卖淫的行为，卖淫女有自己的行动自由，不必接受行为人的管理和控制，可以根据自己的喜好决定是否卖淫，就只能认定引诱、容留、介绍卖淫罪，不能认定组织卖淫罪。如果行为人对卖淫人员达到人身、财产、行为等方面的管理和控制，即卖淫人员服从于行为人，受其管理和控制，那么就应认定为组织卖淫罪。

4. 构成犯罪的卖淫人数不同

《涉卖淫刑案解释》将组织卖淫罪中被组织卖淫人员的人数明确规定为三人以上，而容留、介绍卖淫罪的入罪标准为二人以上，引诱卖淫和容留、介绍未成年人、孕妇、智障人员、患有严重性病的人卖淫的，一人即可定罪。

需要注意的是，《涉卖淫刑案解释》第三条规定："在组织卖淫犯罪活动中，对被组织卖淫的人有引诱、容留、介绍卖淫行为的，依照处罚较重的规定定罪处罚。但是，对被组织卖淫的人以外的其他人有引诱、容留、介绍卖淫行为的，应当分别定罪，实行数罪并罚。"

（二）引诱、容留、介绍卖淫罪与协助组织卖淫罪的区别

协助组织卖淫罪是组织卖淫罪的帮助犯，组织卖淫行为暗含引诱、容留、介绍卖淫行为，那么对组织卖淫者实施帮助行为的协助组织卖淫者也同样可能实施引诱、容留、介绍他人卖淫的行为，如为组织卖淫者招募、运送人员，提供卖淫所必要的场所和其他便利而实施容留卖淫行为，或者为卖淫组织者充当"皮条客"，介绍他人来嫖娼或者卖淫等。区分两罪的关键在于行为人实施引诱、容留、介绍卖淫行为是否为组织卖淫者服务，如果行为人实施引诱、容留、介绍行为并不是出于帮助他人完成对卖淫活动的组织，其行为根本不与任何其他组织行为有关联，就认定引诱、容留、介绍卖淫罪。如果引诱、容留、介绍卖淫行为是组织行为的一部分，与组织卖淫者构成共同犯罪，则应认定为协助组织卖淫罪。

四、引诱、容留、介绍卖淫罪"情节严重"的认定

引诱、容留、介绍卖淫罪的量刑分为两档，达到入罪标准的处五年以下有期徒刑、拘役或者管制，并处罚金；情节严重的，处五年以上有期徒刑，并处罚金。关于本罪"情节严重"的认定标准，两高 1992 年的《解答》对此曾有过规定，其内容是："引诱、容留、介绍他人卖淫，情节严重的，一般有以下几种情形：（一）多次引诱、容留、介绍他人卖淫的；（二）引诱、容留、介绍多人卖淫的；（三）引诱、容留、介绍明知是有严重性病的人卖淫的；（四）容留、介绍不满十四岁的幼女卖淫的；（五）引诱、容留、介绍他人卖淫具有其他严重情节的。"由于《涉卖淫刑案解释》对引诱、容留、介绍卖淫的犯罪构成对规定发生变化，即一般以容留、介绍二人卖淫为犯罪起点标准，

因此，对《解答》关于“情节严重”的标准也作出了相应修改。主要体现在以下几个方面：一是容留、介绍多人多次卖淫作为“情节严重”的起点应该提高；二是由于容留、介绍未成年人、孕妇、智障人员、患有严重性病的人卖淫，无论人数多少，都应当依照刑法第三百五十九条第一款规定定罪处罚，那么，此类犯罪“情节严重”的标准也应下降。《解答》将这些情节，不论人数一律认定为“情节严重”，是基于一般的引诱、容留、介绍卖淫罪是不论人数而一律追究刑事责任为前提的。现在，一般的容留、介绍卖淫以二人为最低犯罪构成，上述特殊情形的引诱、容留、介绍卖淫的犯罪构成，也应有情节区别，不能所有行为都以情节严重论。《涉卖淫刑案解释》将上述特殊情形，从“行为即情节严重”改为“行为即犯罪”。三是对引诱、容留、介绍卖淫的非法获利的“情节严重”问题，作出明确规定。

1. 关于引诱、容留、介绍他人卖淫构成“情节严重”的人数问题

《涉卖淫刑案解释》将引诱他人卖淫与容留、介绍他人卖淫分别对待，将引诱、容留、介绍一般人员卖淫与引诱、容留、介绍特殊人员卖淫区别对待。根据浙江、江苏、广东、上海等地的经验，一般都将容留、介绍十人卖淫作为“情节严重”的起点。《涉卖淫刑案解释》采取了这一相对比较成熟的做法。同时，引诱他人卖淫的，按照容留、介绍卖淫人数的一半计算，即以五人为起点，引诱、容留、介绍特殊人员卖淫的，减半计算情节严重的起点。据此，《涉卖淫刑案解释》第九条规定，“引诱五人以上或者引诱、容留、介绍十人以上卖淫的”，应当认定为“情节严重”。“引诱三人以上的未成年人、孕妇、智障人员、患有严重性病的人卖淫，或者引诱、容留、介绍五人以上该类人员卖淫的”，应当认定为“情节严重”。

需要说明的是，引诱、容留、介绍卖淫是选择性罪名。如果被引诱卖淫的人数达到5人以上的，即构成“情节严重”。如果被引诱卖淫的人数不到5人，但被引诱、容留、介绍卖淫的人数达到10人以上的，也构成“情节严重”。

2. 关于以非法获利为依据认定“情节严重”的问题

《涉卖淫刑案解释》以构成犯罪基数的五倍即一万元的五倍五万元作为“情节严重”的起点标准。

3. 关于引诱、容留、介绍卖淫其他情节严重问题

《涉卖淫刑案解释》采用了堵截型条款，在第九条第四项专门规定了“其他情节严重的情形”，以便适应因形势变化带来的司法实践需要。

五、关于引诱幼女卖淫罪的认定

引诱幼女卖淫罪是指引诱不满 14 周岁的幼女卖淫的行为。不满 14 周岁的幼女正处在心理和生理的发育时期，对性生活的认识不成熟，且缺乏自我保护意识和能力，也缺乏自我控制能力，容易受到引诱和哄骗，是法律重点保护的对象。

（一）引诱幼女卖淫罪的犯罪构成

1. 主体要件

引诱幼女卖淫罪的主体是一般主体，凡年满 16 周岁具有刑事责任能力的人均可成为犯罪主体。按照刑法第三百六十一条的规定，旅馆业、饮食服务业、文化娱乐业、出租汽车业等单位的工作人员，也可以成为犯罪主体。

2. 主观要件

首先，引诱幼女卖淫罪的主观方面是故意，包括直接故意和间接故意，即要求行为人主观上须明知被引诱的对象是不满 14 周岁的幼女，过失不能构成本罪。关于“明知”的认定可以参照最高人民法院、最高人民检察院、公安部、司法部四部门联合出台《关于依法惩治性侵害未成年人犯罪的意见》，该意见规定：“知道或者应当知道对方是不满十四周岁的幼女，而实施奸淫等性侵害行为的，应当认定行为人‘明知’对方是幼女。对于不满十二周岁的被害人实施奸淫等性侵害行为的，应当认定行为人‘明知’对方是幼女。对于已满十二周岁不满十四周岁的被害人，从其身体发育状况、言谈举止、衣着特征、生活作息规律等观察可能是幼女，而实施奸淫等性侵害行为的，应当认定行为人‘明知’对方是幼女。”

其次，不须以营利为目的。刑法第三百五十九条并未规定引诱卖淫罪须以营利为目的，但《涉卖淫刑案解释》明确强调“引诱、容留、介绍他人卖淫是否以营利为目的，不影响犯罪的成立”，引诱幼女卖淫行为的社会危害性明显大于其他引诱卖淫的行为，举轻以明重，引诱幼女卖淫行为当然也不应有此限制。

3. 客体要件

本罪的客体为复杂客体，不仅破坏社会主义道德风尚，又严重危害社会治安管理秩序，同时还严重侵害了幼女的身心健康。由于传统文化的影响，学校和家庭对青少年性知识的教育严重缺位。因为缺乏正确的教育和引导，加之文化市场淫秽物品泛滥，一部分青少年对性知识完全懵懂无知，一部分青少年性知识和观念被腐蚀，导致他们极易被欺骗和诱惑。而一旦坠入卖淫的深渊，不仅在身体上容易染上各种性病，造成极大的损害，在思想上也容易成为唯利是图、道德沦丧的人，形成错误的人生观、价值观。因而，引诱幼女卖淫的行为严重损害了幼女的身心健康，具有极大的社会危害性，基于刑法对未成年人的特殊保护，本罪的最主要最直接的客体应是幼女的身心健康。

4. 客观要件

首先，行为人实施了引诱幼女卖淫的行为。（1）实施的是引诱行为，而非容留和介绍行为，即行为人利用金钱等物质利益、非物质利益或其他利益作为诱饵。一般而言，行为人针对有些幼女无知、爱慕虚荣等特点，给予小恩小惠或许诺给以更丰厚的物质回报诱使幼女卖淫；也有行为人让幼女观看淫秽录像、图书等以唤起她们对性的好奇心和向往，或者让已堕入卖淫行业的其她女孩对这些幼女进行言传身教，以消除她们对性的羞耻感，达到促使幼女卖淫的目的。[①]（2）行为对象是不满 14 周岁的幼女，不论幼女品行、身体健康状况和发育状况；引诱已满 14 周岁不满 18 周岁的未成年少女卖淫或引诱不满 14 周岁的男童卖淫的，均应认定引诱他人卖淫罪。（3）被引诱的行为是卖淫，在此对卖淫行为的理解不可过于狭隘，不能将卖淫简单理解为与嫖客发生性关系。这里的卖淫，包括性交、口交、肛交等。

其次，引诱幼女卖淫罪是行为犯，只要行为人主观上有引诱幼女卖淫的故意，客观上实施了引诱幼女卖淫的行为，无需幼女在客观上与嫖客发生性关系或其他性行为。

最后，不要求幼女明知自己是卖淫。不满 14 周岁的幼女身体、心智尚未发育完全，不谙世事，对性的认识和理解还不成熟，尤其是在我国性知识教育普遍缺乏的情况下，幼女可能根本不能识别和理解自己行为的性质，因此引诱幼女卖淫罪不应当要求幼女明知自己的行为是卖淫。

（二）引诱幼女卖淫罪与强迫卖淫罪（强迫幼女卖淫）的区别

引诱幼女卖淫罪是从强迫卖淫罪中分离出来的。1997 年刑法修订以前，

① 李邦友、王德育、邓超：《性犯罪的定罪与量刑》，人民法院出版社 2001 年版，第 232 页。

引诱不满 14 岁的幼女卖淫的，按照强迫不满 14 岁的幼女卖淫的规定处罚，说明两罪之间存在竞合关系，在犯罪主体、犯罪客体和犯罪主观方面存在许多相同之处。在司法实践中，行为人为达到幼女卖淫的目的往往采取软硬兼施的手段，引诱与强迫的方法并用，或者先引诱后强迫，或者强迫过程中又威逼利诱，区别两罪的关键在于是否违背幼女的意志。引诱幼女卖淫并没有违背幼女的意志，是利用物质利益、非物质利益或者其他手段诱惑、暗示、怂恿幼女答应从事卖淫活动；强迫幼女卖淫行为违背了幼女的意志，采用暴力、胁迫或者其他方法迫使幼女卖淫。例如：甲（女）经常带着幼女乙（13 岁）一起玩耍，一天甲以旅游为名提出将乙带到外市去玩几天，乙同意了。在外市游玩期间丙（男）一直陪同并负担了吃住费用，后甲对乙说："我们没钱回家了，这几天我们吃住都是花费丙的，你去陪丙玩一玩，他会给我们一些钱，否则我们没法回家"。在甲的"引诱"下乙向丙卖淫，得款 300 元。从表面上看甲的行为，其并未采用暴力、胁迫等手段，她只是告诉乙玩一玩就能得到一些钱，似乎是以物质利益在诱惑乙，但是对于一个年仅 13 岁的女孩而言，身处一个陌生的城市，没有钱，没有可以信赖的人，处在孤立无援的境地，对她而言没有钱就不能回家，在此情况下她只能答应乙提出的要求，可以说卖淫行为不是自愿的，是违背其意愿被迫而为，应认定甲的行为构成强迫卖淫罪。

（三）引诱幼女卖淫行为的定罪问题

1. 既引诱幼女卖淫，又引诱其他人卖淫的

《涉卖淫刑案解释》第八条第五款规定："被引诱卖淫的人员中既有不满 14 周岁的幼女，又有其他人员的，分别以引诱幼女卖淫罪和引诱卖淫罪定罪，实行并罚。"

2. 引诱幼女卖淫不成而实施强奸行为的

行为人在引诱幼女卖淫过程中遭到幼女的拒绝，为达到促使幼女卖淫的目的，行为人对幼女实施奸淫的行为以打破幼女的"清白"和"贞操"。因奸淫行为已超出引诱的范围，行为人的主观故意由引诱转变成强迫，应认定为构成强迫卖淫罪。但强迫卖淫行为不能吸收奸淫行为，根据刑法第三百五十八条第三款的规定，犯组织、强迫卖淫罪，并有杀害、伤害、强奸、绑架等犯罪行为的，依照数罪并罚的规定处罚，因此此种情况下，应认定行为人构成强迫卖淫罪和强奸罪。如果行为人强奸幼女只是因为遭到幼女拒绝恼羞成

怒，为泄愤而强奸，并不具备强迫幼女卖淫的目的，那么行为人只构成强奸罪，引诱幼女行为未遂，可作为量刑的情节予以考虑。

3. 既有组织卖淫行为，又有引诱幼女卖淫行为的

因组织卖淫行为包含引诱卖淫的行为，而在组织卖淫罪中，被组织卖淫的人可能是幼女，那么引诱幼女卖淫行为可能是组织卖淫行为的一部分，行为人既构成组织卖淫罪，又构成引诱幼女卖淫罪。按照《涉卖淫刑案解释》第三条的规定“在组织卖淫犯罪活动中，对被组织卖淫的人有引诱、容留、介绍卖淫行为的，依照处罚较重的规定定罪处罚”。一般情况下，组织卖淫罪的处罚重于引诱、容留、介绍卖淫罪，但当引诱的对象是不满 14 周岁的幼女时，则存在引诱幼女卖淫罪重于组织卖淫罪的可能，即：组织卖淫未达到情节严重时，其法定刑幅度为五年以上十年以下有期徒刑，而引诱幼女卖淫罪的法定刑幅度为五年以上（十五年以下）有期徒刑，此时，引诱幼女卖淫罪的处罚重于组织卖淫罪。应依照引诱幼女卖淫罪定罪处罚，组织卖淫行为作为犯罪情节考虑。如果组织卖淫犯罪达到“情节严重”时，因其法定最高刑为无期徒刑，应当以组织卖淫罪一罪定罪处罚。

如果被引诱卖淫的幼女是被组织卖淫者以外的其他人，则应当分别定罪，实行数罪并罚。

4. 引诱幼女卖淫并有嫖客嫖宿的情形

在引诱幼女卖淫供嫖客嫖娼的场合，行为人的行为一方面构成引诱幼女卖淫罪，一方面与嫖宿幼女的行为人构成共同犯罪，应按照想象竞合的原理从一重罪处罚。具体分为以下几种情形：

（1）若嫖宿者明知嫖宿的对象是幼女，并对幼女实施了奸淫行为，那么嫖宿者构成强奸罪，奸淫不满 14 周岁的幼女的，以强奸罪论，从重处罚。引诱幼女卖淫罪的起刑点是五年，根据《最高人民法院关于常见犯罪的量刑指导意见》的有关规定“奸淫幼女一人的，可以在四年至七年有期徒刑幅度内确定量刑起点”，此时引诱幼女卖淫的行为人若认定为强奸罪的共犯，一般认定为从犯，那么比较而言，此时按照引诱幼女卖淫罪处罚更重。但若奸淫幼女行为具备刑法第二百三十六条第三款规定的情形，处十年以上有期徒刑、无期徒刑或者死刑的，此时将引诱幼女卖淫行为认定为强奸罪的共犯，处罚更重。

（2）若嫖宿者明知对象是幼女，但实施奸淫以外的行为，那么嫖宿者构成猥亵儿童罪，处五年以下有期徒刑。比较而言，此时对引诱幼女卖淫的行

为人按照引诱幼女卖淫罪处罚更重。

（3）若嫖宿者不知道对象是幼女，嫖宿者不构成犯罪，只能认定为一般违法行为。那么引诱幼女卖淫的行为人不存在与之构成共同犯罪的问题，即认定引诱幼女卖淫罪。

（四）引诱幼女卖淫罪的量刑问题

1. 根据刑法第三百五十九条第二款的规定，引诱幼女卖淫罪的法定刑是五年以上的有期徒刑，并处罚金。因此管制、拘役、无期徒刑、死刑和财产刑等不适用本罪。

2. 引诱幼女卖淫罪有特别的法定量刑情节，即旅馆业、饮食服务业、文化娱乐业、出租汽车业等单位主要负责人犯本罪的从重处罚。

3. 引诱幼女卖淫罪只有一个量刑幅度，即五年至十五年有期徒刑，除特殊行业单位主要负责人从重处罚规定外，刑法及相关司法解释再来针对本罪的量刑情节作出特别规定，也没有出台相应的量刑规范化意见，我们在依据法定情节裁量刑罚的同时还要注重对酌定情节的考量。

应根据引诱幼女卖淫的动机，具体手段和方式，被引诱的幼女的年龄、人数、次数，对幼女身心健康造成的危害后果、犯罪所得等方面综合考虑，在法定刑罚内判处相应处罚。

六、司法认定中应当注意的问题

（一）一年内因引诱、容留、介绍卖淫犯罪被判处刑罚，又实施容留、介绍卖淫行为的，能否比照适用《涉卖淫刑案解释》第八条第一款第四项关于“一年内曾因引诱、容留、介绍卖淫行为被行政处罚，又实施容留、介绍卖淫行为的”规定

有观点认为，“举重以明轻”“举轻以明重”是长期以来坚持的司法规则。既然行为人“一年内曾因引诱、容留、介绍卖淫行为被行政处罚，又实施容留、介绍卖淫行为的”，都要以容留、介绍卖淫罪定罪处罚，那么，“一年内因引诱、容留、介绍卖淫犯罪被判处刑罚，又实施容留、介绍卖淫行为的”，更要以容留、介绍卖淫罪定罪处罚。

我们不同意这个观点。主要理由是：

1. 对《涉卖淫刑案解释》规定的入罪门槛，不宜打破。司法解释对引诱、容留、介绍卖淫罪的构成条件在第八条第一款已经作了明确而详尽的规定，司法实践中应当严格依照该规定执行。《涉卖淫刑案解释》对于引诱、容留、介绍卖淫罪的入罪标准，主要从以下几个方面考虑：一是从卖淫人数考虑。二是从卖淫人员的类别考虑。三是参照其他司法解释的范例，对具有同类行为被行政处罚过的人作出降低入罪门槛的规定。四是根据行为人获利情况确定入罪标准。因此，《涉卖淫刑案解释》对于本罪的入罪门槛问题，已经考虑到方方面面的情况。

2. 《涉卖淫刑案解释》的规定不宜适用"举轻以明重"规则。"举轻以明重"指的是对危害轻的行为都要进行处罚，对危害重的行为更要进行处罚。这种理解，在类推制度存在的环境下还说得过去。自从 1997 年刑法废除了类推制度，实行严格的"罪刑法定"原则后，适用"举轻以明重"规则要非常谨慎。《涉卖淫刑案解释》将行为人"一年内曾因引诱、容留、介绍卖淫行为被行政处罚，又实施容留、介绍卖淫行为的"作为入罪条件，并不单纯从社会危害角度考虑，而更多的是从行为人的主观恶性考虑，主要目的是为了较好地评价主观恶性较深的容留、介绍卖淫行为。而一年内如果曾因引诱、容留、介绍卖淫行为被判处刑罚，又实施容留、介绍卖淫行为的，则对后一次行为只能严格适用《涉卖淫刑案解释》的入罪条件判断是否构罪，对前一次的犯罪行为，不能再作为后一次行为是否构成犯罪的标准。如果后一行为构成犯罪，且属于累犯的，则应当依法从重处罚。也就是说，不能对前一次构成犯罪的行为先后进行两次犯罪评价，这是禁止重复评价原理的基本要义。

需要明确的是，这里的"一年内"的时间起止如何计算？我们认为，所谓一年内，不是历法上的 1 月 1 日至当年的 12 月 31 日，而是前一次行为与后一次行为的时间跨度在十二个月内，如 2017 年 3 月 2 日至 2018 年 3 月 1 日。如果第一个行为发生在 2017 年 3 月 2 日，第二个行为发生在 2018 年的 3 月 2 日，此时两个行为就比一年多一天，因而就超过一年，不属于一年内了。另外，一年内，指的是两个行为在一年内，而不是前一个行为的行政处罚时间和后一个行为时间在一年内。这主要是因为前一次行为的时间已经固定，而行政处罚的时间则可能由于行政执法机关的原因会有较长的拖延，从有利于被告人原则出发，我们认为应理解为两个行为之间的时间在一年内。

（二）介绍嫖娼能否以介绍卖淫论处

有观点认为，《涉卖淫刑案解释》第八条第三款规定“引诱、容留、介绍他人卖淫是否以营利为目的，不影响犯罪的成立”，由此可以将一般介绍嫖娼行为放入介绍卖淫罪的视角考虑。

我们认为，不能将单纯地介绍嫖娼行为与介绍卖淫行为混淆起来。理由如下：（1）《涉卖淫刑案解释》没有将以营利为目的规定为引诱、容留、介绍卖淫罪的构成要件，其目的不是为了惩处介绍嫖娼行为。《涉卖淫刑案解释》作此规定的主要目的，是考虑到实践中往往遇到并非“以营利为目的”而是出于奸淫或者其他目的而引诱、容留、介绍卖淫的情况，如果规定必须“以营利为目的”，就不好追究此类人的刑事责任。[①] 为了让基层法院在实务中更加明确此点，《涉卖淫刑案解释》强调“引诱、容留、介绍他人卖淫是否以营利为目的，不影响本罪的成立”。因此，《涉卖淫刑案解释》的这一规定，并没有将介绍嫖娼行为以介绍卖淫论处的意思。（2）刑法惩罚的是介绍卖淫行为，不能随意将惩处范围扩大到介绍嫖娼行为。虽然在实践中，介绍卖淫和介绍嫖娼行为因其表现形式的多样性和复杂性，往往容易重叠和混淆，但不能因此而不加区分。既不能进行无限扩张，把介绍嫖娼行为一律作为介绍卖淫行为纳入刑法打击范围，也不能将貌似介绍嫖娼实际属于介绍卖淫的行为排除在刑法打击范围之外。为了卖淫人员或者组织、强迫、引诱、容留卖淫行为人的利益而介绍他人去嫖娼的，依法应当认定为介绍他人卖淫。仅仅知道卖淫窝点或联系方式等，而与卖淫方面的相关人员没有关联性，介绍他人去嫖娼的，属于介绍嫖娼，不应当认定为刑法意义上的介绍卖淫。区别介绍卖淫与介绍嫖娼的关键，在于介绍人主要是为了组织、强迫、引诱、容留卖淫行为人的利益或者卖淫人员的利益还是为了嫖娼人的非法需求。前者属于介绍卖淫，后者属于介绍嫖娼。

（三）利用信息网络发布招嫖信息的，如何定罪处罚

刑法第二百八十七条之一第一款规定：“利用信息网络实施下列行为之一，情节严重的，处三年以下有期徒刑或者拘役，并处或者单处罚金：（一）

---

① 参见高铭暄：《中华人民共和国刑法的孕育诞生和发展完善》，北京大学出版社 2012 年版，第 583 页。

设立用于实施诈骗、传授犯罪方法、制作或者销售违禁物品、管制物品等违法犯罪活动的网站、通讯群组的；（二）发布有关制作或者销售毒品、枪支、淫秽物品等违禁物品、管制物品或者其他违法犯罪信息的；（三）为实施诈骗等违法犯罪活动发布信息的。”第三款规定，有前两款行为，同时构成其他犯罪的，依照处罚较重的规定定罪处罚。实践中，利用计算机网络发布招嫖信息公开介绍卖淫的情况比较常见，因此，对于利用信息网络发布招嫖信息，情节严重的行为，根据法律的规定，可以按照非法利用信息网络罪来追究刑事责任。对于确实促成一定数量的卖淫嫖娼人员达成交易的，可适用介绍卖淫罪追究责任。据此，《涉卖淫刑案解释》第八条第二款规定：“利用信息网络发布招嫖违法信息，情节严重的，依照刑法第二百八十七条之一的规定，以非法利用信息网络罪定罪处罚。同时构成介绍卖淫罪的，依照处罚较重的规定定罪处罚。”

目前尚没有司法解释对刑法第二百八十七条之一“非法利用信息网络罪”的构成要件“情节严重”的标准进行明确规定，但是可在司法实践中根据利用信息网络发布招嫖信息的传播面、所获得的收益、社会影响等方面综合确定。全国人大法工委刑法室编著的《中华人民共和国刑法解读》中认为：“关于‘情节严重’的具体认定，可以结合行为人所发布信息的具体内容、数量、扩散范围，获取非法利益的数额、受害人的多少、造成的社会影响等因素结合考量。”[①] 我们赞同这一观点。同时，我们认为，非法利用信息网络行为构成其他犯罪时，该行为也应当认定为非法利用信息网络情节严重的行为。因为，判断非法利用信息网络行为是否构成“情节严重”，固然有许多相应的标准，但当该行为本身已经构成刑法规定的其他犯罪时，则从质上表明已经达到了“情节严重”的程度。此时，如果还认定行为人非法利用信息网络行为不构成“情节严重”，我们认为是不符合定罪逻辑的。但鉴于非法利用信息网络罪的法定刑幅度为三年以下有期徒刑，而介绍卖淫罪的法定刑幅度为五年以下有期徒刑（情节严重的，法定刑幅度为五年以上有期徒刑），两者相比较，介绍卖淫罪的处罚更重。因此，利用信息网络发布招嫖信息，情节严重，构成非法利用信息网络罪，同时构成介绍卖淫罪的，应当依照介绍卖淫罪定罪处罚。

---

① 全国人大常委会法制工作委员会刑法室：《中华人民共和国刑法解读》，中国法制出版社 2015 年版，第 693 页。

（四）正确认定引诱、容留、介绍智障人员卖淫行为

引诱、容留、介绍特殊群体人员卖淫，其危害性比介绍其他人员更为严重。《涉卖淫刑案解释》将未成年人、孕妇、智障人员、患有严重性病的人并列为需要特殊保护的群体。这当中，未成年人在多个条文中得到明确规定的特殊保护。如刑法第三百五十八条第二款和《涉卖淫刑案解释》第七条第二款均明确规定："组织、强迫未成年人卖淫的，应当从重处罚。"同时，刑法针对引诱不满十四周岁的幼女卖淫的，还专门规定了引诱幼女卖淫罪予以从重打击。而孕妇、患有严重性病的人，虽然受到特殊的保护，但其本身属于具有意志自由的完全民事行为能力人。而智障人员，则往往不具有完全的民事行为能力，甚至没有独立的意志。因此，在司法实践中，对于如何正确认定引诱、容留、介绍智障人员卖淫的行为性质显得更加重要。

1. 引诱、容留、介绍智障人员卖淫行为的危害

智障人员是需要社会特殊保护的群体。所谓"智障"即智力障碍或智力残疾，也被称为智力发育不全、先天性痴呆。"智障"在医学上被称为精神发育迟滞，指一组起病于18岁以前的精神发育不全或受阻的综合征，其特征为智力低下和社会适应困难。由于受疾病影响，智障人员的生理成熟程度与心智成熟程度不同步，虽然智力发展落后于同龄人，但生理成熟度与同龄人无异。进入青春期后，智障人员也会产生对性的好奇和吸引，但因心智发展落后和性知识缺乏，智障人员对性行为的认识能力和对性冲动的控制能力有不同程度欠缺。智力正常的人卖淫有迫于生计的，有受人引诱的，也有贪恋奢靡生活的，但对卖淫行为的性质和社会给予的负面评价有充分认识。而智障人员对卖淫的社会意义并不清楚，由于疾病引起性亢奋，对自身性行为也不能完全控制，甚至在一些微小的物质利益诱惑下自愿出卖身体，走上卖淫的道路。卖淫对智障人员的危害是多方面的，危害程度也更深。由于自我保护意识欠缺，卖淫会造成智障人员受伤、患性病、怀孕、流产等身体伤害，也会造成焦虑、愤怒等负面情绪及严重缺乏安全感等心理创伤，还可能造成智障人员的精神损害程度加重等更为严重的问题。

类似于刑事案件中对被告人刑事责任能力的评定，在涉及性侵害案件中有对精神疾病患者的"性自我防卫能力"评定。有学者界定，性自我防卫能力是指精神疾病患者对两性行为的社会意义、性质及其后果的理解能力、自卫和抗拒能力。最高人民法院、最高人民检察院、公安部、司法部和卫生部

共同颁布的从 1989 年 8 月 1 日起实施的《精神疾病司法鉴定暂行规定》第二十二条第一款规定“被鉴定人是女性，经鉴定患有精神病，在她的性不可侵犯权利遭到侵害时，对自身所受的侵害或严重后果缺乏实质性理解能力时，为无性自我防卫能力”。在司法实践中，为保护精神疾病患者的人身权利，对遭受性侵害时未表现出相应反抗，甚至主动发生性行为的，多进行性自我防卫能力的评定。根据学者的研究，遭受性侵害的精神疾病患者中精神发育迟滞患者占多数，仅有少数的精神分裂症患者。《精神疾病司法鉴定暂行规定》第二十二条第一款将性自我防卫能力分为有性自我防卫能力和无性自我防卫能力，但因精神发育迟滞按程度不同分为轻度、中度和重度，司法鉴定机构根据实践需要进行司法鉴定时将性自我防卫能力划分为完全性自我防卫能力、无性自我防卫能力和性自我防卫能力削弱等不同层次。在介绍智障人员卖淫的案件中，智障人员虽是自愿卖淫，甚至是主动卖淫，但由于精神发育迟滞导致认知和控制能力受限，为保护他们的权益，也有必要作性自我防卫能力的鉴定。

2. 引诱、容留、介绍智障人员卖淫行为的定性

在引诱、容留、介绍智障人员卖淫的案件中，行为人主观上须明知卖淫人员是智障人员，否则应按照引诱、容留、介绍一般人员卖淫的情节定罪、量刑。引诱、容留、介绍智障人员卖淫，一般情况下仍然按照引诱、容留、介绍卖淫罪定罪处罚。只有在下列情形下，才以强奸罪定罪处罚。（1）行为人在引诱、容留、介绍卖淫过程中还对智障人员实施了奸淫，此时应以强奸罪对行为人定罪处罚，其引诱、容留、介绍卖淫行为亦构成犯罪的，则以强奸罪和引诱、容留、介绍卖淫罪数罪并罚。（2）嫖客的行为构成强奸罪，且引诱、容留、介绍卖淫人也明知所引诱、容留、介绍的人员属于无性防卫能力的智障人员。嫖客的行为是否构成强奸罪，取决于两个条件。一是嫖客是否明知卖淫人员是智障人员。二是智障人员是否属于无性自我防卫能力人。行为人引诱、容留、介绍智障且属于无性自我防卫能力的人员卖淫，嫖客也明知卖淫人员系无性自我防卫能力的智障人员而与卖淫人员发生性关系时，即便该卖淫人员主动与嫖客发生性关系，或者在发生性关系时未表现出反抗，嫖客的行为亦构成强奸罪，引诱、容留、介绍人则构成强奸罪的共犯。对引诱、容留、介绍人的介绍行为不再以引诱、容留、介绍卖淫罪定罪处罚。之所以对引诱、容留、介绍人和嫖客的行为不能简单地以强奸罪定罪处罚，乃是因为强奸罪系重罪，保护的是性的自主决定权，而一名性自我防卫能力削

弱的智障人员并不能完全否定其对性的自主决定能力，定罪应更加慎重。

如果嫖客并不明知卖淫人员是智障人员，即便卖淫人员被鉴定为无性自我防卫能力，也不能成立强奸罪。此时引诱、容留、介绍人亦不构成强奸罪，因为引诱、容留、介绍行为本身并不是强奸罪的实行犯，引诱、容留、介绍人不能单独成为强奸罪的主体，而只能成为强奸罪的共犯。在此情况下，对介绍人应以介绍卖淫罪定罪处罚。

七、引诱、容留、介绍卖淫罪的量刑问题

2017年《最高人民法院关于常见犯罪的量刑指导意见（二）（试行）》进一步扩大量刑规范化范围，对八种犯罪判处有期徒刑、拘役的案件作出量刑规范，引诱、容留、介绍卖淫罪作为一种常见犯罪被规制其中。根据该指导意见，结合《涉卖淫刑案司法解释》，对引诱、容留、介绍卖淫罪的量刑问题应注意以下几个方面：

1. 构成引诱、容留、介绍卖淫罪的，可以根据下列不同情形在相应的幅度内确定量刑起点：（1）情节一般的，可以在二年以下有期徒刑、拘役幅度内确定量刑起点。（2）情节严重的，可以在五年至七年有期徒刑幅度内确定量刑起点。

根据刑法第三百五十九条第一款的规定，引诱、容留、介绍卖淫罪有两个量刑幅度。第一个量刑幅度是对情节一般的处罚，即五年以下有期徒刑、拘役或者管制；第二个量刑幅度是对情节严重的处罚，即五年以上有期徒刑。如前所述，《涉卖淫刑案解释》对引诱、容留、介绍卖淫罪的入罪标准和“情节严重”的标准分别作出明确规定，在量刑时应针对影响犯罪构成的具体事实和情节，首先确定犯罪行为是属于一般情节还是严重情节，再在此基础上确定量刑起点。

2. 在量刑起点基础上，可以根据影响犯罪构成的犯罪事实增加刑罚量，确定基准刑。

从本罪的入罪标准和情节严重的标准看，影响本罪犯罪构成的犯罪事实主要是人数、犯罪对象、前科劣迹情况和非法获利情况，量刑指导意见将“次数”作为犯罪构成要素，次数的多少直接影响基准刑的增减，但《涉卖淫刑案解释》明确规定“将引诱、容留、介绍卖淫次数作为酌定情节在量刑时予以考虑”。因此，在确定本罪基准刑时不再考虑次数问题。在量刑起点基础

上，根据人数增加、非法获利数额增加等犯罪事实增加刑罚量。

关于次数问题，详见本书第七章第三节关于涉卖淫刑事犯罪的人数与次数问题。

3. 旅馆业、饮食服务业、文化娱乐业、出租汽车业等单位的主要负责人，利用本单位的条件，引诱、容留、介绍他人卖淫的，可以增加基准刑的10％～20％。

引诱、容留、介绍卖淫罪可以适用管制刑。管制刑适用于罪行性质轻、危害小、人身危险性较小的犯罪人，引诱卖淫罪使原本不具备卖淫意图的人走上卖淫的道路，其社会危害性较大，因此，对引诱卖淫罪一般不适用管制刑。但对容留和介绍卖淫罪，由于犯罪对象本身是自愿卖淫的人，其社会危害性相对较小，可以适用管制这样的轻刑处罚。例如容留卖淫罪，当今社会中出租房屋的现象非常普遍，也经常有承租人在出租屋内从事卖淫活动。有的出租者明知，有的出租者未必明知，明知者可能是在一开始出租房屋时就知道，也有可能是在承租者居住一段时间以后才发现或是仅仅怀疑承租人从事卖淫活动，尔后出于不想干涉、不便干涉以及为了继续履行承租合同等考虑，对出租屋内发生的卖淫行为置若罔闻。这种容留卖淫的行为与其他积极容留他人卖淫的行为在处罚上应有所区别。

关于本罪财产刑的适用问题详见本书第七章第五节关于涉卖淫刑案犯罪的财产刑问题。

第六章 传播性病罪的司法认定

一、传播性病罪的立法沿革

（一）性病的含义

关于“性病”的概念最早从医学领域产生。1975年以前，国际上将性病称为Venereal Disease，简称VD，指梅毒、淋病、软下疳、性病性淋巴肉芽肿和腹股沟肉芽肿等5种“经典性病”。1975年，世界卫生组织（WHO）正式决定采用“性传播疾病”（即STD）的名称替换传统的经典性病，英文名为Sexually Transmitted Diseases，简称STD。除了上述5种传统性病外，还将艾滋病、尖锐湿疣、疥疮、乙型肝炎、股癣等20余种疾病列为STD。从世界范围内来看，人类历史上出现过三次性病大流行。第一次出现在第二次世界大战期间，后来由于青霉素的应用，患者数量逐步减少，性病规模才得以控制。第二次大流行从二十世纪五十年代末开始，缘于西方各国的“性解放”运动，即同性恋和独身主义（不结婚同居）的盛行，与之相伴的是性病种类迅速增多。其中，性病在美国大陆和欧洲的流行病发病率中，分别居于第一位和第二位。第三次性病流行正是当今人类正在遭受的灾难，被称为“世纪瘟疫”的艾滋病（AIDS）。（关于艾滋病与性病的关系将在后文中详细论述）

在我国，性病的发现可以追溯到公元以前。据《黄帝内经·素问·宣明五期》记载：“膀胱不利为癃，不约为遗溺。”癃（音“龙”，小便不利）和遗溺（遗尿）都是淋病的表现。汉、唐、宋、元、明、清等朝代的医学典籍里均有关于淋病的病名、发病症状和治疗方法的记载，例如李时珍在其所著《本草纲目》、陈司成在其《霉疮密录》一书中，就有关于梅毒的记载。此间，虽然发现了新的性病种类，但由于性病的总体发病率不高，并不为人们所重视。然而从十九世纪末二十世纪初开始，一直到新中国成立前的战乱年代，性病呈现出了爆发的态势。据估计，新中国成立前夕我国性病患者有近 1000 万人，绝大多数为梅毒和淋病患者。其中，特殊人群（妓女）患性病人数占 65%，按照当时上海人口计算，每 113 名成人中就有 1 名性病患者。在妊娠妇女中患梅毒者平均占 6.55%，按当时妊妇人数比，每 16 名孕妇中就有一个梅毒患者。[①] 性病的肆虐，严重地摧残了我国民众的身心健康，同时也严重威胁着中华民族的繁衍生息。新中国成立后，党和政府十分重视性病防治工作，并断然采取一系列措施，包括取缔娼妓、全面综合普查、组建性病防治专业机构、探索行之有效的治疗方法等。之后，性病发病率在我国逐步降低并最终基本绝迹，我国政府于 1964 年宣布基本消灭了性病。但是，随着二十世纪八十年代以来我国改革开放和经济不断发展，我国与世界文化交流日益频繁，人口流动与日俱增，国民性观念解放，娼妓猖獗等原因，性病死灰复燃，并在全国范围内呈现出增长态势。在当今社会，性病的控制已经成为世界各国亟需解决的难题，对于传播性病行为的规制也一步步由部门规章提升至刑事立法的高度。

在我国，1991 年 8 月 12 日卫生部《性病防治管理办法》第二条规定，性病包括梅毒、淋病、软下疳、性病性淋巴肉芽肿、生殖器疱疹、尖锐湿疣、非淋菌性尿道炎及艾滋病等。2013 年 1 月 1 日起施行的《性病防治管理办法》修改了这一规定，第二条第一款规定，性病是以性接触为主要传播途径的疾病，并将性病分为三类：一是《传染病防治法》规定的乙类传染病中的梅毒和淋病；二是生殖道沙眼衣原体感染、尖锐湿疣、生殖器疱疹；三是卫生部根据疾病危害程度、流行情况等因素，确定需要管理的其他性病。根据以上情况可以看出，性病并不是指某种具体的疾病，而是一组疾病。之所以将这些疾病称为“性传播疾病”，并非基于这些疾病病理特征的相似性（当然，不可否认许多性病的病理特征的确极为相似），而是在于这些疾病的共同的主要传播途径——性行为或性接触。

实践中，性病主要是通过性接触而传播，但也可以通过非性接触、医源性和母婴等其他途径传播。其中，性接触传播，又叫直接传播，世界上 95% 以上的性病是通过性接触而感染和传播的，包括性交行为、接吻、触摸等，其中性交行为是主要传播途径。在现代医学上，性接触不仅包括异性之间的

---

① 参见张致中主编：《新编性病学》，辽宁科学技术出版社 1999 年版，第 12 页。

性接触，也包括同性之间的性接触。而且，同性（指男性）之间的性接触更易引起组织、器官的细微损伤，所以更容易感染性病。非性接触传播多发生在婴幼儿、老年人、恶性肿瘤病人和医护人员等特殊人群中，且要在病原体大量存在而且具备生存所需温度、湿度的地方。一般情况下，免疫力正常的青壮年人通过非性接触感染性病的概率几乎为零。医源性传播，主要是指通过使用被性病病原体污染过的医疗器械、血液及血液制品等给他人检查、注射、治疗而传播。虽非医疗之用，吸毒人群共用注射器，也是性病传播的重要途径。母婴传播，是指感染性病的女性，通过胎盘、产道和母乳将某些性病病原体传染给胎儿和婴儿。

（二）传播性病罪的历史沿革

“性病”出现在我国刑事法律规范内，是从1991年9月4日第七届全国人民代表大会常务委员会第二十一次会议通过的《决定》开始的。该《决定》第五条规定“明知自己患有梅毒、淋病等严重性病卖淫、嫖娼的，处五年以下有期徒刑、拘役或者管制，并处五千元以下罚金”，这是我国刑事法律规范当中首次出现传播性病罪（虽然当时并未确定使用该罪名）。1992年12月11日最高人民法院、最高人民检察院发布《解答》，对“怎样认定传播性病罪”作了解释，即：“根据《决定》第五条第一款的规定，传播性病罪，是指明知自己患有梅毒、淋病等严重性病而进行卖淫嫖娼的行为。

“（一）本罪属特殊主体，即已满十六岁，具有刑事责任能力，且患有梅毒、淋病等严重性病的人。中国公民和外国人均可成为本罪的主体。

“（二）必须实施了卖淫、嫖娼的行为。至于实际是否已造成他人染上性病的结果，不影响本罪的成立。行为人通过其他方式（如通奸等）将性病传播给他人的，不构成本罪。

“（三）具备以下情形之一的，可以认定为‘明知’：

“1. 有证据证明曾到医院就医，被诊断为患有严重性病的；

“2. 根据本人的知识和经验，能够知道自己患有严重性病的；

“3. 通过其他方法能够证明被告人是‘明知’的。”

1997年刑法颁布时，吸收了《决定》的上述规定，正式将传播性病罪纳入其中，并确认了具体罪名，即刑法第三百六十条规定“明知自己患有梅毒、淋病等严重性病卖淫、嫖娼的，处五年以下有期徒刑、拘役或者管制，并处罚金。”

二、传播性病罪的构成要件认定

从刑法的规定可知，我国刑法中传播性病罪中的“性病”的范畴与前述国际和国内医学上关于“性病”的范畴不同，而仅指性病当中的“严重性病”。同样，本文所要探讨的传播性病行为的定罪问题，仅指传播我国刑法规定的“严重性病”行为的定罪。

根据刑法第三百六十条的规定，传播性病罪是指明知自己患有梅毒、淋病等严重性病而进行卖淫、嫖娼的行为。传播性病罪的构成要件包括以下四个方面。

（一）犯罪客体

本罪侵犯的主要客体是社会管理秩序，同时可能侵犯了公民的身体健康权利。

对于传播性病罪的犯罪客体，长期以来争论不休，归纳起来主要有以下四种观点。第一种观点认为，传播性病罪侵犯的客体是社会管理秩序，不包括公民的身体健康权利。[①] 第二种观点认为，本罪侵犯的客体是我国的传染病管理制度、社会风尚和公民的身体健康权利。[②] 第三种观点认为，本罪侵犯的客体是我国的传染病管理制度和公民的身心健康权利，但主要是公民的身心健康权利。[③] 第四种观点认为，本罪侵犯的客体是社会管理秩序和他人的身体健康，但主要是社会管理秩序。[④]

我们赞同第四种观点。从形式上来看，我国刑法分则根据同类客体的不同将犯罪分为十类，每一类为一章。第六章“妨害社会管理秩序罪”的同类客体是社会管理秩序，传播性病罪被规定在该章中，表明社会管理秩序是该罪的犯罪客体。从实质上来看，明知自己患有梅毒、淋病等严重性病而卖淫、嫖娼之行为，一方面违反了我国传染病管理制度中关于性病防治的规定；另

---

① 参见高冬竹：《试论传播性病罪》，载《学海》1992 年第 1 期。

② 参见李希慧：《明知患有严重性病卖淫、嫖娼罪若干问题探析》，载《河北法学》1992 年第 2 期。

③ 参见夏朝晖：《关于我国现行〈刑法〉第 360 条第 1 款之检讨》，载《法商研究》2003 年第 4 期。

④ 参见赵长青：《论传播性病罪》，载《现代法学》1993 年第 3 期。

一方面违反了我国的社会治安管理制度中关于禁止卖淫、嫖娼的规定，例如《治安管理处罚法》等。传染病管理制度和社会治安管理制度都隶属于社会管理制度，所以社会管理秩序是传播性病罪所保护的客体。同时，如前所述，严重性病给患者的身体和健康带了严重的威胁和危害，保护公民的身体健康是传播性病罪的题中之意。所以，身体健康权也是传播性病罪的犯罪客体。需要注意的是，身体健康权是传播性病罪的选择客体，在一个具体犯罪中，可能遭受侵犯也可能不遭受侵犯。

那么，在传播性病罪所侵犯的两类客体中，哪类客体是主要客体呢？我们认为，确定犯罪客体要件的内容，实际上是确定刑法目的的内容，确定具体犯罪的直接客体要件的内容，就是确定规定该具体犯罪的刑法条文的目的。同理，确定具体犯罪的主要客体，也就是确定刑法所要保护的主要法益，即该罪名的主要立法目的。传播性病罪的立法目的，需要结合当时我国的社会现实来理解。在二十世纪八十年代，随着改革开放和国际交往日益增多，卖淫、嫖娼现象死灰复燃，性病也开始在全国蔓延，卖淫、嫖娼被认为是社会丑恶现象和犯罪活动的蔓延，已成为影响社会治安的不稳定因素。鉴于此，不但各级政府出台各种规章制度用以打击卖淫、嫖娼行为，1991 年第七届全国人民代表大会常务委员会第二十一次会议通过的《决定》增设“传播性病罪”，以打击卖淫、嫖娼行为。所以，刑法将传播性病罪规定在“妨害社会管理秩序罪”一章，表明社会秩序是立法者意图首要保护的法益。

前述第三种观点的片面之处在于，如果身体健康权是传播性病罪所要保护的主要客体，那么在“明知自己患有梅毒、淋病等严重性病”的情况下，刑法为什么将“卖淫、嫖娼”行为入罪，而不把其他以传播性病、伤害他人为目的行为，例如通奸、基于泄愤报复而与他人发生性行为、与配偶发生性行为等行为入罪呢？此外，刑法也没有将如果行为人自己未患有性病，而是通过间接途径致使他人感染性病的情况，例如向他人体内注射含有性病病原体的血液等入罪。从保护身体健康权的角度来看，前述行为与“明知自己患有梅毒、淋病等严重性病而卖淫、嫖娼”行为是同质的，即对公民身体健康造成的危害是同等的。因此，从这个角度看，刑法设立“传播性病罪”的最重要目的还是因为该种行为破坏了社会管理秩序。这也是卖淫嫖娼行为和上述其他行为的本质区别：卖淫嫖娼是为社会所谴责、非难的金钱财物和性行为之间的交易行为。因此，社会管理秩序才是传播性病罪所要保护的主要客体。

本罪的犯罪对象。由于传播性病罪只能发生在卖淫、嫖娼活动中，所以其指向的对象只能是那些卖淫、嫖娼的违法人员。

（二）犯罪客观方面

本罪在客观方面表现为行为人在患有严重性病的情况下实施了卖淫、嫖娼的行为。性病的传播方式是多种多样的，而传播性病罪的传播方式只能是卖淫、嫖娼。为了正确掌握该罪的客观要件，需注意以下几点：

1. 行为人必须患有严重性病。此处的“严重性病”是依据性病种类的严重程度进行的区分，而并非基于某一种性病的严重程度。因为刑法条文表述中采用列举形式，称“梅毒、淋病等严重性病”。可见，立法者之意为，包括梅毒、淋病在内的且与梅毒、淋病严重程度相当的性病，所指并非程度而是种类。关于“严重性病”的范围，刑法仅列举了梅毒、淋病，其他严重性病未作明确规定。全国人大常委会法制工作委员会刑法室编著的《中华人民共和国刑法修正案（九）解读》[①] 认为，对其他“严重性病”，司法机关应在传染病防治法中规定的性病和卫生部规定实行性病监测的性病范围内从严掌握，不能将普通性病都作为严重性病，防止扩大打击面。也就是说，该性病必须是与梅毒、淋病的危害程度相当的性病。2017 年 7 月 25 日起施行的《涉卖淫刑案解释》对这种观点予以明确，即在第十一条第三款规定：“刑法第三百六十条规定所称的‘严重性病’，包括梅毒、淋病等。其他性病是否认定为‘严重性病’，应当根据《中华人民共和国传染病防治法》《性病防治管理办法》的规定，在国家卫生与计划生育委员会规定实行性病监测的性病范围内，依照其危害、特点与梅毒、淋病相当的原则，从严掌握。”

2. 行为人必须实施了卖淫、嫖娼行为。传播性病罪的构成只能是行为人在患有严重性病的情况下，通过卖淫、嫖娼的特定方式，如果不是通过卖淫、嫖娼行为，而是通过其他行为，如夫妻间的性生活、通奸等行为方式将性病传染给他人的，不能构成本罪。此处的卖淫、嫖娼行为具有对偶性，也就是说，卖淫、嫖娼发生于不同主体之间，并不是要求主体既有卖淫行为又有嫖娼行为，而是只要实施了卖淫或嫖娼中的任一行为，即为构成了本罪客观方面之要件。关于此处“卖淫”的含义，我们认为，参照本书其他部分内

---

① 参见臧铁伟主编：《中华人民共和国刑法修正案（九）解读》，中国法制出版社 2015 年版，第 299 页。

容，“卖淫”指包括性交、肛交、口交等在内的进入式性行为，而不包括手淫等非进入性行为。这是由于手淫等方式一般情况下不能造成严重性病的传播，该类行为对于本罪所要保护的法益没有危害，同理，接受他人提供的手淫等非接触性服务的行为亦不属于此处刑法规定的“嫖娼”。

关于本罪所规定的卖淫、嫖娼的特定方式，近年来受到不少学者的批评，认为将本罪限定的范围过窄。例如，有的认为，随着社会的发展特别是国际间交流的频繁和便捷，性观念也逐步得以开放，卖淫、嫖娼之外的非婚性行为也已司空见惯，且成为性病传播的新通道。因此，传播性病罪仍然停留于旨在掐断卖淫、嫖娼这个途径的旧观念中，显然已不符合社会的现实发展。从保护被害人生命健康权益的目的出发，不能再将抑制性病传播的渠道局限于卖淫、嫖娼行为。[①] 我们认为，我国刑法规定的传播性病罪与其他国家规定的传播性病罪有很大的区别，我国刑法中的传播性病罪源于《决定》，后规定在刑法第六章“妨害社会管理秩序罪”第八节“组织、强迫、引诱、容留、介绍卖淫罪”当中，如前所述，社会管理秩序才是本罪所要保护的主要客体，这与该罪特殊的行为方式是相契合的。以通奸、一夜情等性行为的方式传播严重性病的，由于通奸、一夜情本身并非法律禁止的行为，因此这种传播严重性病的行为主要侵犯的是他人的身体健康，在目前淋病、梅毒通过注射用药可以得到根治的情况下，此种行为是否有必要认定为犯罪、是否必须通过刑罚手段予以规制尚存在争议；退一步讲，即使构成犯罪也只能置于“侵害公民人身权利、民主权利”一章，是否有必要在这些章节独立设罪，则是需要另行探讨的问题。

3. 传播性病罪属于行为犯，不是结果犯，只要行为人在明知自己患有严重性病的情况下实施了卖淫、嫖娼行为，即构成犯罪。至于实际是否已造成他人染上性病的结果，不影响本罪的成立。首先这是由性病传播的特点所决定的，严重性病具有强烈的传染性，只要他人一经染上就会损害身体健康，以至可能危及子孙后代，因此客观上不能以性病传播的实际发生作为本罪的必要要件之一，否则，不足以遏制性病的传播与蔓延。其次，被害人是否实际染上严重性病，取决于多方面的原因，同时，性病的发作也有个过程，有的个体潜伏期甚至达数年。如果将发生严重性病的传染结果作为传播性病罪的构成要件，容易使犯罪分子逃避打击。因此，《涉卖淫刑案解释》第十一条

---

① 参见骆群：《被害人视域中的传播性病罪》，载《河北法学》2017 年第 2 期。

第二款规定，传播性病行为是否实际造成他人患上严重性病的后果，不影响本罪的成立。司法实践中需要注意的是，有的行为人虽然明知自己患有严重性病而卖淫、嫖娼，但注意采取了防护措施，又确实没有致他人染上严重性病的，一般不以传播性病罪处理。

（三）犯罪主体

本罪的犯罪主体是特殊主体，即已满十六周岁，具有刑事责任能力，且患有梅毒、淋病等严重性病的人。

（四）犯罪主观方面

本罪在主观方面只能由故意构成，其故意内容表现为行为人明知自己患有严重性病所进行的卖淫、嫖娼行为，会造成传播他人性病的结果，而希望或放任这种结果发生的态度。从条文表述上来看，本罪行为人完全有理由存在间接故意的心态。例如，行为人对自己患有严重性病以及与人发生性关系会发生传播性病的危害后果均明知，但为了金钱利益或者发泄性欲等目的而放任危害后果的发生。由于本罪行为人限制在卖淫或嫖娼人群，从发生概率上来说，绝大多数行为人所追求的目的是金钱利益或者发泄性欲而不是传播性病，因此本罪中行为人主观上为间接故意的应占大部分。

关于本罪的罪过形式是否包含过于自信的过失，在理论界一直存在争议。有的学者认为，传播性病罪的主观方面为直接故意，即行为人明知自己患有梅毒、淋病等严重性病而卖淫、嫖娼。有的学者认为，就行为人对传播性病所持的态度来看，除了极少数人是抱有报复社会、报复他人的目的而持希望的直接故意和过于自信的过失两种心理态度外，绝大多数是持放任的间接故意，即认为本罪并不排除过于自信的过失的可能。例如，行为人明知自己患有严重性病，但是在其卖淫或嫖娼过程中积极采取了其认为万无一失的防止性病传播的措施，如性交过程中戴安全套等。但结果可能事与愿违，仍将性病传染给对方。对于该行为人，从认识因素方面上，其明知自己患有严重性病，并且与他人发生性交行为可能会产生将性病传染给他人的危害结果；但从意志因素角度出发，该行为人自认为凭借其自身的医学常识而采取的防护措施，可以有效防止将性病传播给他人，即其轻信可以避免危害结果的发生，可见其对于该危害结果的发生持否定态度。因此，行为人的主观心态属于“过于自信的过失”。我们认为，这种观点欠妥。梅毒、淋病（后天）等严重性病 95%以上是通过危险的或无保护的性行为传染的，行为人采取了戴安全套等措施，本身就可以大概率避免严重性病的传播，行为人主观上亦不希望发生他人被传染上性病的后果，无论从主观上还是客观上来评价，前述行为均不具有严重的社会危害性，没有必要作为犯罪处理。因此，本罪在主观方面只能由故意构成。

关于本罪主观上的故意内容。本罪条文表述中规定，“明知自己患有梅毒、淋病等严重性病”，可见，本罪“明知”的内容为“自己患有梅毒、淋病等严重性病”。由于性病并非刚被感染就立即发病，行为人在感染性病后的一定时期内可能并没有出现任何的性病症状，若无检查，行为人就不可能“明知”自己患有性病，更不用说是否明知是严重性病。若该行为人实施卖淫、嫖娼的行为，并将性病传播给他人，因“不明知”自己患有严重性病而不成立本罪。目前，在卖淫、嫖娼人员中，染有性病的占相当大的比重，有的明知自己患有性病，仍置他人健康于不顾，继续进行卖淫、嫖娼活动，这种人的主观恶性与不明知自己患有性病的人显然是不一样的，行为性质也有所不同。因此，以“明知”自己患有严重性病为构成本罪的条件，是十分必要的。

何为“明知”呢？《解答》曾规定：“具备以下情形之一的，可以认定为‘明知’：

“1. 有证据证明曾到医院就医，被诊断为患有严重性病的；

“2. 根据本人的知识和经验，能够知道自己患有严重性病的；

“3. 通过其他方法能够证明被告人是‘明知’的。”

2008 年 6 月 25 日最高人民检察院、公安部发布《关于公安机关管辖的刑事案件立案追诉标准的规定（一）》，其中对于“明知”的规定与《解答》基本一致，但将“医院”改为了“医疗机构”。我们认为，《解答》将本罪的“明知”分为：肯定“明知”、推定“明知”以及其他“明知”是合理的，但《解答》所规定的“医院”，一般指以提供医疗护理服务为主要目的的医疗机构。而根据社会公众的基本认识以及我国现实的基本国情，可以对性病进行检疫、诊断、确诊的医疗机构并不仅有医院，还包括各种防疫机构、保健机构、私人诊所等等。

因此，《涉卖淫刑案解释》在上述规定的基础上对“明知”进行了明确的解释，即具有下列情形之一的，应当认定为刑法第三百六十条规定的“明知”：

“（一）有证据证明曾到医院或者其他医疗机构就医或者检查，被诊断为患有严重性病的；

“（二）根据本人的知识和经验，能够知道自己患有严重性病的；

“（三）通过其他方法能够证明行为人是‘明知’的。”

三、传播性病罪司法认定的几个问题

（一）传播性病罪的既未遂问题

传播性病罪的完成形态，即传播性病罪的既遂，是指传播性病罪在其发展过程中未在中途停止下来而得以进行到终点，行为人完成了犯罪的情形。前文已指出，本罪是行为犯。行为犯构成既遂，按照法律的要求，这种行为要有一个实行过程，要达到一定的程度，才能视为行为的完成。就本罪而言，只要行为人明知自己患有严重性病而实施了卖淫、嫖娼行为，就构成犯罪既遂。

关于传播性病罪的未遂。我国刑法第二十三条第一款规定：“已经着手实行犯罪，由于犯罪分子意志以外的原因而未得逞的，是犯罪未遂。”具体到传播性病罪，由于本罪属于行为犯，行为人明知自己患有严重性病并且已经着手实行卖淫、嫖娼行为的，就构成本罪的既遂，因而本罪不存在能犯未遂的情形，只存在不能犯未遂。本罪的不能犯未遂，是指行为人对自己是否患有严重性病发生了错误认识，将自己患有的其他疾病误以为是严重性病，或者将自己患有的一般性质的性病误以为是严重性病而卖淫、嫖娼的，此种情形下因不符合本罪的犯罪构成要件，因而不认定为传播性病罪。

关于传播性病罪的预备形态。我国刑法第二十二条第一款规定：“为了犯罪，准备工具，创造条件的，是犯罪预备。”具体到传播性病罪，在实行行为着手以前，行为人为实施传播性病罪的实行行为准备工具、创造条件的，就属于传播性病罪的预备行为。传播性病罪的预备行为包括：明知自己患有严重性病的卖淫者、嫖娼者物色卖淫、嫖娼对象的，明知患有严重性病的卖淫者或者嫖娼者就具体的卖淫、嫖娼事宜进行商讨的，以及双方达成一致，都同意实施卖淫、嫖娼行为，并为实施该行为做最后的准备，如行为人脱去衣服等等。在上述行为中，行为人已经开始实施犯罪的预备行为，但尚未着手犯罪的实行行为，即刑法分则规定的具体犯罪构成客观方面的行为，在本罪中表现为行为人仅仅与相对方达成了卖淫、嫖娼的合意，并没有实施实质性的卖淫、嫖娼行为，所实施的行为也就不属于传播性病罪的实行行为。此种情况下，如果由于行为人意志以外的原因而未能着手实施传播性病实行行为的，比如因公安机关查处卖淫嫖娼或者卖淫嫖娼的一方发现对方有性病而拒绝与其发生性行为的，就应该以传播性病罪（预备）来追究行为人的刑事责任。

关于传播性病罪的中止形态。我国刑法第二十四条第一款规定："在犯罪过程中，自动放弃犯罪或者自动有效地防止犯罪结果发生的，是犯罪中止。"由于本罪是行为犯，只要行为人实施完了法定的犯罪行为就构成了犯罪既遂，犯罪结果就已经出现而不可逆转，因此本罪不存在自动有效地防止犯罪结果发生的犯罪中止而只存在自动放弃犯罪的犯罪中止。自动放弃犯罪的犯罪中止又包括犯罪预备过程中自动放弃犯罪的犯罪中止以及已经着手犯罪实行行为而该行为尚未完成时自动放弃犯罪的犯罪中止。如前所述，本罪系行为犯，行为人着手实施刑法分则所规定的犯罪构成要件行为即构成既遂，因而不存在已经着手犯罪实行行为而自动放弃犯罪的犯罪中止，只存在在犯罪预备过程中自动放弃犯罪的犯罪中止。例如，行为人明知自己患有严重性病，正在物色卖淫或嫖娼对象时或者已经物色好了卖淫或嫖娼对象正在商讨价钱时，因为良心发现，不忍实施卖淫、嫖娼行为而自动放弃犯罪，即构成本罪的中止。

（二）组织、强迫、引诱、容留、介绍卖淫罪与传播性病罪的区分

司法实践当中可能出现组织、强迫、引诱、容留、介绍患有严重性病的人卖淫的情形，此时行为人既触犯了组织、强迫、引诱、容留、介绍卖淫罪，又触犯了传播性病罪，属于刑法上的想象竞合犯。根据想象竞合犯的处罚原则，应择一重罪从重处罚。比较传播性病罪与组织、强迫、引诱、容留、介绍卖淫罪的量刑，应以组织、强迫、引诱、容留、介绍卖淫罪一罪从重处罚。

需要注意的是，此种情形下构成想象竞合犯，行为人除了具备组织、强迫、引诱、容留、介绍卖淫罪的主观要件外，还必须明知卖淫的人员患有严重性病，在组织、强迫、引诱、容留、介绍他人卖淫的同时放任传播严重性病行为的发生。这是因为，"根据犯罪构成标准说，想象竞合犯确实实现了数个犯罪构成"[①]。所以，具备两个或两个以上的犯罪故意，是想象竞合犯成立

① 参见陈兴良：《共同犯罪论》，中国社会科学出版社 1992 年版，第 98 页。

的主观条件。对于传播性病罪的构成来说，如果卖淫人员明知自己患有严重性病而卖淫的，则与组织、强迫、引诱、容留、介绍卖淫行为人构成传播性病罪的共同犯罪，其中在强迫卖淫的情形下卖淫人员属于本罪的胁从犯，应当减轻或者免除处罚；如果卖淫人员不知道自己患有严重性病或者未达到刑事责任年龄不构成本罪的情况下，则组织、强迫、引诱、容留、介绍卖淫行为人构成传播性病罪的间接正犯。

四、关于艾滋病的性质

谈及性病及传播性病的行为，就不得不涉及艾滋病。艾滋病，即获得性免疫缺陷综合征，又译为后天性免疫缺陷症候群，英文名为 Acquired Immune Deficiency Syndrome（AIDS），是因为人体感染艾滋病病毒所导致的传染病。艾滋病病毒，即人类缺陷免疫病毒，英文名为 Human Immunodeficiency Virus（HIV）。艾滋病和艾滋病病毒是不同的概念：艾滋病病毒代表的是人类免疫缺陷病毒，它在侵入人体后，把人体免疫系统中最重要的 T4 淋巴组织作为攻击目标，大量破坏 T4 淋巴组织，使人体产生高致命性的内衰竭，丧失复制免疫细胞的功能。人体的免疫平衡被破坏后，就无法抵御各种病原体的入侵，从而成为各种疾病的载体，最后导致患者因各种机会性感染，如脑膜炎、肺炎、肺结核等而死亡。一旦机会性感染发生，就可以认为是患了艾滋病。因此，艾滋病是导致人体无法抵御其他疾病的状态或综合征。人不会死于艾滋病，而是死于与艾滋病相关的疾病。

艾滋病病毒侵入人体后，从感染艾滋病病毒到发病是一个完整的、循序渐进的自然过程，临床上一般将这个过程分为四个时期，即急性感染期、潜伏期、艾滋病前期和典型艾滋病期。虽说并不是每个艾滋病患者都会完整地出现四期症状，但每个阶段的患者在临床上都可以见到。在急性感染期期间，艾滋病病毒侵入人体后会对机体进行刺激，从而造成病人发热、皮疹、淋巴结肿大、恶心、呕吐等症状。这种症状出现 5 周左右，临床上便会出现一个长短不等、相对健康、无症状的潜伏期。（艾滋病的窗口期①也是在这个时间内。）艾滋病的平均潜伏期，大约为 8～10 年。但潜伏期并不是静止期，这段

① 所谓窗口期，是指人体感染艾滋病病毒后，一般需要 2～12 周，平均 45 天左右血液中才可检测到艾滋病病毒抗体，从人体感染艾滋病病毒到机体产生抗体的这段医学上检测不到病毒的时间。

时间内艾滋病病毒在人体内持续繁殖，具有强烈的破坏作用。在无有效药物控制的前提下，将会从潜伏期发展到艾滋病前期，这段时间患者临床常表现为夜间盗汗、肌肉酸疼、肝脾肿大、脓疱性感染等症状，这是向典型艾滋病期的过渡时期。到典型艾滋病期后，患者将出现严重的细胞免疫缺陷，发生各种致命性的机会性感染和恶性肿瘤，最终免疫系统全面崩溃，出现各种严重的综合症状，直至死亡。

艾滋病病毒虽然有三种传播途径，即性传播、血液传播和母婴传播，但是在全球范围内，性传播是当今艾滋病病毒传播的最主要方式。那么，艾滋病是否属于性病及严重性病呢？在理论界和司法实务中存在两种不同的观点。第一种观点认为，艾滋病不属于严重性病。艾滋病与性病的病理完全不同，二者具有本质上的区别。艾滋病已在 2012 年发布的《性病防治管理办法》中性病的分类中被删除，我国刑法以及相关司法解释，也没有将艾滋病归入“严重性病”。第二种观点认为，艾滋病属于严重性病，而且是比淋病、梅毒等更为严重的性病。我们赞同第二种观点，分析艾滋病与性病的关系，需要从艾滋病在我国的立法进程来着手。艾滋病在我国的立法可以分为以下三个阶段：

第一阶段，将艾滋病与其他性病同等对待，同等预防，并且明确规定艾滋病是性病的一种。1991 年 8 月 12 日卫生部令 15 号发布的《性病防治管理办法》第二条规定，本办法所称性病包括：“（一）《中华人民共和国传染病防治法》乙类传染病中的艾滋病、淋病和梅毒；（二）软下疳、性病型淋巴肉芽肿、非淋菌性尿道炎、尖锐湿疣、生殖器疱疹。”可见，当时的《性病防治管理办法》是将艾滋病作为“头号性病”来规定的。

第二阶段，专门制定预防和治疗艾滋病的法规。国务院于 2006 年 1 月 18 日通过了《艾滋病防治条例》，并于 2006 年 3 月 1 日起施行。自此，国家把对艾滋病的防治放到了更加重要的战略高度，以将艾滋病与其他性病区别开来。《艾滋病防治条例》第六十二条规定，艾滋病病毒感染者或者艾滋病病人故意传播艾滋病的，依法承担民事赔偿责任；构成犯罪的，依法追究刑事责任。第四款规定：“有易感染艾滋病病毒危险行为的人群，是指有卖淫、嫖娼、多性伴、男性同性性行为、注射吸毒等危险行为的人群。”第七款规定：“行为干预措施，是指能够有效减少艾滋病传播的各种措施，包括：针对经注射吸毒传播艾滋病的美沙酮维持治疗等措施；针对经性传播艾滋病的安全套推广使用措施，以及规范、方便的性病诊疗措施；针对母婴传播艾滋病的抗病毒药物预防和人工代乳品喂养等措施；早期发现感染者和有助于危险行为改变的自愿咨询检测措施；健康教育措施；提高个人规范意识以及减少危险行为的针对性同伴教育措施。”可见，国家对艾滋病的预防，在与对一般性病的预防采取的基本方法一致的基础上，采取了更为严格的预防措施。

第三阶段，将艾滋病从一般性病中单列出来。2013 年 1 月 1 日起施行的修改后的《性病防治管理办法》第二条第一款规定：“性病是以性接触为主要传播途径的疾病。本办法所称性病包括以下几类：（一）《传染病防治法》规定的乙类传染病中的梅毒和淋病；（二）生殖道沙眼衣原体感染、尖锐湿疣、生殖器疱疹；（三）卫生部根据疾病危害程度、流行情况等因素，确定需要管理的其他性病。”第二款规定：“艾滋病防治管理工作依照《艾滋病防治条例》的有关规定执行。”该条例在艾滋病的防治机制、咨询及疫情上报方面均与一般性病一起规定，并突出艾滋病的预防工作。如该条例第四条规定：“性病防治工作与艾滋病防治工作相结合，将性病防治工作纳入各级艾滋病防治工作协调机制，整合防治资源，实行性病艾滋病综合防治。”第二十一条规定：“艾滋病自愿咨询检测机构和社区药物维持治疗门诊应当将梅毒免费咨询检测纳入日常服务内容；对咨询检测中发现的梅毒阳性患者，应当告知其到开展性病诊疗业务的医疗机构就诊。”第三十六条第一款规定：“开展性病诊疗业务的医疗机构应当结合流行病学史、临床表现和实验室检验结果等做出诊断，按照规定进行疫情报告，不得隐瞒、谎报、缓报疫情”。第二款规定：“艾滋病自愿咨询检测机构和社区药物维持治疗门诊应当按照要求收集和上报相关信息。”

从与艾滋病相关的行政法规、规章的修改和完善可以看出，我国法律法规实际上是更加重视艾滋病的防治，而不是将艾滋病从性病中剔除。艾滋病与淋病、梅毒等严重性病的病理虽有所不同，但从目前全球范围内艾滋病的发病和传播情况来看，性传播无疑是占据绝大部分比例的传播途径。虽然刑法没有将艾滋病列入严重性病中，但是，艾滋病属于性病，而且是比梅毒、淋病更为严重的性病，这一点不仅是我国医疗机构和医疗管理部门的共识，也是国际医疗机构和医疗管理部门的共识。世界卫生组织于 2007 年发布的《预防和控制性传播感染全球战略：2006—2015 年》中以表格的形式列举了“主要性传播感染病原体及其引起的疾病”，其中“病毒性感染”一类中就包括了艾滋病。

五、关于故意传播艾滋病行为的定罪问题

艾滋病是一种目前既无有效疫苗预防，又无特效药物治愈的疾病。而艾滋病的传播原因几乎完全与社会环境，与人群的行为方式有关，不能单独依靠医学方法来控制其传播。艾滋病感染者本人的行为对艾滋病的传播与流行起着极为重要的作用。利用自身携带的艾滋病病毒进行传播从而达到犯罪目的的案例在国外不乏先例。例如，在芬兰就曾发生过一起案件，该不法分子利用其自身携带的病毒故意与多名女性发生性关系，从而致使多名受害人感染该病毒；而在俄罗斯，一名艾滋病病人将自己的血液装在注射器中，并疯狂的袭击无辜的居民，结果也是导致多名受害人感染艾滋病病毒；在美国也曾发生患艾滋病人员利用感染病毒的针头实施的扎针行为。在我国，艾滋病的流行经过散发期、局部流行期，已转入广泛流行期，截至2016年9月底全国报告显示，存在艾滋病病毒感染者及患者65.4万人。在现实社会生活中，部分艾滋病感染者基于自己报复、仇恨社会的心理或是其他违法犯罪的动机，利用自身感染的艾滋病病毒或者获取的艾滋病病毒故意传播艾滋病病毒的违法犯罪活动时有发生，一些地方还发生了多起艾滋病感染者故意通过扎针、咬人、暴力袭警等行为传播艾滋病的案例。我们认为，防止艾滋病病毒的传播不仅仅需要医疗卫生技术的进步和法律法规的实施，必要的时候还需要刑法发挥最后的保障作用。当传播艾滋病的行为严重侵害了他人的生命与健康时，这种行为已经对刑法所保护的社会关系造成了侵害，已经具备了犯罪行为的严重社会危害性这一特征，因此应该将此种行为纳入刑法规制的范畴中来。

从法律角度看，全球已有多个国家、地区通过立法来防治艾滋病和制裁故意传播艾滋病的行为。虽然各国在故意传播艾滋病的具体罪名上各有不同，有的认定为“伤害罪”“伤害人体罪”，有的则直接命名为“艾滋病伤害罪”，但是对于将这种故意传播艾滋病的行为认定为刑事犯罪并追究刑事责任的做法则是相同的。例如，澳大利亚《传染病防治修正案》规定：“艾滋病带毒者故意扩散病毒，应将其永远拘留于医院，直至死亡。”在美国爱达荷州，对故意传播艾滋病病毒以重罪论处，最高可判15年有期徒刑，并可合并处以5000美元罚款。美国佐治亚州还规定，不管是否有预谋，对有意传播艾滋病病毒造成他人死亡者，按谋杀罪论处。在防止医生渎职造成艾滋病扩散方面也有

国家作了规定，如美国艾奥瓦州规定，任何人包括医生，在已知人体组织或体液携有艾滋病病毒仍将或意图将其移植或输给他人者，按重罪处理。《俄罗斯联邦刑法典》第一百二十二条明确规定了传播艾滋病罪，其内容是：故意将他人置于感染艾滋病危险之中的，处三年以下的限制自由，或三个月以上五个月以下的拘役或处一年以下的剥夺自由。明知自己患有艾滋病而传染他人的，处五年以下的剥夺自由。对二人以上，或明知未成年的人实施本条第二款所规定行为的，处八年以下剥夺自由。因不适当履行职责而使他人染上艾滋病的，处五年以下限制自由，并处三年以下剥夺担任一定职务或从事某种活动的权利。①

在我国刑法学界和实务界，对于故意传播艾滋病病毒的行为严重危害他人的身体健康和生命已经达成了共识，但对该类行为的定性存在较大的分歧，大致有以下五种观点。

第一种观点认为，对这种行为应以传播性病罪论。理由是，艾滋病是一种性传播疾病，理应属于性病的范围，故意传播艾滋病病毒的行为应定性为刑法第三百六十条的传播性病罪。②

第二种观点认为，故意传播艾滋病的行为应当适用故意杀人罪来追究刑事责任。例如有学者认为："如艾滋病患者明知自己患有艾滋病或携带有艾滋病病毒，在未告知他人并未采取任何措施的情况下，通过性行为或其他方式，将艾滋病病毒传染给特定的人，危害特定人的生命健康安全的，应按刑法第二百三十二条的规定——故意杀人罪定罪处罚，因为这种行为完全符合故意杀人罪的犯罪构成，具有相当的社会危害性。"③ 还有的认为，艾滋病是不治之症，一旦被传染则被害人无疑是被剥夺了继续生存的权利，因此将艾滋病传染给他人，就侵犯了他人的生命权，而绝不仅仅是身体健康权，这与故意杀人罪的客体特征完全相符。行为人在未告知他人自己系艾滋病患者并且未

---

① 参见《世界各国有关艾滋病的立法和立法提案（选辑）》，载《中国性病艾滋病防治》1998 年第 4 期。

② 例如，被告人陈某在某市从事卖淫时，被某市疾病预防控制中心检测出 HIV—1 抗体呈阳性（艾滋病病毒携带者），疾病预防控制中心工作人员将检测结果及平时生活中的注意事项告知了陈某。事后，陈某继续从事卖淫，并与嫖客郑某、殷某、石某等人发生性关系。经某市疾病预防控制中心检测：郑某、殷某的 HIV—1 抗体呈阳性（即艾滋病患者）。某市人民法院判决被告人陈某犯传播性病罪，判处有期徒刑三年，并处罚金人民币 2000 元。

③ 胡君：《故意传播艾滋病应如何定罪》，http：//www. chinacourt. org/html/article/200302/19/37763. shtml。

采取任何措施的情况下，通过性行为或其他方式将艾滋病病毒传染给特定他人的行为，无疑是实施了非法剥夺他人生命权的行为。艾滋病会致人死亡的事实是人人皆知的，因此故意传播艾滋病的行为人杀人的目的是很明显的。即使不是出于直接故意，放任他人因感染上艾滋病病毒而死亡的心态也是很明显的，这样也就具有了间接杀人的故意。

第三种观点认为，应将故意传播艾滋病病毒的行为定性为刑法第一百一十四条的投放危险物质罪、以危险方法危害公共安全罪。这样定性的理由在于：艾滋病病毒是传染病病原体，传播艾滋病病毒是一种危险方法，会对社会和人身安全造成严重威胁。受害者又可能在不知情的情况下，通过无保护的性行为、非法输血等方式使不特定多数人面临感染艾滋病的威胁。这符合危害公共安全罪的行为特征与对象特征。还有学者认为，在卖淫、嫖娼中故意传播艾滋病病毒的行为针对的目标具有随机性和不特定性，一旦行为人采用传播艾滋病病毒的方式实施危害行为，将置不特定多数人的人身安全于具有受到侵犯之现实可能性的境地。与刑法第一百一十四条规定的危险方法相比，通过卖淫、嫖娼故意传播艾滋病病毒行为的危险性更高，因此在卖淫、嫖娼中故意传播艾滋病病毒的行为应认定为以危险方法危害公共安全罪。①

第四种观点认为，对故意传播艾滋病的行为，应当按照故意伤害罪定罪处罚。艾滋病患者的肌体免疫系统被破坏，容易患上正常人能够轻松克服的各种疾病，在目前尚无疫苗和有效治疗方法的情况下，感染艾滋病病毒意味着身体健康遭受严重威胁。所以，故意传播艾滋病病毒而使他人感染者，属于一种故意伤害他人身体健康的行为，应以故意伤害罪定罪量刑。②

第五种观点认为，对于故意传播艾滋病的行为应视不同情况分别处理。如果行为人主观上具有传播艾滋病病毒的目的，说明其主观上具有希望的意志因素，其就符合了故意伤害罪的犯罪构成，与此同时其也具备了传播性病罪的犯罪构成要件，属于想象竞合犯。③ 如果行为人出于报复社会的动机，针对不特定的人实施性行为而使对方感染艾滋病病毒，同时行为人也明显具有追求他人感染该病毒的伤害故意，构成想象竞合犯，既触犯传播性病罪又触犯以危险方法危害公共安全罪，应择一重罪论处。

在我国当前立法框架下，我们认为，第五种观点即针对故意传播艾滋病

---

① 参见蒋晓静：《故意传播艾滋病的刑事责任》，载《江苏警官学院学报》2006 年第 2 期。

② 参见曲新久：《毋需增设“传播艾滋病罪”》，载《人民公安》2000 年 第 22 期。

③ 参加钱叶六：《故意传播严重性病行为定性之探究》，载《政法论丛》2006 年第 3 期。

行为的不同情况分别予以处理更加合理，理由如下：

1. 故意传播艾滋病的行为不能一律认定为传播性病罪。虽然在行为方式上，故意传播艾滋病形式上更接近传播性病罪，艾滋病也属于严重性病，但如前所述，传播性病罪具有特定的行为方式，即必须是通过卖淫、嫖娼的方式，而艾滋病的传播绝不只限于卖淫、嫖娼的方式，因此，以传播性病罪来定性是不周延的。另外，传播性病罪所侵犯的客体是社会管理秩序。所以被纳入到了刑法第六章妨害社会管理秩序罪中，故意传播艾滋病的行为也侵犯了社会管理秩序，但除了以卖淫、嫖娼的方式传播艾滋病之外，其他艾滋病的传播行为主要表现为对公民人身权利的严重侵犯。所以，从客体上讲，定性为传播性病罪也是不周延的。从量刑上来看，传播性病罪的最高刑期仅为有期徒刑五年，而艾滋病是最严重的性病，无法治愈，如果行为人故意传播艾滋病并致使他人感染上艾滋病病毒，仅以传播性病罪定性显然过轻，不符合罪刑相适应原则。

2. 故意传播艾滋病的行为不宜认定为故意杀人罪。虽然至今全世界范围内尚未研制出根治艾滋病的特效药物，也还没有可用于预防的有效疫苗，但是 1996 年美籍华裔科学家何大一发明了“鸡尾酒”疗法来治疗艾滋病，即通过对三种不同药物联合使用压制病毒、不断清除病毒。早期艾滋病病毒感染者用药后可把病毒清除到几乎检测不到，一般的艾滋病病毒感染者终身服药能活到当地公民的平均寿命，当然患者一旦停药，病毒就会大量复制。因此，从医学的角度看，感染上艾滋病病毒并不必然导致死亡，以故意杀人罪来认定故意传播艾滋病病毒的行为，在构成要件上并不相符。此外，故意杀人罪是结果犯，犯罪结果的认定对于定罪具有十分重要的意义，而艾滋病的潜伏期约为 8～10 年，即从感染艾滋病病毒到发病一般为 8～10 年，而案件是需要及时审结的，在审理期限内很难认定故意杀人的危害结果是否发生。如果审判案件时被害人仍然生存，那么对行为人判处故意杀人罪未遂还是既遂呢？如果判处未遂，则有可能纵容了部分犯罪人，因为艾滋病病毒的少数感染者可能因得不到及时治疗等原因而发病，发病后最长一年内肯定死亡，对这部分犯罪人员显然应认定为故意杀人罪既遂；如果判处行为人故意杀人罪既遂，那么这与被害人在审判时仍然存活的事实明显不符。

3. 故意传播艾滋病的行为应分情况分别认定为故意伤害罪或者以危险方法危害公共安全罪。当传播艾滋病病毒的行为人所针对的对象为不特定多数人，因其行为使得不特定多数人的生命、健康遭受艾滋病病毒的侵害或者处于遭受艾滋病病毒侵害的危险之中，该特征是符合危害公共安全罪的构成要件的，可以认定构成以危险方法危害公共安全罪。但如果对传播艾滋病病毒的行为仅以此罪论，则未免失于片面，因为传播艾滋病病毒的行为也可以针对特定的人实施。

当传播艾滋病病毒的行为是针对某一特定人或者某一部分特定的人实施时，以故意伤害罪定罪更合理。首先，这符合艾滋病病毒的损伤特点。如前所述，艾滋病病毒对人体免疫系统的损害十分致命，但艾滋病病毒又不具有直接致命性，它是通过损害人体免疫系统，降低人体的免疫力，进而构成对人体的危害。艾滋病病人死亡的直接原因通常都是其他的疾病或损伤。艾滋病病毒感染者如果持续服药，可有效抑制艾滋病病毒的发展，多数人的寿命甚至可达至平均寿命的水平。因此，认定为故意伤害罪是比较合适的。

其次，认定为故意伤害罪可使定罪量刑的标准得到统一。行为人一旦把艾滋病病毒传染给他人，那就肯定对他人的身体造成了伤害，即构成故意伤害罪的既遂。无论是否有介入因素，无论介入因素是否导致被害人死亡或者再受伤，在被害人被感染艾滋病病毒的那一刻起，故意伤害罪就已经既遂，而不会像认定故意杀人罪那样出现未遂与既遂的巨大分水岭。

再次，符合故意伤害罪的后果要求。刑法第九十五条对重伤的定义是“使人肢体残废或者毁人容貌的；使人丧失听觉、视觉或者其他器官机能的以及其他对于人身健康有重大伤害的”，根据最高人民法院、最高人民检察院、公安部、国家安全部、司法部 2013 年 8 月 30 日发布的《人体损伤程度鉴定标准》第二条的规定，重伤是指“使人肢体残废、毁人容貌、丧失听觉、丧失视觉、丧失其他器官功能或者其他对于人身健康有重大伤害的损伤，包括重伤一级和重伤二级。”其第 6.2 条规定：“未列入本标准中的物理性、化学性和生物性等致伤因素造成的人体损伤，比照本标准中的相应条款综合鉴定。”根据上述规定，感染艾滋病病毒可视为因“生物性因素”导致的“其他对于人体健康有重大伤害”的情形。这一点在司法解释中也有所体现，如最高人民法院、最高人民检察院《关于办理非法采供血液等刑事案件具体应用法律若干问题的解释》第六条就将“受血者感染艾滋病病毒”认定为“造成危害他人身体健康后果”，因此，在当前背景下，对向特定个人传播艾滋病病毒的行为以故意伤害（致人重伤）罪追究刑事责任，是最为妥当的。至于重伤等级，在《人体损伤程度鉴定标准》修改前，一般可依照刑法第二百三十四条第二款规定，犯故意伤害罪“致人重伤的，处三年以上十年以下有期徒刑”。如果致人死亡的，则可在“十年以上有期徒刑、无期徒刑或者死刑”的幅度内量刑，但如果适用死刑应当格外慎重。

六、故意传播艾滋病行为的具体认定

根据艾滋病的三种不同传播方式，我们对故意传播艾滋病病毒的行为作以下分类，详细探讨其定性。

（一）通过卖淫、嫖娼的方式故意传播艾滋病病毒的

《涉卖淫刑案解释》第十二条第一款规定：“明知自己患有艾滋病或者感染艾滋病病毒而卖淫、嫖娼的，依照刑法第三百六十条的规定，以传播性病罪定罪，从重处罚。”第二款又规定，明知自己感染艾滋病病毒而卖淫、嫖娼，致使他人感染艾滋病病毒的，认定为刑法第九十五条第三项“其他对于人身健康有重大伤害”所指的“重伤”，依照刑法第二百三十四条第二款的规定，以故意伤害罪定罪处罚。

如何理解前述两款规定的关系呢？我们认为，对第一款和第二款的规定应结合起来理解。如前所述，艾滋病属于性病，并且属于最严重的性病，行为人明知自己患有艾滋病或者感染艾滋病病毒而卖淫、嫖娼的，其行为本身已经完全具备传播性病罪的构成要件，构成传播性病罪，考虑到艾滋病是比梅毒、淋病更加严重的性病，因此，以传播性病罪从重处罚。但是，如果行为人在卖淫、嫖娼过程中主观上具有传播艾滋病病毒的故意，客观上致使他人感染上艾滋病病毒的，同时构成第二款规定的故意伤害罪，属于想象竞合犯（也有观点认为是牵连犯），应择一重罪处罚，即认定为故意伤害罪。

考虑到《涉卖淫刑案解释》直接认定此种情形构成故意伤害罪并按重伤量刑，司法实践中应当从严掌握，即此种情形下认定行为人构成故意伤害罪，必须要求行为人主观上具有传播艾滋病病毒的故意（在犯罪对象特定的情况下，也可以理解为具有伤害他人的故意），客观上致使他人感染上艾滋病病毒，二者缺一不可。具体来说，行为人明知自己患有艾滋病或者感染艾滋病病毒而卖淫、嫖娼的，如果没有传播艾滋病病毒的故意，也没有导致他人感染上艾滋病病毒的，构成传播性病罪。行为人没有传播艾滋病病毒的故意，在卖淫、嫖娼时采取了通常的防护措施，但他人感染上艾滋病病毒的，只构成传播性病罪，不构成故意伤害罪。行为人主观上具有传播艾滋病病毒的故

意而卖淫、嫖娼，但没有致使他人感染上艾滋病病毒的，仍以传播性病罪定罪处罚。行为人主观上具有传播艾滋病病毒的故意而卖淫、嫖娼，致使他人感染上艾滋病病毒的，才以故意伤害罪定罪处罚。

（二）通过卖淫、嫖娼之外的性行为方式故意传播艾滋病病毒的

《涉卖淫刑案解释》第十二条第二款规定，明知自己感染艾滋病病毒，故意不采取防范措施而与他人发生性关系，致使他人感染艾滋病病毒的，认定为刑法第九十五条第三项“其他对于人身健康有重大伤害”所指的“重伤”，依照刑法第二百三十四条第二款的规定，以故意伤害罪定罪处罚。该条款所规定的是以卖淫、嫖娼之外的其他性行为方式，如一夜情、通奸等方式故意传播艾滋病病毒的定罪处罚。与前述通过卖淫、嫖娼的方式故意传播艾滋病病毒的情形相同，此种情形下也必须要求行为人主观上具有故意传播艾滋病病毒的故意，客观上致使他人感染上艾滋病病毒，才能以故意伤害罪定罪处罚。《涉卖淫刑案解释》特别强调，以“故意不采取防范措施”为前提，这正是对行为人主观故意的要求。如果行为人在性行为过程中采取了通常的防范措施，而他人感染上艾滋病病毒的，因行为人缺乏传播艾滋病的故意，也就是缺乏伤害他人的故意，不能构成故意伤害罪，也不构成其他犯罪。这样规定，也有利于保障艾滋病病毒携带者和患者的正常生活、交友，特别是在采取有效防范措施的前提下，保障其正当的性权利。

（三）通过血液、血液制品故意传播艾滋病病毒的

艾滋病病毒感染者的血液是感染了该病毒的，如果该血液接触到他人破损黏膜，就极易导致他人感染艾滋病病毒，因此，血液、血液制品也是艾滋病传播的重要途径。实践当中，既有行为人通过血液、血液制品向特定人传播艾滋病病毒的，也有以在公共场合“扎针”、咬人、投放带有艾滋病病毒的血液等方式传播艾滋病病毒的情形。除了感染艾滋病病毒和患有艾滋病的人之外，普通人也可以通过携带艾滋病病毒的血液、血液制品实施这种传播行为。对于行为人向特定的对象传播艾滋病病毒的，无论采取哪种方式，包括性行为或者血液、血液制品等方式，只要他人感染上艾滋病病毒，均应认定构成故意伤害（致人重伤）罪，这一点应当是没有异议的。

而行为人利用感染艾滋病病毒的针头在公共场所扎人的行为，以及明知自己感染艾滋病病毒而向血站、医院等供血的行为如何定性，目前刑法学界

和实务界争议较大，也正因为这个原因，《涉卖淫刑案解释》并未涉及通过血液、血液制品故意传播艾滋病病毒的定性问题。

根据刑法第一百一十四条的规定，以危险方法危害公共安全罪是采取以放火、决水、爆炸、投放危险物质以外的其他危险方法危害不特定多数人的生命、健康和重大公私财产安全以及公共生产、生活安全的行为。行为人如果出于向不特定多数人传播艾滋病病毒的故意，在人员密集的场所实施扎针、咬人行为，或者向血站、医院等供血，该行为等于是将不特定多数人的生命健康置于艾滋病病毒的威胁下，每个人都有可能感染艾滋病病毒，危害了公共安全，在客观方面符合以危险方法危害公共安全罪的构成要件。就行为人的主观方面来说，其选择这样一种性质的犯罪工具或者方式，并且选择在人员密集的场所来实施，表明其主观上具有破坏社会秩序、侵害公共安全的故意，因此我们倾向于以以危险方法危害公共安全罪定罪处罚。

（四）通过以强奸的方式传播艾滋病病毒的

如果行为人在明知自己感染艾滋病病毒或患有艾滋病的情况下实施了强奸行为，致使被害人感染上艾滋病病毒的，不构成强奸罪和故意伤害罪的想象竞合犯。

刑法第二百三十六条规定："以暴力、胁迫或者其他手段强奸妇女的，处三年以上十年以下有期徒刑。奸淫不满十四周岁的幼女的，以强奸论，从重处罚。强奸妇女、奸淫幼女，有下列情形之一的，处十年以上有期徒刑、无期徒刑或者死刑：（一）强奸妇女、奸淫幼女情节恶劣的；（二）强奸妇女、奸淫幼女多人的；（三）在公共场所当众强奸妇女的；（四）二人以上轮奸的；（五）致使被害人重伤、死亡或者造成其他严重后果的。"当艾滋病感染者或病人通过强奸行为将艾滋病病毒传播给被害人时，应当将这一结果认定为"致使被害人重伤、死亡或者造成其他严重后果的"之情况，构成强奸罪的结果加重犯，而不是强奸罪和故意杀人罪的竞合。例如，被告人王某某因为与女友起争执而赌气出走，其在闲逛时偶遇独自一人走夜路的缪某，王某某遂对缪某进行殴打并强行拖入小树林内实施奸淫，数日后王某某又对单身女子赵某先进行殴打后实施强奸，案发后收监时检查出王某某系艾滋病病毒感染者，并查实王某某曾亲自填写过艾滋病人员调查表从而证明其明知自己感染艾滋病病毒。在本案中，王某某采用殴打等方式，违背妇女的意志，强行与妇女发生性关系，其行为完全符合强奸罪的犯罪构成要件。如果两名被害妇女均感染上艾滋病病毒，属于强奸罪“致使被害人重伤、死亡或者造成其他严重后果的”情况，而不必认定为强奸罪与故意伤害罪的想象竞合犯，也即强奸罪的结果加重犯能够包括被强奸的人被感染上艾滋病病毒等严重后果的情形，强奸罪的量刑幅度也足以体现对造成严重后果的强奸行为的处罚，故而没有想象竞合犯存在的必要性。

（五）通过母婴途径传播艾滋病病毒的

艾滋病病毒感染者中女性也是占相当大比重的，感染艾滋病病毒的妇女在孕育下一代的过程中会将艾滋病病毒传染给下一代，无论是通过血液，还是生产时产生的分泌物，还是通过乳汁，都可能将艾滋病病毒传染给婴儿。医学上对母婴之间的传播还尚无有效的隔绝方法，因此在现实中感染艾滋病病毒的母亲将艾滋病病毒传染给婴儿的概率可达 1/4～1/5。目前理论界对此问题争议较大，主流观点是对母婴途径造成艾滋病病毒传播的行为应不按犯罪处理，因为艾滋病病人的人格应受到同样的尊重，应具有平等的生育权利。但反对一方的理由是，虽然生育权是一项基本人权，但通过母婴途径造成艾滋病病毒传播后果的概率是非常大的，而且艾滋病病毒是极具致命性的，一旦将病毒传播给下一代那么将会给下一代的一生带来沉重的负担，这是对生命的不尊重和漠视，应该作为犯罪行为处理，但相应的可以从轻处罚。我们认为，从谦抑原则、刑事政策、人文环境等考虑，不宜将通过母婴途径传播艾滋病的行为进行定罪处罚。

综上，我们认为，《涉卖淫刑案解释》第十一条和十二条的规定，通过对刑法进行解释，解决了故意传播艾滋病行为的部分定罪问题。但是，司法解释的功能毕竟有限，根本出路在于完善刑事立法。从故意传播艾滋病犯罪的国外立法状况来看，许多国家和地区都单独进行了规定。鉴于艾滋病给全社会带来的严重危害，待条件成熟时，我国刑法将传播艾滋病病毒的行为单独入罪，也许会是更佳的选择。

第七章　涉卖淫刑事犯罪案件罪数及量刑问题

一、关于涉卖淫刑事犯罪的一罪与数罪问题

罪数问题，既是刑法理论的重要问题，也是司法实践中经常遇见的疑难问题。正确区分一罪与数罪，具有非常重要的意义。一是有利于准确定罪。准确定罪是刑事司法工作的重要内容，也是刑事审判的首要问题。只有解决了定罪问题，才会进入量刑问题。而准确定罪，不仅仅指认定行为是否构成犯罪、是构成此罪还是彼罪，还包括准确认定行为是构成一罪还是数罪。比如在组织卖淫犯罪中对卖淫人员又实施介绍卖淫行为的，如果认定为一罪，就是组织卖淫罪；如果认定为数罪，就可能是组织卖淫罪与介绍卖淫罪。二是有利于合理量刑。一罪一罚，数罪并罚是量刑的基本规则。错误地将一罪定为数罪，通常会加重对被告人的刑罚，同样，错误地将数罪定为一罪，往往会减轻对被告人的刑罚。而有时，错误地将数罪定为一罪，也会出现加重被告人刑罚的结果，同样，错误地将一罪定为数罪，也会出现减轻被告人刑罚的结果。例如，某被告人既强迫卖淫，又犯强奸罪，而其所犯强奸罪依法可以判处死刑，此时，如果错误地将强迫卖淫罪、强奸罪以强迫卖淫罪一罪定罪，则最高刑只能判处无期徒刑。总之，不能正确地认定一罪与数罪，必然造成量刑上的畸轻畸重现象。正确区分一罪还是数罪，是合理量刑的前提和基础。三是正确区分一罪还是数罪，有利于维护刑法的权威性与严肃性，有利于对犯罪人的教育改造。在涉卖淫类刑事犯罪案件中，经常会遇到难以认定一罪还是数罪的情况。这当中，既涉及刑法理论上的问题，也有如何理解刑法规定的问题，还有司法实践中如何正确对待一些行为性质的问题。

（一）组织卖淫罪与强迫卖淫罪的一罪与数罪问题

行为人既组织他人卖淫，又有强迫他人卖淫行为的，如何定罪处罚？这里有两种情况。一种情况是在组织卖淫的犯罪活动中，对被组织卖淫的人员实施了强迫卖淫行为的。另一种情况是在组织卖淫的犯罪活动中，对被组织者之外的其他人实施强迫卖淫的。我们认为，在现行刑法框架内，两种情况均应以组织、强迫卖淫罪一罪定罪处罚。最主要的理由就是，组织、强迫卖淫罪系选择性罪名。而对于选择性罪名，历来都是以一罪定罪处罚的。那么，为什么说组织、强迫卖淫罪是选择性罪名呢？有观点认为，组织卖淫罪主要侵犯的是社会秩序，而强迫卖淫罪主要侵犯的是公民的人身权利特别是性自由的权利，两者侵犯的客体存在重大区别。我们认为，判断是否属于选择性罪名，主要是看刑法的规定以及司法解释的规定，而不能单纯地看犯罪行为所侵犯的客体。如果单纯地看犯罪行为所侵犯的客体，那么，强迫卖淫罪就应该像1979年刑法那样，规定在刑法分则第四章“侵犯公民人身权利、民主权利罪”中，而不是规定在刑法分则第六章“妨害社会管理秩序罪”中。除此之外，之所以说组织、强迫卖淫罪是选择性罪名，还基于以下几个理由：

1. 立法规定的变革说明组织、强迫卖淫罪系选择性罪名

1979年刑法只规定了强迫卖淫罪，没有规定组织卖淫罪。全国人大常委会于1991年9月4日通过的《决定》第一条规定了组织卖淫罪的刑罚，第二条规定了强迫卖淫罪的刑罚，将组织卖淫罪分开规定。1997年刑法第三百五十八条规定“组织他人卖淫或者强迫他人卖淫的，处……”。1997年12月11日公布的《最高人民法院关于执行〈中华人民共和国刑法〉确定罪名的规定》，将组织卖淫罪、强迫卖淫罪作为两个罪名规定。《刑法修正案（九）》将罪状描述作了修改，将原来的“组织他人卖淫或者强迫他人卖淫的”修改为“组织、强迫卖淫的”。我们认为，《刑法修正案（九）》对罪状描述的修改，不仅仅是纯粹的文字改动，而是更加科学地将组织卖淫、强迫卖淫这两种联系非常密切，在实践中往往难以完全分开的行为，规定在同一个条款中。在确定罪名时，我们应当精确地注意到刑法条文的这一修改，敏锐地分析这一修改所要表达的内涵，并且在司法实践中将这一修改的精神贯彻到刑事司法工作中。从法律规定看，对于组织卖淫和强迫卖淫经历了一个从在不同的条款中分别进行规定，到“组织他人卖淫或者强迫他人卖淫的”，再到“组织、强迫他人卖淫的”表述变化过程。根据上述罪状表述，在组织和强迫行为之

间特意省去了连接词“或者”，而用顿号代替，符合选择性罪名特有的罪状表述。

实际上，在《刑法修正案（九）》之前，也不是所有既组织卖淫又强迫卖淫的行为人都是按照组织卖淫罪、强迫卖淫罪数罪并罚的。最高人民法院、最高人民检察院于1992年12月11日发布的《解答》第二条第三款就规定：“在组织他人卖淫的犯罪活动中，对被组织卖淫的人有强迫、引诱、容留、介绍卖淫行为的，应当作为组织他人卖淫罪的量刑情节予以考虑，不实行数罪并罚。如果这些行为是对被组织者以外的其他人实施的，仍应当分别定罪，实行数罪并罚。”

2. 从罪数原理上分析，组织、强迫卖淫罪是选择性罪名

《解答》第二条第一款在对组织卖淫罪下定义时，称：“组织他人卖淫罪，是指以招募、雇佣、强迫、引诱、容留等手段，控制多人从事卖淫的行为”。该规定明确强迫卖淫属于组织卖淫的一种手段。实际上，从文义解释的角度看，尽管组织卖淫罪并不能完全涵盖强迫卖淫罪所侵犯的法益，但是，所有能将卖淫人员及卖淫活动集合起来的手段都可称为组织手段。组织卖淫的手段是多种多样的，包括卖淫人员自愿的如招募、聘用，包括卖淫人员起初没有卖淫意愿后被说服诱导的比如引诱，也包括卖淫人员并不自愿的比如强迫。事实上，司法实践中单纯的强迫卖淫行为并不多见，更多的强迫卖淫是伴随组织卖淫行为而发生的，且有不少组织卖淫案件行为人采取的主要手段就是强迫。同时，无论是组织卖淫还是强迫卖淫，行为人的主观目的基本是一致的，即都具有获利性。因此不论从文义理解还是司法实践的情况看，强迫卖淫都可以是组织卖淫的手段。在行为人既有组织卖淫行为，又有强迫卖淫行为时，如果一定要按照组织卖淫罪、强迫卖淫罪两罪实施并罚，不符合行为人的行为本质。

同时，一般认为，选择性罪名中各选择性要素应当具备密切联系，或者法益相同，或者具有吸收、牵连关系。如前文所述，司法实践中单纯的强迫卖淫行为并不多见，更多的是伴随组织卖淫行为而对被组织卖淫的人员实施强迫。强迫与组织既在大多数案件中相伴而发生，又在手段上具有牵连关系，符合构成选择性罪名的实质性要求。

另外，使用选择性罪名能够准确反映、评价组织卖淫中强迫卖淫行为的性质，以便与单纯的组织卖淫行为相区分，体现了两类犯罪在手段、社会危害性上的重要区别。

3. 现行有效司法解释对此予以明确

《涉卖淫刑案解释》第六条第二款规定："行为人既有组织卖淫犯罪行为，又有强迫卖淫犯罪行为，且具有以下情形之一的，以组织、强迫卖淫"情节严重"论处：（一）组织、强迫行为中有一项达到本解释规定的"情节严重"人数标准的；（二）卖淫人数累计达到本解释第二条第一、二项规定的组织卖淫"情节严重"最低标准的；（三）非法获利数额相加达到本解释第二条第四项规定的组织卖淫"情节严重"数额标准的。"根据解释的这一规定，组织、强迫卖淫罪为选择性罪名。虽然解释没有直接说是选择性罪名，但解释将组织卖淫与强迫卖淫的情节规定为合并计量，已经说明《涉卖淫刑案解释》将组织、强迫卖淫罪作为选择性罪名予以规定了。至于原来的有关罪名规定问题，我们认为，《刑法修正案（九）》后，最高人民法院、最高人民检察院对这两个罪名没有专门作出规定。原来关于罪名的规定，因为《刑法修正案（九）》的出台而失去依据。《涉卖淫刑案解释》是由最高人民法院、最高人民检察院联合发布的，可以理解为"两高"根据《刑法修正案（九）》的规定，对组织、强迫卖淫罪的罪名作了修正。

（二）引诱、容留、介绍卖淫罪的一罪与数罪问题

引诱、容留、介绍卖淫罪是一个选择性罪名。行为人无论是实施了一种行为，还是二种、三种行为，都只是触犯一个罪名，并不实行数罪并罚。一般情况下，引诱、容留、介绍这三种行为是密切的，形成一个有机的整体。但在有些情况下，这几种行为却是行为人分别实施的，彼此之间并无关联。例如，行为人自己容留他人卖淫，又介绍他人至另外的违法犯罪分子的卖淫窝点卖淫。在这种情况下，是定一罪还是数罪？有观点认为，在这种情况下，应该数罪并罚。理由是：选择性罪名应该是指一个法律条文规定二种以上有内在联系的犯罪行为，如果两种行为在实施时各自独立、没有内在联系，只是因为两种行为是同一法律条文规定的选择性罪名就只定一罪，就不能体现出一罪一罚的精神，也会轻纵犯罪[①]。但我们认为，在这种情况下，仍然应当只定一罪。理由是：（1）刑法规定了选择性罪名，在司法实践中就无例外。也就是说，既然刑法将引诱、容留、介绍卖淫作为选择性罪名予以规定，就说明，不论行为人所实施的这三种行为之间是否有联系，联系的密切程度如

① 李邦友、王德育、邓超：《性犯罪的定罪与量刑》，人民法院出版社 2001 年版，第 216 页。

何，都只以一个罪名定罪处罚。（2）选择性罪名有其优点，它使罪状简略，避免了不必要的重复。（3）以一罪定罪处罚，未必一定会轻纵犯罪。相反，以数罪处罚，有时也会轻纵犯罪分子。如行为人容留一人卖淫，又介绍一人到其他犯罪分子开设的窝点卖淫，如果按数罪并罚理论处理，则容留一人、介绍一人均不构成犯罪，而如果将人数相加，则容留、介绍二人（各一人）就构成了容留、介绍卖淫罪。从《涉卖淫刑案解释》看，除引诱卖淫不需要人数条件，即引诱一人就构成犯罪外，容留、介绍二人以上卖淫才构成犯罪。另外，从《涉卖淫刑案解释》关于引诱、容留、介绍卖淫罪情节严重的规定看，以引诱、容留、介绍人数相加后达到解释规定的人数作为法定加重情节的标准。因此，只要人数达到解释的规定标准，就可以在五年以上（至十五年）有期徒刑的幅度内量刑，其实际刑罚结果不会比数罪并罚轻。（4）所举案例中，容留、介绍卖淫行为之间并非没有联系，而是具有内在的密切联系，即行为人为同一人。（5）立法例和司法实践中也具有类似的先例，如行为人自己贩卖毒品，又帮助其他毒品犯罪分子运输毒品的，在司法实践中均以贩卖、运输毒品罪一罪定罪处罚，而不是以贩卖毒品罪、运输毒品罪数罪并罚。（6）既然刑法将引诱、容留、介绍卖淫规定为选择性罪名，如果实践中又在有些情况下实行数罪并罚，则只会造成司法裁判的不统一。

至于引诱、容留、介绍卖淫罪这一选择性罪名的具体罪名，应当根据行为人实施的具体行为确定。如行为人既引诱又容留又介绍卖淫的，则定引诱、容留、介绍卖淫罪，只实施其中两项或一项行为的，依行为性质定，如引诱、容留卖淫罪，引诱、介绍卖淫罪，容留、介绍卖淫罪，引诱卖淫罪，容留卖淫罪，介绍卖淫罪。

（三）组织卖淫犯罪活动中实施引诱、容留、介绍卖淫行为的定罪处罚问题

行为人在组织卖淫犯罪活动中，出于组织卖淫犯罪的需要，往往会实施引诱、容留、介绍他人卖淫的行为。实际上，引诱、容留、介绍卖淫均可成为组织卖淫罪的手段行为。《涉卖淫刑案解释》第一条将组织卖淫罪的概念规定为“以招募、雇佣、纠集等手段，管理或者控制他人卖淫，卖淫人员在三人以上的”。之所以未明确列举引诱、容留、介绍手段，主要是防止文字表述上与刑法第三百五十九条规定的引诱、容留、介绍卖淫罪发生混淆，并不表明引诱、容留、介绍不属于组织手段。事实上，引诱、容留、介绍都属于常

见的组织卖淫手段。可以说绝大多数组织卖淫犯罪，行为人对卖淫人员至少实施了容留和介绍的行为，否则难以实现对卖淫活动的管理和控制。最高人民法院、最高人民检察院《解答》就将组织卖淫罪规定为“以招募、雇佣、强迫、引诱、容留等手段，控制多人从事卖淫的行为”。但是，《解答》的规定过于具体，又没有穷尽列举，因此，《涉卖淫刑案解释》在组织卖淫的手段中增加了“纠集”手段，而隐去了“强迫、引诱、容留、介绍”等手段，以弥补列举的不足。“纠集”实际上是一种概括性的手段，意指把分散的个人及其活动集合起来。

在司法实践中，组织卖淫罪的犯罪行为人同时实施引诱、容留、介绍卖淫行为的如何定罪处罚？我们认为得区分情况，即区分引诱、容留、卖淫的对象与行为人组织卖淫的对象是否具有同一性。

1. 行为人对被组织卖淫的人有引诱、容留、介绍卖淫行为

《解答》曾规定：“在组织他人卖淫的犯罪活动中，对被组织卖淫的人有强迫、引诱、容留、介绍卖淫行为的，应当作为组织他人卖淫罪的量刑情节予以考虑，不实行数罪并罚。”但是，《涉卖淫刑案解释》第三条将其修改为：“在组织卖淫犯罪活动中，对被组织卖淫的人有引诱、容留、介绍卖淫行为的，依照处罚较重的规定定罪处罚。”为什么《涉卖淫刑案解释》没有明确地规定为一律依照组织卖淫罪从重处罚呢？我们认为，《解答》规定为一律认定为组织卖淫罪的原因是当时的刑法没有引诱幼女卖淫罪的规定。对于引诱幼女卖淫的行为，根据《决定》第三条关于“引诱不满十四岁的幼女卖淫的，依照本决定第二条关于强迫不满十四岁的幼女卖淫的规定处罚”的规定以及最高人民法院、最高人民检察院《解答》第六条第三款的规定，“定强迫他人卖淫罪”。[①] 而1997年刑法则在第三百五十九条第二款专门规定了引诱幼女卖淫罪，且规定了单独的罪刑单位，即五年以上有期徒刑，并处罚金。比较一下组织卖淫罪与引诱、容留、介绍卖淫罪及引诱幼女卖淫罪的处罚轻重，可以发现，在一般情况下组织卖淫罪的处罚重于引诱、容留、介绍卖淫罪。组织卖淫罪的罪刑单位有两个。一是基本刑范围，为五年以上十年以下有期徒刑；二是具有法定加重情节的刑罚范围，为十年以上有期徒刑或者无期徒刑。而引诱、容留、介绍卖淫也有两个罪刑单位。基本刑范围为五年以下有期徒

① 《解答》第三条原文为：根据《决定》第三条第二款的规定，引诱不满十四岁的幼女卖淫的，依照《决定》第二条第一款关于强迫不满十四岁的幼女卖淫的规定处罚，定强迫他人卖淫罪。

刑、拘役或者管制，情节严重的为五年以上有期徒刑（最高十五年）。两者相较，组织卖淫罪的处罚明显重于引诱、容留、介绍卖淫罪。但是，如果行为人在组织卖淫犯罪活动中引诱的对象虽然是被其组织卖淫的人员，但为不满十四周岁的幼女时，则存在引诱幼女卖淫罪重于组织卖淫罪的可能。即：组织卖淫罪未达到情节严重时，其法定刑幅度为五年以上十年以下有期徒刑，而引诱幼女卖淫罪的法定刑幅度为五年以上（十五年以下）有期徒刑，引诱幼女卖淫罪的处罚重于组织卖淫罪，此时依照引诱幼女卖淫罪定罪处罚，组织卖淫行为作为犯罪情节考虑。如果组织卖淫犯罪达到“情节严重”时，因其法定最高刑为无期徒刑，应当以组织卖淫罪一罪定罪处罚，引诱幼女卖淫行为作为犯罪情节考虑。

2. 行为人对被组织者以外的其他人实施引诱、容留、介绍卖淫行为

无论是《解答》还是《涉卖淫刑案解释》都规定为“应当分别定罪，实行数罪并罚”。最主要的原因是，行为人引诱、容留、介绍卖淫的犯罪行为与其组织卖淫的行为没有关联性，不是组织卖淫罪的手段行为，而是单独的犯罪行为。

（四）组织、强迫卖淫罪中有杀害、伤害、强奸、绑架等犯罪行为如何定罪处罚

1. 组织、强迫卖淫罪中有杀害、伤害、强奸、绑架等犯罪行为的，应当依照数罪并罚的规定处罚

1997 年刑法第三百五十八条第一款规定：“组织他人卖淫或者强迫他人卖淫的，处五年以上十年以下有期徒刑，并处罚金；有下列情形之一的，处十年以上有期徒刑或者无期徒刑，并处罚金或者没收财产：（一）组织他人卖淫，情节严重的；（二）强迫不满十四周岁的幼女卖淫的；（三）强迫多人卖淫或者多次强迫他人卖淫的；（四）强奸后迫使卖淫的；（五）造成被强迫卖淫的人重伤、死亡或者其他严重后果的。”第二款规定：“有前款所列情形之一，情节特别严重的，处无期徒刑或者死刑，并处没收财产。”根据这一规定，在组织、强迫卖淫犯罪活动中，对被组织、强迫卖淫的人员实施杀害、伤害、绑架、强奸等犯罪行为的，一律以组织卖淫罪或强迫卖淫罪定罪处罚。情节特别严重的，可以以组织卖淫罪或强迫卖淫罪判处被告人死刑。对其所实施的杀害、伤害、绑架、强奸等犯罪行为，不再以故意杀人罪、故意伤害罪、绑架罪、强奸罪定罪，从而不实行数罪并罚。

2015 年 8 月 29 日，第十二届全国人民代表大会常委会第十六次会议通过

了《刑法修正案（九）》。修正后的刑法第三百五十八条第一款规定：组织、强迫他人卖淫的，处五年以上十年以下有期徒刑，并处罚金；情节严重的，处十年以上有期徒刑或者无期徒刑，并处罚金或者没收财产。第二款规定：组织、强迫未成年人卖淫的，依照前款规定的规定从重处罚。第三款规定：犯前两款罪，并有杀害、伤害、强奸、绑架等犯罪行为的，依照数罪并罚的规定处罚。

对组织、强迫他人卖淫，并有杀害、伤害、强奸、绑架等犯罪行为的，依照数罪并罚的规定处罚。主要是考虑到组织、强迫他人卖淫的行为，往往伴随着杀害、伤害、强奸、绑架等犯罪行为，实践中也是按照数罪并罚的规定处罚的。为进一步明确法律适用，严厉惩处这类犯罪行为，增加了这一规定。[①] 同时，对犯故意杀人罪、故意伤害罪、强奸罪、绑架罪，依法应当判处死刑的，可以依法判处死刑。这是立法技术上的一个处理，体现了“保留死刑，严格控制和慎重适用”的死刑政策。

2. 对组织、强迫卖淫行为人所实施的杀害、伤害、强奸、绑架犯罪，应当依照杀害、伤害、强奸、绑架犯罪的罪责量刑

根据共同犯罪理论和刑法有关共同犯罪的规定，组织、强迫卖淫行为人所实施的杀害、伤害、强奸、绑架犯罪，应当依照杀害、伤害、强奸、绑架犯罪的罪责量刑。这包含以下几层内容：第一，组织、强迫卖淫行为人单独实施的故意杀人、故意伤害、强奸、绑架等犯罪，由行为人自己负刑事责任。第二，在组织、强迫卖淫共同犯罪中处于主犯地位的，在故意杀人、故意伤害、强奸、绑架等共同犯罪中未必处于主犯地位。如何量刑，应当根据行为人在故意杀人、故意伤害、强奸、绑架等共同犯罪中的地位、作用确定罪责，科学量刑，而不是简单地以其在组织、强迫卖淫犯罪中的主犯地位进行量刑。第三，组织、强迫卖淫行为人即使在组织、强迫卖淫犯罪中处于主犯地位，但其在故意杀人、故意伤害、强奸、绑架等共同犯罪中仍然可能处于从犯地位或者在主犯中处于相对于其他主犯地位略次的地位。

3. 协助组织卖淫者参与上述杀害、伤害、强奸、绑架等犯罪行为如何处理

刑法对此并没有明确规定，但《涉卖淫刑案解释》第七条第一款对此作

---

① 参见全国人大常委会法制工作委员会刑法室编著：《〈中华人民共和国刑法修正案（九）〉解读》，中国法制出版社 2015 年版，第 288～289 页。

了明确，即协助组织卖淫行为人参与实施故意杀人、故意伤害、强奸、绑架等犯罪的，以共同犯罪论处。解释的这一规定，包含以下几层内容：第一，协助组织卖淫行为人单独实施的故意杀人、故意伤害、强奸、绑架等犯罪，由行为人自己负刑事责任。第二，在杀人、伤害、强奸、绑架犯罪中，由于《刑法修正案（九）》已经将这些行为从组织、强迫卖淫中剥离出来，作为一个独立的犯罪处理，因此，组织、强迫卖淫行为人和协助组织卖淫行为人在杀人、伤害、强奸、绑架犯罪的地位、作用，并不一定依照他们在组织、强迫卖淫犯罪中的地位、作用来认定，而是依照他们在杀人、伤害、强奸、绑架罪的具体情况确定主从犯地位。第三，协助组织卖淫罪虽然是从组织卖淫罪的从犯中分离出来，但已不仅仅限于组织卖淫罪从犯的性质，而是有其独立的存在内涵。组织卖淫罪的从犯无法涵括协助组织卖淫罪的许多行为内容，如协助组织卖淫行为人设立的培训机构、运输机构等。因此，协助组织卖淫罪的犯罪行为人在故意杀人、故意伤害、强奸、绑架等共同犯罪中仍然可能处于主犯地位甚至处于地位、作用最为突出的主犯地位，即其地位作用高于故意杀人、故意伤害、强奸、绑架等共同犯罪中的其他任何主从犯。

4. 如何理解“杀害、伤害、强奸、绑架等犯罪行为”中的“等”字

我们认为，理解“杀害、伤害、强奸、绑架等犯罪行为”中的“等”字，必须将其放在立法背景下来考察。现行刑法第三百五十八条第三款是《刑法修正案（九）》基于取消组织、强迫卖淫罪的死刑的情况下增加设立的。取消组织、强迫卖淫罪的死刑，是立法机关反复研究、论证，并广泛听取人大代表、专家和有关方面意见的基础上提出的，同时，为防止可能产生的负面影响，在法律上还留有从严处罚的余地，仍然保留了故意杀人罪、故意伤害罪、绑架罪、强奸罪的死刑。司法实践中如有情节特别恶劣、确需判处死刑的组织、强迫卖淫的犯罪行为，还可以依照刑法现有规定判处，不会出现轻纵犯罪的情况[①]。可见，刑法增加可以数罪并罚的有关规定，其最主要目的，是为了防止轻纵某些情节特别恶劣，如杀害卖淫人员、伤害卖淫人员致死、强奸卖淫人员情节特别恶劣、绑架卖淫人员等犯罪行为，但组织、强迫卖淫本身情节并不严重，无法判处重刑，或者以故意杀人罪等四个罪名定罪处罚，根据犯罪情节、社会危害程度应当判处死刑，而以组织、强迫卖淫罪依法却不

---

① 参见臧铁伟主编：《中华人民共和国刑法修正案（九）解读》，中国法制出版2015年版，第369～370页。另见该书第359页：“取消死刑后，如出现情节特别恶劣，符合数罪并罚或者其他有关犯罪规定的，还可依法判处更重的刑罚。”

能判处死刑时，可以适用该条关于数罪并罚的规定，对罪犯依法判处重刑甚至判处死刑。

实践中，组织、强迫卖淫罪（包括协助组织卖淫犯罪，下同）特别是强迫卖淫罪，往往伴有非法拘禁的情形。但对行为人在组织、强迫卖淫，协助组织卖淫行为中采取非法限制卖淫人员人身自由等行为的认定仍有不同观点。第一种观点认为，行为人组织卖淫或协助组织卖淫行为的犯罪客体为社会管理秩序及公序良俗，而其实施的非法限制卖淫人员人身自由等行为则侵犯了他人的人身权利，只认定组织卖淫罪一罪不足以评价其行为的社会危害性，故应根据刑法第三百五十八条第三款的规定，同非法拘禁罪数罪并罚。第二种观点认为，非法限制卖淫人员人身自由是行为人组织卖淫过程中使用的手段行为，是组织卖淫行为的表现形式之一，组织卖淫罪一罪即可评价。刑法第三百五十八条第三款的规定是针对严重侵害他人人身权利的犯罪，不应作扩大解释。同理，以协助组织卖淫的目的而实施非法限制卖淫人员人身自由行为的，也应构成协助组织卖淫罪一罪。

我们同意第二种观点。行为人实施的非法限制卖淫人员人身自由等强制性质的行为应包含在组织卖淫的“管理和控制”行为之中，不宜单独评价。作为组织卖淫罪的帮助犯，行为人为协助组织卖淫而实施非法限制卖淫人员自由等行为的，亦只定协助组织卖淫罪一罪。理由如下：

第一，符合组织、强迫卖淫罪的行为特质。《解答》）曾规定，“组织他人卖淫罪，是指以招募、雇佣、强迫、引诱、容留等手段，控制多人从事卖淫的行为”，该规定将“强迫”作为组织卖淫的手段之一。为避免在司法实践中混淆组织卖淫和强迫卖淫的概念，《涉卖淫刑案解释》第一条将组织卖淫罪定义为“以招募、雇佣、纠集等手段，管理或控制他人从事卖淫，卖淫人员在三人以上的”，采用“招募、雇佣、纠集等手段”的表述方法，并将“控制他人卖淫”改为“管理或者控制他人卖淫”。这种“管理或者控制”主要表现在对卖淫人员和卖淫活动的管理和控制，既表现为行为人使用协商、劝说、引诱等平和的方式，就卖淫方式、服务内容、收费分成等与卖淫人员达成合意，使卖淫人员自愿服从管理；也体现在行为人使用暴力、胁迫等具有强迫特征的手段，如组织者对卖淫人员实施扣押身份证、户口簿等证件；假借代为保管的名义控制卖淫人员手机等通讯工具，以限制其与外界联系的自由；以拘禁的方式限制卖淫人员人身自由，以殴打手段迫使卖淫人员卖淫，安排人员监督卖淫交易等。这种具有强迫特征的行为表现形式与强迫卖淫罪的手段行为虽有相似之处，但行为对象却有着本质区别，前者为自愿卖淫，并与行为人形成合意、接受行为人管理和控制的卖淫人员；后者则为无卖淫意愿，被强迫从事卖淫行为的人员。

第二，非法拘禁罪罪质不能与故意杀人、故意伤害、强奸、绑架罪的罪质等比。非法拘禁本身就是强迫的一种手段，有时也是组织卖淫的一种管理、控制手段，而非法拘禁罪本身不是一个重罪。依照刑法第二百三十八条规定，非法拘禁罪，处三年以下有期徒刑。致人重伤时，才处以三年以上十年以下有期徒刑。使用暴力致人伤残、死亡的，则依照故意杀人罪、故意伤害罪定罪处罚。因此，在非法拘禁没有致人伤残、死亡的情况下，完全可以作为手段行为，被组织、强迫卖淫罪所吸收。在致人伤残、死亡的情况下，则可依照刑法第三百五十八条第三款的规定，数罪并罚。也就是说，在故意杀人罪、故意伤害罪、强奸罪、绑架罪之外，组织、强迫卖淫罪的行为人，其手段行为如果还触犯了非法拘禁罪等罪名的，完全可以根据择一重罪处断的原则，以组织、强迫卖淫罪从重处罚。

第三，符合罪刑法定原则。现实中，卖淫人员为了追求经济利益，或是自愿卖淫并接受组织管理，或是经人介绍、引诱加入卖淫组织实施卖淫行为。行为人将卖淫人员组织起来统一管理控制，以非法拘禁、殴打、侮辱等手段强制卖淫人员服从组织管理，强迫手段是组织、管理、控制的具体表现，行为人的目的仍是组织卖淫。根据罪刑法定原则，应直接定为组织卖淫罪，其中限制人身自由等手段行为可作为组织卖淫罪的量刑情节考虑。

综合以上分析，我们认为，刑法第三百五十八条第三款规定中的“等”以及《涉卖淫刑案解释》第七条第一款规定中的“等”，应该属于“等内等”。

需要注意的是，如果组织者故意实施的以上行为直接导致被组织者伤亡的，应当依照刑法第三百五十八条第三款的规定，以故意杀人罪、故意伤害罪等对组织者数罪并罚。另外，组织者对被组织者以外的其他人实施非法拘禁、殴打行为，也应当按照实施的行为定罪，与组织卖淫罪数罪并罚。

（五）行为人既引诱他人卖淫，又引诱幼女卖淫的定罪问题

《涉卖淫刑案解释》第八条第五款规定，被引诱卖淫的人员中既有不满十四周岁的幼女，又有其他人员的，分别以引诱幼女卖淫罪和引诱卖淫罪定罪，实行并罚。也就是说，引诱卖淫罪无论在定罪还是量刑上都涵括不了引诱幼女卖淫罪。其理由如下：

第一，引诱幼女卖淫罪是一个单独的刑法分则罪名。在1997年刑法之前，引诱不满十四周岁的幼女卖淫，以强迫他人卖淫罪定罪，适用强迫不满十四岁的幼女卖淫的规定，即作为强迫他人卖淫罪的法定加重情节予以规定的。1997年刑法则以专门的条款对引诱幼女卖淫行为作了规定，即第三百五十九第二款：引诱不满十四周岁的幼女卖淫的，处五年以上有期徒刑，并处罚金。也就是说，引诱幼女卖淫是一个单独的罪名，有自己单独的罪刑单位。根据《涉卖淫刑案解释》第三条规定，行为人对同一幼女既实施组织卖淫行为，又实施引诱幼女卖淫行为时，如果组织卖淫罪不具有情节严重的情形，将全案以引诱幼女卖淫罪定罪，组织卖淫罪只作为量刑情节予以考虑。如此，足以说明引诱幼女卖淫罪是我国刑法分则规定的完全独立且起点刑为五年有期徒刑的严重刑事犯罪。

第二，引诱幼女卖淫与引诱卖淫罪的罪质有很大差别。两者都是以各种手段，引诱他人卖淫的行为，都是妨害社会风化的犯罪。区别的最主要之处就是犯罪对象不同。引诱幼女卖淫罪的对象仅限于不满十四周岁的幼女，而引诱卖淫罪的对象是指不满十四周岁幼女以外的任何人，可以是女性，也可以是男性，其中包括不满十四周岁的男性。而不满十四周岁的幼女，正处在心理和生理上的发育时期，且缺少必要的自我保护意识和自我控制的能力，特别容易受到侵害，是法律重点保护的对象。因此，刑法专门规定引诱幼女卖淫罪，是以引诱幼女卖淫行为与引诱其他人员卖淫行为的罪质有较大差别为前提的。

第三，对引诱幼女卖淫罪与引诱卖淫罪分别定罪，实行并罚，有利于突出打击引诱他人卖淫犯罪中的重点。总体而言，在引诱、容留、介绍卖淫犯罪中，引诱犯罪是打击的重点。因为引诱他人卖淫是将一个没有卖淫意愿的人转变为卖淫违法犯罪人员，而容留、介绍卖淫的对象是原本就是卖淫人员或者虽然原本不是卖淫人员，但自愿卖淫的人员。因此，《涉卖淫刑案解释》在引诱他人卖淫的入罪门槛以及情节严重的构成上，均低于容留、介绍卖淫犯罪。而引诱幼女卖淫的社会危害性更大，是将缺少必要的自我保护意识和自我控制能力的幼女带入卖淫的领域，其不仅仅危害社会秩序，而且极大侵害了幼女的身心健康，对此类犯罪必须更加严厉地予以打击。由此，刑法将引诱幼女卖淫罪与引诱卖淫罪区分开来，并科以更重的刑罚，其目的是显而易见的。

实践中还发现，有的容留妇女卖淫的犯罪分子未直接引诱幼女卖淫，也未与引诱幼女卖淫的犯罪分子事前通谋，而是引诱幼女卖淫的犯罪分子将幼女带到容留妇女卖淫的窝点，交给容留妇女卖淫的犯罪分子，由容留妇女卖淫的犯罪分子将幼女接收下来容留其卖淫。对此，《最高人民法院研究室关于容留不满十四周岁的幼女卖淫应如何定罪处罚问题的电话答复》中指出，对于这种情况应当以容留他人卖淫罪定罪处罚[①]。

（六）传播性病罪与故意伤害罪的问题

传播性病罪是指明知自己患有梅毒、淋病等严重性病而卖淫、嫖娼的行为，侵犯的客体是社会秩序以及公民的身体健康。而故意伤害罪则是故意伤害他人身体的行为。两者之间在一般情况下是容易区分开来的。虽然梅毒、淋病等严重性病也会给人以健康上的伤害，但从现代医学条件而言，梅毒、淋病等严重性病都是能够治愈的。而且，传播性病罪属于行为犯，而不是结果犯，被害人无论是否实际上被传染了性病，都不影响传播性病罪的成立。因此，一般而言，传播性病行为对公民身体健康的危害后果可以被传播性病罪的罪质所涵括。

但是，行为人传播的是艾滋病病毒时，则未必以传播性病罪定罪，而可能以故意伤害罪定罪。在什么样的情况下，传播艾滋病病毒的行为以故意伤害罪定罪处罚?《涉卖淫刑案解释作》进行了明确：（1）明知自己感染艾滋病病毒而卖淫、嫖娼，致使他人感染艾滋病病毒的。行为人虽然在明知自己感染艾滋病病毒而卖淫、嫖娼，但却未发生传染艾滋病病毒的实际后果的，则以传播性病罪定罪并从重处罚。（2）明知自己感染艾滋病病毒，故意不采取防范措施而与他人发生性关系，致使他人感染艾滋病病毒的。行为人虽然明知自己感染艾滋病病毒而与他人发生性关系，但未发生传染艾滋病病毒的实际后果的，实践中多不以犯罪处理。关于传播艾滋病病毒行为以故意伤害罪定罪处罚的问题，本书第六章“传播性病罪的司法认定”已有详细论述，这里不再重复。

（七）传播性病罪与强奸罪的问题

行为人明知自己患有性病，违背妇女意志，强行奸淫妇女的行为，如何

---

① 全国人大常委会法制工作委员会刑法室编著：《中华人民共和国刑法解读》（第四版），中国法制出版社 2015 年版，第 860 页。

定罪？是定强奸罪一罪还是定强奸罪、传播性病罪两罪？

我们认为，应以强奸罪一罪定罪处罚。理由如下：

1. 行为人明知自己患有梅毒、淋病等严重性病而实施强奸犯罪时，其传播性病的行为是不能以传播性病罪定罪的。因为传播性病罪的行为方式仅限于卖淫嫖娼，非卖淫嫖娼方式，包括强奸、通奸等，均不是传播性病罪的行为方式。在此情况下，仅对所实施的强奸行为定罪处罚。但其通过强奸方式传播梅毒、淋病的行为可作为强奸的量刑情节予以考虑。

2. 行为人明知自己感染艾滋病病毒而实施强奸犯罪时，如何定罪处罚？

第一种情况是未发生传染艾滋病病毒的实际后果的。在这种情况下，行为人仅对其强奸行为负刑事责任。其传播艾滋病病毒的行为因没有实际危害后果，不能以故意伤害罪定罪，也不能以传播性病罪定罪。

第二种情况是致使被害人感染艾滋病的。在这种情况下，其传播艾滋病病毒的行为虽然触犯了刑法关于故意伤害罪的规定，但却不必认定为强奸罪和故意伤害罪的想象竞合犯，而只需要认定构成强奸罪，并依照刑法第二百三十六条第三款第五项“致使被害人重伤、死亡或者造成其他严重后果”的规定进行处罚。[①]

行为人明知自己感染艾滋病病毒而奸淫幼女的，也应当以强奸罪定罪并从重处罚。刑法第二百三十六条第三款明确规定：奸淫不满十四周岁的幼女的，以强奸论，从重处罚。

（八）拐卖妇女犯罪活动中有关涉卖淫刑事犯罪的定罪处罚问题

实践中，拐卖妇女的犯罪分子往往将被拐卖的妇女送入淫窝。主要是，诱骗、强迫被拐卖的妇女卖淫或者将被拐卖的妇女卖给他人迫使其卖淫。对这些行为，是否需要另外定罪？对此，刑法第二百四十条第一款第四项专门将其作为拐卖妇女罪的法定加重情节。也就是说，在拐卖妇女犯罪活动中，实施以上行为的，不另定罪，而是依照拐卖妇女罪定罪处罚，处十年以上有期徒刑或者无期徒刑，并处罚金或者没收财产；情节特别严重的，处死刑，并处没收财产。

---

① 详细分析，参见本书第六章“传播性病罪的司法认定”第六部分“故意传播艾滋病行为的具体认定”。

二、关于涉卖淫刑事犯罪的既遂与未遂问题

涉卖淫刑事犯罪的既未遂问题，是个比较复杂的问题，既涉及此类犯罪是属于行为犯还是结果犯的问题，也涉及此类行为的完成以何事件为标志的问题，即到底以组织等行为为既遂的标志还是以卖淫行为的完成为标志。我们认为，此类犯罪行为的既未遂判断，不能一概而论。不同类型的案件，其既未遂的判断标准是不同的。

（一）组织、容留、介绍卖淫犯罪的既未遂问题

有同志提出，行为人实施组织卖淫或者容留卖淫、介绍卖淫等犯罪时，卖淫嫖娼人员的性交易止在进行甚至还未开始时，即被公安机关查获。此时，组织、容留、介绍卖淫行为是犯罪既遂还是犯罪未遂？我们认为，组织、容留、介绍卖淫以其组织、容留、介绍行为的实施为犯罪既遂界限，即只要组织、容留、介绍行为实施完毕，就处于犯罪既遂状态。至于卖淫人员与嫖客是否实际发生了卖淫嫖娼违法活动以及卖淫嫖娼活动是否处于结束状态，都不影响组织、容留、介绍卖淫行为的既遂状态成立。其理由：（1）涉卖淫类刑事犯罪属于妨害社会管理秩序的犯罪，其犯罪客体是社会管理秩序及社会风尚，刑法惩处的是犯罪行为本身，而不是卖淫嫖娼行为。因此，以组织、容留、介绍等行为的完成状态作为此类犯罪的既遂界限符合立法目的。（2）有利于突出打击重点。刑法打击的重点不在于卖淫嫖娼行为本身，而在于组织卖淫等犯罪行为。而且，在我国，卖淫嫖娼行为除故意传播性病、故意传播艾滋病外，其本身并不构成犯罪，如果将组织、容留、介绍卖淫犯罪的既遂标准推后到卖淫嫖娼行为完成时，无疑会在一定程度上放纵犯罪，不利于准确、严厉地打击犯罪。（3）组织、容留、介绍卖淫罪是行为犯，只要实施了组织、容留、介绍他人卖淫的行为，满足犯罪构成各项要件的，不论卖淫嫖娼行为实际上是否完成，不影响本罪既遂的成立。换言之，卖淫者在行为人的组织、容留、介绍下，已与嫖娼者达成合意并基于该合意着手实施卖淫嫖娼行为的，无论卖淫嫖娼行为本身是否完成，组织、容留、介绍卖淫罪均应认定既遂。事实上，卖淫嫖娼是一个过程，为卖淫嫖娼所做的谈价格、找地点、性交易前准备、性交易过程等均属卖淫嫖娼的组成部分，只要上述一个或数个行为是在行为人的组织、容留、介绍下实施的，即构成组织、容留、

介绍卖淫罪的既遂。

组织、容留、介绍卖淫三行为中，组织卖淫与容留、介绍卖淫相比，其既遂状态还要相对提前。组织卖淫的既遂标志是行为人将卖淫人员组织起来，准备实施卖淫活动。至于是否实际已经开始卖淫，并不影响组织卖淫既遂的成立。因为刑法打击的是行为人的组织行为。而组织行为实施完毕，即说明其犯罪行为已经完成。至于组织行为完成之后，卖淫人员的卖淫情况，则属于组织行为的继续状态。因此，是否有嫖客，是否实际发生卖淫嫖娼活动，都不影响组织卖淫行为的既遂成立。而容留、介绍卖淫的既遂状态则相对延后，以卖淫人员与嫖娼者达成合意并基于该合意着手实施卖淫嫖娼行为为既遂标志。

（二）协助组织卖淫罪的既未遂问题

协助组织卖淫是组织卖淫行为的帮助犯，有独立的犯罪构成，独立的法定刑。因此，其定罪有自身的标准，其量刑有自己的幅度范围，其既遂问题也有自己的标准。判断协助组织卖淫是否既遂的关键，是行为人是否实施了协助组织卖淫的行为。根据《涉卖淫刑案解释》第四条规定，协助组织卖淫行为是指明知他人实施组织犯罪活动而为其招募、运送人员或者充当保镖、打手、管账人等行为。因此，行为人只要实施了这些行为，就属于犯罪既遂。至于组织卖淫犯罪活动中的卖淫嫖娼是否完成，甚至是否实际实施，都不影响协助组织卖淫行为的既遂。

（三）强迫卖淫罪的既未遂问题

强迫卖淫罪的既未遂判断问题，涉及被害人的意志与行为不一致的问题。也就是说，卖淫人员的卖淫行为并非出于自愿，而是被迫。这不同于组织、容留、介绍卖淫犯罪中，卖淫人员的卖淫行为是出于自愿的情形。强迫卖淫行为的发展有一个过程，包括实施强迫、他人被迫同意卖淫、准备为他人提供性服务、开始卖淫、卖淫行为完成等阶段。将上述阶段中的哪一个阶段，作为判断强迫卖淫行为的既遂标准，不能随心所欲。我们认为，判断强迫卖淫的既未遂问题，既要看行为人的强迫行为是否已经实施，也要看被强迫卖淫人员的卖淫行为是否实施。行为人的强迫行为，包括暴力、威胁或者其他手段已经实施，被强迫卖淫人员已经与嫖娼者达成合意并基于该合意着手实施卖淫嫖娼行为的，就可以认定强迫卖淫行为已经既遂。这当中，关于卖淫行为开始实施，指的是开始实施而不是已经完成。卖淫嫖娼是一个过程，为卖淫嫖娼所做的谈价格、找地点、性交易前准备、性交易过程等均属卖淫嫖娼的组成部分，只要被强迫的卖淫人员实施了上述一个或数个行为的，均应认定卖淫行为开始实施。实践中特别要注重四种状态下的既遂：（1）强迫卖淫行为完成后，卖淫人员已经进入与嫖娼人员约定地点，还未开始实施卖淫嫖娼活动，即被公安人员查获的，也应该认定为强迫卖淫行为已经既遂。（2）强迫卖淫行为完成后，卖淫人员已经进入与嫖娼人员约定的地点，随后卖淫人员逃离卖淫嫖娼场所，从而使嫖娼人员实际无法实施嫖娼行为的，也应当认定强迫卖淫罪既遂。（3）强迫卖淫行为完成后，卖淫人员已经进入与嫖娼人员约定地点，卖淫人员与嫖娼人员商谈后，嫖娼人员放弃嫖娼行为的。（4）被害人已被迫卖淫，在卖淫过程中，嫖客没有接受性服务，或者进行的只是一般猥亵行为，或者嫖客因自身原因而没能实现嫖娼目的的。上述四种状态下，均应认定强迫卖淫行为已经既遂。主要原因就是卖淫嫖娼活动已经开始实施，只是尚未进入实质性的发生性关系行为或者无法发生性关系而已。

下列情况下，应当认定为强迫卖淫罪未遂：（1）强迫行为并未实现目的，即强迫行为没有达到强制他人的目的，被害人一直拒绝卖淫的；（2）强迫行为使他人不得不同意卖淫，但被害人答应后又在卖淫前拒绝卖淫的或者在卖淫前逃脱的，则行为人仍然没有达到强制他人卖淫的目的。

（四）引诱卖淫罪的既未遂问题

引诱卖淫罪（包括引诱幼女卖淫）的既未遂判断问题，涉及被害人的意志内容转变的问题。引诱卖淫不同于强迫卖淫。强迫卖淫的卖淫人员是自始至终不同意卖淫，其卖淫完全是被强迫的。而引诱卖淫的卖淫人员是开始没有卖淫意愿，经引诱后自愿卖淫的。因此，应当以卖淫人员是否被引诱并着手实施卖淫行为作为引诱卖淫罪的既遂标志。卖淫人员意志转变且开始实施卖淫行为，即为引诱卖淫完成时。不能将卖淫行为的完成作为引诱卖淫罪的既遂标志。引诱卖淫行为的完成和被引诱对象卖淫行为的开始共同构成了引诱卖淫行为既遂的综合判断标准。

（五）传播性病罪的既未遂问题

传播性病的既未遂判断，不以性病的实际传染为标志，而以卖淫嫖娼行为的完成为标志。行为人明知自己患有梅毒、淋病等严重性病，并且实施了卖淫嫖娼行为的，其传播性病的犯罪行为即已完成。至于被害人是否实际传染上性病，有各种原因，如被害人自身身体状态抵抗了性病的传染。不能将由于被害人方面的原因而导致性病实际上未传染的事实作为认定传播性病罪未遂的依据。据此，《涉卖淫刑案解释》第十一条第二款规定："传播性病行为是否实际造成他人患有严重性病的后果，不影响本罪的成立。"这里的"不影响本罪的成立"应当理解为不影响本罪的既遂认定，而不能理解为"构成本罪，但可以认定为犯罪未遂"。

明知自己患有艾滋病或者感染艾滋病病毒而卖淫、嫖娼的，同样不以"致使他人感染艾滋病病毒"作为认定传播性病罪的既遂标志。根据《涉卖淫刑案解释》第十二条的规定，对传播艾滋病病毒的行为，在定罪上作了更为严厉的规定。即没有"致使他人感染艾滋病病毒"的，以传播性病罪定罪，从重处罚；"致使他人感染艾滋病病毒"的，认定为刑法第九十五条第三项"其他对于人身健康有重大伤害"所指的"重伤"，依照刑法第二百三十四条第二款的规定，以故意伤害罪定罪处罚处罚。

三、关于涉卖淫刑事犯罪的人数与次数问题

（一）《涉卖淫刑案解释》未将卖淫次数作为涉卖淫刑事犯罪构成标准和认定"情节严重"的依据

在《刑法修正案（九）》实施前，刑法条款及相关司法文件，将卖淫的次数作为犯罪构成以及"情节严重"的认定依据。如《决定》第二条第二项将多次强迫他人卖淫作为强迫卖淫罪"情节严重"的情形之一予以规定，《解答》第七条第一次将多次引诱、容留、介绍他人卖淫作为引诱、容留、介绍他人卖淫罪"情节严重"的情形予以规定，并在第九条第二项中明确"多次"的"多"，是指"三"以上的数（含本数）。1997年刑法第三百五十八条第一款第三项吸纳了《决定》的有关内容，将多次强迫他人卖淫作为强迫卖淫罪"情节严重"的情形之一予以规定。《刑法修正案（九）》取消了组织、强迫卖淫"情节特别严重"的规定，对组织、强迫卖淫"情节严重"的情形也不再详细规定，而是交由司法解释规定。

在司法实践中，有不少法院对于将卖淫次数作为构成犯罪和认定"情节严重"标准提出了异议，认为不宜将卖淫次数作为构罪标准和认定"情节严

重”标准。主要理由：(1) 司法实践中，卖淫的次数取证通常比较困难，认定犯罪的证据往往较为缺乏。(2) 组织卖淫的次数与人数相比，显然人数的危害比次数大得多。一个人卖淫数次与数人卖淫，其危害是不一样的，对卖淫者所起的潜在引导作用也是不一样的。(3) 在引诱卖淫犯罪中，引诱人数和次数在一般情况下是一致的，多次引诱一人卖淫的情况很少会发生。

经过调研，各地法院普遍赞同不以组织卖淫的次数衡量组织、强迫、引诱、容留、介绍卖淫情节是否严重，而应以组织、强迫、引诱、容留、介绍卖淫的人数、造成被组织卖淫者伤亡后果及卖淫人员自身的情况，如：未成年人、孕妇、智障人员、患有严重性病的人等来认定情节是否严重。我们认为，总的来说，认定组织、强迫、引诱、容留、介绍他人卖淫“情节严重”，应当从卖淫人数、时间长度、社会影响等方面综合考虑，不能仅以卖淫次数认定是否构成“情节严重”。因此，《涉卖淫刑案解释》未将卖淫次数作为涉卖淫刑事犯罪构成标准和认定“情节严重”的依据。而是在规定涉卖淫类犯罪的入罪门槛以及“情节严重”情形时，从增强可操作性，有利于公安机关更快地查明案件基本事实出发，摒弃了以往常用的“人次”的概念，而改为以“人数”作为计量标准。

当然，《涉卖淫刑案解释》对卖淫次数问题也是有充分的考虑的。一是专门设置第十条，将组织、强迫、引诱、容留、介绍他人卖淫的次数，作为法定刑幅度内的量刑情节。此规定既明确犯罪构成、犯罪情节严重的认定不以卖淫次数为界线，又指导各级法院在办理此类案件时，如何运用好卖淫次数这一事实因素。二是将组织卖淫犯罪活动“非法获利人民币一百万元以上”作为“情节严重”的情形之一。将引诱、容留、介绍卖淫犯罪活动“非法获利人民币三万元以上”作为“情节严重”的情形之一。而强迫卖淫犯罪中，如果强迫卖淫次数多、情节恶劣的，也可以根据《涉卖淫刑案解释》第六条第一款第六项的规定，认定为“其他情节严重的情形”。这是因为，如果卖淫次数确实较多，相应地，组织、强迫、引诱、容留、介绍卖淫行为人非法获利也较多。而相比来说，非法获利较好查证。卖淫活动获利越多，越能在较大程度上反映其卖淫的次数，体现涉卖淫犯罪行为严重的社会危害性。从收集证据角度来看，获利情况相对容易查明，将获利情况作为情节严重与否的标准，也有利于使一些反侦察意识较强、对卖淫者的信息实行一定保护致使公安机关查处困难的犯罪分子难以逃避打击。

（二）如何计算涉卖淫刑事犯罪案件中的卖淫人数

在如何计算人数的问题上，有两个问题需要解决。一是如何理解《涉卖淫刑案解释》第九条第一项规定的“引诱五人以上或者引诱、容留、介绍十人以上卖淫”认定为引诱、容留、介绍他人卖淫“情节严重”的人数问题。我们理解：引诱、容留、介绍卖淫是选择性罪名。如果被引诱卖淫的人数达到五人以上的，即构成情节严重。如果被引诱卖淫的人数不到五人，但被引诱、容留、介绍卖淫的人数累计达到十人以上的，也构成情节严重。[①] 二是同一卖淫人员，先后进了退，退了又进入同一个卖淫犯罪团伙或者容留卖淫场所，如何对其计算人数？我们认为，在卖淫人数已经作为涉卖淫类犯罪入罪门槛和界定是否属于“情节严重”的标准这一背景下，同一个卖淫人员先进后退，又进入，甚至多次“进退进”的，仍然应该按照一人来计算，不能重复计算人数。

（三）卖淫人数的认定要坚持证据裁判原则

在认定卖淫人员的人数时，既要坚持证据裁判原则，严格认定具体人数，又不能局限于仅以查处时现场查获的人数作为卖淫人数。认定某人是否属于卖淫人员，比较齐全的证据包括：卖淫人员的证言，嫖娼人员的证言，被告人的供述，有关书证，现场物证等。对于现场抓获的卖淫嫖娼活动，上述证据容易收集。但对于现场抓获之前已经发生的卖淫嫖娼活动，要根据涉卖淫类刑事案件的自身特点来认定事实和证据，特别是嫖娼人员的证言往往难以取得，有的卖淫人员在案件查获时已经离开卖淫场所，其证言也常常不易取得。在这种情况下，除被告人供述外，还要注重对相关证人证言如服务员的证言，其他知情卖淫人员的证言，相关书证甚至视频证据，特别是账单、电脑数据等证据的收集和审查判断。在基本证据扎实、基本事实清楚的前提下，要依法、果断地认定相关卖淫人数，而不能因为卖淫嫖娼人员的证言难以取得就轻易地不予认定相关事实。在基本事实确定的情况下，对卖淫人数、次数，有时可以采取模糊表述的方式，如十余人，一百余次。但这种模糊表述的前提是基本事实清楚，基本证据扎实。如表述卖淫人员十余人时，对卖淫人员达到十人这一基本事实必须证据确实、充分。不能在卖淫人员是否达到

---

① 周峰、党建军、陆建红、杨华：《〈关于办理组织、强迫、引诱、容留、介绍卖淫刑事案件适用法律若干问题的解释〉的理解与适用》，载《人民司法》2017年第25期。

十人这一基本事实还不清楚的情况下，作出卖淫人员十余人的表述。

四、关于涉卖淫犯罪的量刑原则问题

（一）正确理解取消涉卖淫类犯罪的死刑问题

《刑法修正案（九）》取消了组织、强迫卖淫罪的死刑。实践中，有的同志认为，立法上的这一修改表明，我国对组织、强迫卖淫犯罪的打击力度减弱了。我们认为，这一理解是错误的。严格地说，从严打击严重危害社会治安的刑事犯罪的基本刑事政策并没有变，但却要求打击更为准确。《刑法修正案（九）》取消组织、强迫卖淫罪的死刑，丝毫没有表明对此类犯罪打击力度的减弱。取消组织、强迫卖淫罪的死刑后，最高还可以判处无期徒刑。司法实践中，该严厉惩处的，仍然应当严厉惩处，在法定刑范围内可以做到整体惩处力度不减，以确保社会治安整体形势稳定。特别是《刑法修正案（九）》增加了对组织、强迫未成年人卖淫从重处罚的规定，加大了保护少年、儿童权益的力度。而取消组织、强迫卖淫罪的死刑规定，主要是出于减少刑法关于死刑罪名的考虑，但对情节特别恶劣、社会危害极其严重的刑事犯罪，依法应当判处死刑的，仍然可以判处死刑。根据司法实践经验的总结，组织、强迫卖淫犯罪中，适用死刑的大多同时犯有杀害、伤害、强奸、绑架等犯罪行为，而适用死刑也主要是因为这些犯罪行为。单纯组织、强迫卖淫犯罪被判处死刑的案件数并不多。为此，《刑法修正案（九）》增加规定，对组织、强迫他人卖淫，并有杀害、伤害、强奸、绑架等犯罪行为的，依照数罪并罚的规定处罚。据此，组织、强迫卖淫犯罪分子如果同时犯故意杀人罪、故意伤害罪、强奸罪、绑架罪，依法应当判处死刑的，依然可以依法判处死刑。这是立法技术上的一个处理，体现了“保留死刑，严格控制和慎重适用”的死刑政策。

（二）突出打击重点

涉卖淫类刑事犯罪，在我国刑法体系中，规定在分则第六章妨害社会管理秩序罪中，表明此类犯罪侵犯的客体是社会管理秩序。但是，实际上，此类犯罪的罪质并不完全相同。因此，在司法实践中，要突出打击重点。

一是要重点打击组织、强迫卖淫罪。组织卖淫罪往往具有一定的规模，社会影响恶劣，严重破坏社会风气。强迫卖淫犯罪，不仅严重侵犯公民的人身自由权利和性自由权利，而且往往还对被害人身体和精神造成巨大的创伤，具有极大的社会危害性。并且，组织、强迫卖淫犯罪有时往往背后有黑社会性质组织作为犯罪支撑。对此，更加要严厉打击。

二是在引诱、容留、介绍卖淫罪上，突出打击引诱卖淫罪。虽然刑法将引诱、容留、介绍卖淫罪作为选择性罪名规定在一个条款里，但是，于罪质而言，引诱卖淫罪的罪质要大于容留、介绍卖淫犯罪。因此，无论是刑法还是《涉卖淫刑案解释》，都体现了对引诱卖淫罪更加严厉打击的态度。于刑法条款而言，容留、介绍幼女卖淫，刑法就没有作出特别的规定，但是刑法第三百五十九条第二款却专门规定，引诱不满十四周岁的幼女卖淫的，处五年以上有期徒刑，并处罚金。于《涉卖淫刑案解释》而言，无论是在入罪门槛还是法定加重处罚情节的设置上，引诱卖淫罪的标准均低于容留、介绍卖淫罪。如引诱一人卖淫即构成犯罪，而一般情况下，容留、介绍二人卖淫才构成犯罪（容留、介绍未成年人、孕妇、智障人员、患有严重性病的人卖淫也只需一人）。

三是突出打击传播性病罪，尤其突出打击传播艾滋病的犯罪。在我国现行刑法框架内，一般的卖淫嫖娼行为仅构成违法，但不构成犯罪。而明知自己患有梅毒、淋病等严重性病而卖淫嫖娼的，刑法作了犯罪化处理。而且，《涉卖淫刑案解释》第十一条第二款特别规定："传播性病行为是否实际造成他人患上严重性病的后果，不影响本罪的成立"，注重从源头上打击犯罪，预防严重性病的传染和传播。《涉卖淫刑案解释》还专门用第十二条一个条款规定了故意传播艾滋病的犯罪行为：（1）明确规定明知自己患有艾滋病或者感染艾滋病病毒而卖淫、嫖娼的，以传播性病罪定罪，从重处罚。（2）明知自己感染艾滋病病毒而卖淫、嫖娼，或者故意不采取防范措施而与他人发生性关系，致使他人感染艾滋病病毒的，认定为刑法第九十五条第三项"其他对于人身健康有重大伤害"所指的"重伤"，以故意伤害罪定罪处罚。简言之，明知自己患有艾滋病或者感染艾滋病病毒而卖淫、嫖娼，如果没有发生传染艾滋病病毒的后果的，以传播性病罪从重处罚；如果发生传染艾滋病病毒的后果的，以故意伤害罪（重伤）定罪处罚。因此，在审理涉卖淫类刑事案件时，特别是在侦查阶段，要注重对卖淫、嫖娼人员的身体检查，看是否患有严重性病，查其对自己患有严重性病是否明知，以免放纵传播性病罪。实践中，特别要注重对故意传播艾滋病犯罪行为的打击力度，要将打击故意传播艾滋病的犯罪行为提高到国家人口安全的战略高度，认真做好相关工作。

（三）坚持量刑规范化

量刑既是一个经验问题，也是一个方法问题。各地法院和广大法官在长期的量刑实践中，积累了许多经验，但也存在量刑不规范的问题。主要是估堆量刑现象比较突出，量刑透明度不高，影响了司法公信力。为此，最高人民法院在试点基础上，于 2010 年 10 月在全国中级、基层人民法院全面试行量刑规范化改革，并出台了《人民法院量刑指导意见（试行）》。在全面总结经验的基础上，结合修改后的刑法和刑事诉讼法，对《人民法院量刑指导意见（试行）》进行了修改，出台了《关于常见犯罪的量刑指导意见》，并于 2014 年 1 月 1 日起在全国法院正式实施量刑规范化工作。经过三年的经验总结，最高人民法院于 2017 年 3 月 9 日印发了修改后的《关于常见犯罪的量刑指导意见》，并于 2017 年 4 月 1 日开始实施。《关于常见犯罪的量刑指导意见》主要规定了以下内容：一是量刑的指导原则，包括以事实为根据，以法律为准绳原则，罪责刑相适应原则，宽严相济原则和量刑均衡原则。二是量刑的基本方法，包括确定量刑起点、基准刑的方法，调节基准刑的方法，确定宣告刑的方法。三是常见量刑情节的适用，包括未成年人犯罪、未遂犯、自首、立功、累犯等十种常见量刑情节的调节幅度。四是常见犯罪的量刑，包括交通肇事、故意伤害、强奸、抢劫、盗窃等十五种常见犯罪的量刑。各高级人民法院据此制定实施细则。

2017 年 5 月 1 日，最高人民法院又公布施行了《关于常见犯罪的量刑指导意见（二）（试行）》。在《关于常见犯罪的量刑指导意见（二）（试行）》中，对引诱、容留、介绍卖淫罪的量刑作了比较详细的规定（此问题在本书第五章“引诱、容留、介绍卖淫罪的司法认定”有专门论述，此处不再重复）。

在审理涉卖淫类刑事案件中，既要遵循刑法总则的有关规定，又要严格在刑法分则有关罪名的法定刑范围内量刑，既要遵循《关于常见犯罪的量刑指导意见》关于量刑指导原则、量刑基本方法和常见量刑情节适用的规定，又要严格依照《关于常见犯罪的量刑指导意见（二）》对引诱、容留、介绍卖淫犯罪案件量刑的具体规定。对于上述指导意见没有规定的组织、强迫卖淫罪，协助组织卖淫罪，传播性病罪，引诱幼女卖淫罪等刑事案件的量刑，应当根据犯罪的事实、犯罪的性质、情节和对于社会的危害程度，依照刑法和

《涉卖淫刑案解释》的规定判处刑罚。坚持“宽严相济”的刑事政策，根据案件的不同情况区别对待，该宽则宽、当严则严，宽严相济，罚当其罪。突出严厉打击少数严重的组织、强迫卖淫犯罪。

五、关于涉卖淫刑事犯罪的财产刑问题

刑法对涉卖淫类犯罪均规定了财产刑。其中，组织、强迫卖淫罪的财产刑是并处罚金，情节严重的，并处罚金或者没收财产；协助组织卖淫罪以及引诱、容留、介绍卖淫罪和传播性病罪的财产刑都是并处罚金。虽然是否营利为目的，不是涉卖淫刑事犯罪的构成要件，但是，组织、强迫、引诱、容留、介绍卖淫罪及传播性病罪既侵犯卖淫人员的人身自由，又有伤社会风化，还可能侵害不特定人员的人身健康，而犯罪分子的主观目的却主要是牟取利益。因此，刑法对涉卖淫类刑事犯罪均规定应该判处罚金或没收财产的附加刑。而且，在财产刑的规定方式上，采用的是必罚制，不是可罚制。[①]

但是，刑法对于涉卖淫刑事犯罪的罚金刑均没有在数额上予以规定。如此，在司法实践中就存在如何操作的问题，即依据什么判处？如何判处？为此，《涉卖淫刑案解释》专门对此类案件的财产刑适用作了规定。解释第十三条第一款规定：“犯组织、强迫、引诱、容留、介绍卖淫罪的，一般应当依法判处犯罪所得二倍以上的罚金。共同犯罪的，对各共同犯罪人合计判处的罚金应当在犯罪所得金额的二倍以上。”第二款规定：“对犯组织、强迫卖淫罪的被告人判处无期徒刑的，应当并处没收财产。”

（一）关于没收财产刑的运用

根据财产刑的运用原理，判处无期徒刑的一般应当并处没收财产。这一规定，在以往的司法解释和规范性文件中也曾经明确过。最高人民法院于1999年10月27日印发的《全国法院维护农村稳定刑事审判工作座谈会纪要》明确规定：“对法律规定主刑有死刑、无期徒刑和有期徒刑，同时并处没收财产或罚金的，如决定判处死刑，只能并处没收财产；判处无期徒刑的，可以并处没收财产，也可以并处罚金”。最高人民法院于2016年1月6日印发的

---

① 我国刑法对罚金的规定方式有四种：一是选处罚金，二是单处罚金，三是（必须）并处罚金，四是并处或单处罚金。

《关于审理抢劫刑事案件适用法律若干问题的指导意见》更是明确规定："判处无期徒刑以上刑罚的，一般应并处没收财产"。实践证明，这两个司法文件的规定，对于营利型犯罪，注重从财产刑上予以惩罚，不让犯罪分子在经济上得到好处是极有现实意义的。因此，《涉卖淫刑案解释》也明确规定："对犯组织、强迫卖淫罪的被告人判处无期徒刑的，应当并处没收财产。"据此，在审理组织、强迫卖淫刑事案件中，如果被告人犯组织、强迫卖淫罪被判处无期徒刑的，则法院必须对被告人并处没收财产刑。

具体实务中，应当注意的是，无论是刑法条款本身还是《涉卖淫刑案解释》，对没收财产刑均只规定没收财产。而根据刑法第五十九条的规定，没收财产是没收犯罪分子个人所有财产的一部或者全部。因此，没收财产不等于没收个人全部财产。一般而言，判处死刑的，可处没收全部财产，但判处无期徒刑的，未必没收个人全部财产。是没收个人全部财产还是没收部分财产，应当根据犯罪情节、危害后果、被告人获利情况等方面予以确定。同时，在适用没收财产刑时还应注意以下问题：（1）没收全部财产的，应当对犯罪分子个人及其抚养的家属保留必需的生活费用；（2）在判处没收财产的时候，不得没收属于犯罪分子家属所有或者应有的财产；（3）没收财产以前犯罪分子所负的正当债务，需要以没收的财产偿还的，经债权人请求，应当偿还。

（二）关于罚金刑的运用

涉卖淫犯罪被判处有期徒刑的，只能对被告人并处罚金。但是，如何判处罚金？我们认为，应当有一个明确的合理的幅度，以利于法官在审理此类案件适用刑罚时具有更强的可操作性。这个幅度的确定就是要让犯罪分子在经济上得不到任何好处。但是，对此幅度，刑法条款并没有明确规定。《涉卖淫刑案解释》对此作了明确规定，确定了罚金刑的适用幅度范围，即犯罪所得二倍以上的罚金。这一幅度在司法解释上是有先例可循的。《最高人民法院、最高人民检察院关于办理危害药品安全刑事案件适用法律若干问题的解释》（法释〔2014〕14 号）（自 2014 年 12 月 1 日起施行）第十二条规定："犯生产、销售假药罪的，一般应当依法判处生产、销售金额二倍以上的罚金。共同犯罪的，对各共同犯罪人合计判处的罚金应当在生产、销售金额的二倍以上。"《涉卖淫刑案解释》沿袭了这一方法。

在实践中，除了要依照《涉卖淫刑案解释》规定的罚金刑幅度确定罚金数目外，还得遵循《最高人民法院关于适用财产刑若干问题的规定》（法释

〔2000〕45号）（自2000年12月19日起施行）第二条关于“刑法没有明确规定罚金数额标准的，罚金的最低数额不能少于一千元”，以及“对未成年人犯罪应当从轻或者减轻判处罚金，但罚金的最低数额不能少于五百元”的规定。目的是避免有的犯罪分子虽然罪行较重，但非法获利不多，依照前述二倍比例，所判处的罚金过低的现象。在具体适用罚金刑时，对未成年人的罚金也应体现从轻、减轻处罚的原则。

（三）适用财产刑时应当注意的几个问题

有的意见认为，《涉卖淫刑案解释》对涉卖淫类刑事案件罚金刑的规定较为笼统，在实践中不易操作。主要是：（1）犯罪所得如何确定？《涉卖淫刑案解释》第二条第四项、第五条第四项、第六条第二款第三项、第八条第一款第五项、第九条第三项规定的非法获利，如何区分？（2）有证据证明的犯罪所得与实际所得明显不相符的，如何确定罚金刑？实践中，犯罪所得往往难以查清，侦查机关也未必很重视收集犯罪所得方面的证据，导致人民法院在适用罚金刑时很难把握罚金的数额，特别是有的案件，有证据证明的犯罪所得才一二百元，而《最高人民法院关于适用财产刑若干问题的规定》（法释〔2000〕45号）（自2000年12月19日起施行）（以下简称《财产刑规定》）第二条明确规定：“刑法没有明确规定罚金数额标准的，罚金的最低数额不能少于一千元”。此时如何确定罚金刑的数额？

对此，我们认为：

1. 犯罪所得与非法获利的内涵是一样的，均指犯罪行为人犯罪收入的总和，而不能理解为“利润”。无论是卖淫嫖娼本身还是组织、强迫、引诱、容留、介绍卖淫行为，都是违法犯罪行为。法律对此类行为持否定性评价，认定此类行为人由此而获得的经济利益都是非法的。至于行为人为此而付出的成本，如付给卖淫人员的费用，卖淫场所发生的相关费用，付给协助组织卖淫人、介绍卖淫人、通风报信人等的费用，都属于犯罪成本，依法不能在犯罪所得中予以扣除。即使犯罪所得不足以支付其犯罪成本，计算犯罪所得时也应该按照犯罪分子因犯罪行为所获得的全部收入计算，而不考虑犯罪成本。因此，所谓的犯罪所得或非法获利，一般情况下就是指收取嫖娼人员所有费用的总和。

2. 要正确理解《涉卖淫刑案解释》与《财产刑规定》的关系。《涉卖淫刑案解释》与《财产刑规定》都是有效的司法解释，人民法院在审理案件中，都应当依法适用。就效力而言，两者是等同的。就罚金刑的适用而言，两者也不存在矛盾之处。鉴于涉卖淫刑事犯罪既侵犯卖淫人员的人身自由，又有伤社会风化，还可能侵害不特定人员的人身健康，而犯罪分子的主观目的却主要是牟取利益，因此，在罚金刑上应当充分体现。为此，《涉卖淫刑案解释》规定了一个明确的合理的幅度。而根据《财产刑规定》第二条，罚金的最低数额不能少于一千元，对未成年人犯罪判处罚金应当从轻或者减轻，但罚金的最低数额不能少于五百元。因此，在犯罪分子罪行较重，但非法获利不多，如果依照《涉卖淫刑案解释》规定的二倍比例罚金还不到一千元时，就应当根据《财产刑规定》，处以最低一千元的罚金刑，对未成年人罪犯则处以最低五百元的罚金刑。

实践中，应当注意的是，判处财产刑的依据是被告人的刑期以及犯罪所得，而不是被告人的实际经济状况。凡法律规定并处罚金或者没收财产的，均应当依法并罚，被告人的执行能力不能作为是否判处财产刑的依据。确实无法执行或不能执行的，可以依法执行终结或者减免。

六、有关解释不一致的，如何适用

（一）关于最高人民法院、最高人民检察院《解答》

该解答所依附的《决定》有关刑事责任方面的规定已经被现行刑法所吸纳，并且刑法与《决定》相比，在罪刑规定方面有较大变化，因此，《解答》无法解决司法实践中的诸多问题。2013 年，两高经对司法解释进行清理，宣布废止了《解答》。因此，《解答》不能在司法工作中再予以引用。

（二）关于《最高人民检察院、公安部关于公安机关管辖的刑事案件立案追诉标准的规定（一）》[①] 以及《最高人民检察院、公安部关于公安机关管辖的刑事案件立案追诉标准的规定（一）的补充规定》[②]

总体而言，《规定一》和《规定一补充规定》的立案标准，大部分内容与

① 公通字〔2008〕36 号，2008 年 6 月 25 日印发，以下简称《规定一》。
② 公通字〔2017〕12 号，2017 年 4 月 27 日印发，以下简称《规定一补充规定》。

刑法、《涉卖淫刑案解释》是没有冲突的，依然可以适用。比如，《规定一》第七十五条："以招募、雇佣、强迫、引诱、容留等手段，组织他人卖淫的，应予立案追诉。"第七十六条："以暴力、胁迫等手段强迫他人卖淫的，应予立案追诉。"第七十七条："在组织卖淫的犯罪活动中，充当保镖、打手、管账人等，起帮助作用的，应予立案追诉。"第七十九条："引诱不满十四周岁的幼女卖淫的，应予立案追诉。"第八十条："明知自己患有梅毒、淋病等严重性病卖淫、嫖娼的，应予立案追诉。"《规定一补充规定》第十二条："在组织卖淫的犯罪活动中，帮助招募、运送、培训人员 3 人以上，或者充当保镖、打手、管账人等，起帮助作用的，应予立案追诉。"

但是，《规定一》也有与《涉卖淫刑案解释》不相符的地方。主要体现在：《规定一》关于引诱、容留、介绍他人卖淫的立案追诉标准与《涉卖淫刑案解释》规定的入罪标准有差异。《规定一》第七十八条规定：引诱、容留、介绍他人卖淫，涉嫌下列情形之一的，应予立案追诉：（一）引诱、容留、介绍二人次以上卖淫的；（二）引诱、容留、介绍已满十四周岁未满十八周岁的未成年人卖淫的；（三）被引诱、容留、介绍卖淫的人患有艾滋病或者患有梅毒、淋病等严重性病。（四）其他引诱、容留、介绍卖淫应予追究刑事责任的情形。两者的差异在于：《规定一》对引诱、容留、介绍他人卖淫的立案追诉标准为引诱、容留、介绍二人次以上卖淫。而《涉卖淫刑案解释》则取消了人次的概念，以人数为标准；且在入罪标准上与《规定一》相比，有的提高了入罪门槛，有的则降低了入罪门槛。（1）关于引诱卖淫。根据《规定一》，引诱二人次以上卖淫，才予以刑事立案，而根据《涉卖淫刑案解释》第八条规定，引诱一人卖淫即构成犯罪。两者相比，《涉卖淫刑案解释》降低了引诱卖淫的入罪门槛，体现了引诱卖淫罪质重于容留、介绍卖淫的实际情况，也体现了对引诱卖淫从严打击的立场。（2）关于容留、介绍卖淫。根据《规定一》，容留、介绍二人次以上卖淫即予以刑事立案，也就是说，容留、介绍一人二次卖淫，也可刑事立案，而根据《涉卖淫刑案解释》第八条规定，容留、介绍二人卖淫才构成犯罪。两者相比，《涉卖淫刑案解释》提高了容留、介绍卖淫的入罪门槛，体现了将容留、介绍卖淫与引诱卖淫相区别的态度，目的就是为了突出打击重点。（3）无论是引诱、容留还是介绍卖淫，《涉卖淫刑案解释》皆取消了人次的规定，代之以人数，目的是为了更具可操作性。因为，司法实践表明，引诱、容留、介绍人数的认定比次数的认定在证据上更加简便，侦查机关取证的难度也更低些。

上述《规定一》与《涉卖淫刑案解释》不相符之处，应当以《涉卖淫刑案解释》为标准。一是从发布时间看，《涉卖淫刑案解释》后于《规定一》，后发布的规范性文件往往具有对前发布的规范性文件具有修正、补充的功能。二是从效力上看，《涉卖淫刑案解释》属于最高人民法院、最高人民检察院联合发布的司法解释，其效力比一般的规范性司法文件更高，如有冲突，应当以司法解释为准。况且，最高人民检察院既是《规定一》的发布主体，也是《涉卖淫刑案解释》的发布主体，说明最高人民检察院是认可《涉卖淫刑案解释》对《规定一》的修正和补充的。

第八章　关于特殊行业涉卖淫犯罪的定罪处罚问题

一、法律有关规定

（一）刑法的有关规定

第三百一十条　明知是犯罪的人而为其提供隐藏处所、财物，帮助其逃匿或者作假证明包庇的，处三年以下有期徒刑、拘役或者管制；情节严重的，处三年以上十年以下有期徒刑。

犯前款罪，事前通谋的，以共同犯罪论处。

第三百五十八条　组织、强迫他人卖淫的，处五年以上十年以下有期徒刑，并处罚金；情节严重的，处十年以上有期徒刑或者无期徒刑，并处罚金或者没收财产。

组织、强迫未成年人卖淫的，依照前款的规定从重处罚。

犯前两款罪，并有杀害、伤害、强奸、绑架等犯罪行为的，依照数罪并罚的规定处罚。

为组织卖淫的人招募、运送人员或者有其他协助组织他人卖淫行为的，处五年以下有期徒刑，并处罚金；情节严重的，处五年以上十年以下有期徒刑，并处罚金。

第三百五十九条　引诱、容留、介绍他人卖淫的，处五年以下有期徒刑、拘役或者管制，并处罚金；情节严重的，处五年以上有期徒刑，并处罚金。

引诱不满十四周岁的幼女卖淫的，处五年以上有期徒刑，并处罚金。

第三百六十一条　旅馆业、饮食服务业、文化娱乐业、出租汽车业等单位的人员，利用本单位的条件，组织、强迫、引诱、容留、介绍他人卖淫的，依照本法第三百五十八条、第三百五十九条的规定定罪处罚。前款所列单位的主要负责人，犯前款罪的，从重处罚。

第三百六十二条　旅馆业、饮食服务业、文化娱乐业、出租汽车业等单位的人员，在公安机关查处卖淫、嫖娼活动时，为违法犯罪分子通风报信，情节严重的，依照本法第三百一十条的规定定罪处罚。

（二）司法解释

《涉卖淫刑案解释》第十四条　根据刑法第三百六十二条、第三百一十条的规定，旅馆业、饮食服务业、文化娱乐业、出租汽车业等单位的人员，在公安机关查处卖淫、嫖娼活动时，为违法犯罪分子通风报信，情节严重的，以包庇罪定罪处罚。事前与犯罪分子通谋的，以共同犯罪论处。

具有下列情形之一的，应当认定为刑法第三百六十二条规定的“情节严重”：

（一）向组织、强迫卖淫犯罪集团通风报信的；

（二）二年内通风报信三次以上的；

（三）一年内因通风报信被行政处罚，又实施通风报信行为的；

（四）致使犯罪集团的首要分子或者其他共同犯罪的主犯未能及时归案的；

（五）造成卖淫嫖娼人员逃跑，致使公安机关查处犯罪行为因取证困难而撤销刑事案件的；

（六）非法获利人民币一万元以上的；

（七）其他情节严重的情形。

二、特殊行业的司法认定

（一）特殊行业的范围界定

从刑法第三百六十一条和第三百六十二条内容可知，特殊行业是指旅馆业、饮食服务业、文化娱乐业、出租汽车业等，对以上四类行业，可作如下界定：

“旅馆业”是指接待旅客住宿的行业，包括旅馆、饭店、宾馆、酒店、招待所、路边店、客货栈、车马店、浴池等。根据《旅馆业治安管理办法》的规定，旅馆业包括国营、集体、个人经营的，合伙经营的，中外合资、中外合作经营的和外国独资经营的；既包括专营的，也包括兼营的；既包括常年经营的，也包括季节性临时经营的。旅馆业因其空间具有私密性使其具备从事卖淫嫖娼的天然优势，是目前最主要的卖淫嫖娼场所。

“饮食服务业”包括“饮食业”和“服务业”两个行业。“饮食业”包括餐厅、饭馆、酒吧、咖啡厅等。“服务业”是指利用一定的设备、工具，提供劳动或物品为社会生活服务的行业，包括发廊、按摩院、美容院、浴池等。司法实践中，有的会所，兼具有餐饮、服务、住宿等功能，应该认定为“饮食服务业”。

“文化娱乐业”是指提供场所、设备、服务，以供群众娱乐的行业，如歌厅、舞厅、音乐茶座、康乐宫、夜总会、影剧院、会所等。

“出租汽车业”是指出租汽车服务的行业，包括出租车公司和网约车公司。出租汽车业被列入特殊行业原因一是在于出租汽车在卖淫嫖娼活动中经常扮演运输者的角色，为其他三大行业输送卖淫人员和嫖客，二是出租汽车长期奔跑于城市各个角落，对城市中卖淫嫖娼类场所的分布熟悉，占尽通风报信的天时地利。

（二）对“等”字的理解

本条在列举四类行业之后用了一个“等”字。通常对用于列举之后“等”字的理解有两种相反的含义：一是表示列举未尽；二是表示列举后煞尾。司法实践对刑法条文中出现的“等”字采取何种解释并没有统一的适用标准，但对法律条文中“等”字的理解通常是决定罪与非罪、罪轻与罪重的大问题。具体到本条规定，对“等”字的理解，涉及本罪主体是否可以超出四类行业范畴的问题。

从字面意义看，无法推断出列举已穷尽。实践中，社会上还存在四类行业以外的单位的人员可以作出本条法律所禁止的行为，比如停车场。作为酒店、餐厅、洗浴中心等公共服务行业的配套设施，广泛并且独立的存在着，这些独立经营的停车场的管理员同样可以在公安机关查处时，为违法犯罪分子通风报信，甚至在某些情况下比条文中列明的主体更为方便、快捷；再比如新型的模特公司、礼仪公司、演艺类学校等人员参与卖淫活动，这些行业也无法归入上述四类行业中。

从立法目的看，本条文是对 1991 年 9 月 4 日全国人大常委会《决定》第八条的吸纳而来。该规定的意旨在于打击为卖淫嫖娼活动进行通风报信的行为，受当时社会经济发展情况的影响和制约，条文只列举了四类行业。随着经济社会的发展变化，社会公共娱乐服务行业也在不断更新和发展，如果只将打击范围局限于四类行业，将导致法条无法跟进时代步伐。立法者专门加一个“等”字，正是考虑了社会进步与法律滞后的关系，赋予法条更长久的生命力。因此，将上述四类行业之外，具有与四类行业相同性质，具有通风报信的便利条件（与行业相密切关联的职能条件）的行业认定为通风报信的特殊行业，是符合罪刑法定原则的。

（三）对“单位的人员”的理解

单位的人员是指单位的全体工作人员，包括单位的负责人和职工，非单位的人员通风报信，不应当适用刑法第三百六十二条的规定。

之所以规定“单位的人员”才能构成通风报信的主体，主要是因为这类人员具有职务或者职业之便。因此，在下列情况下，行为人即使实施了通风报信行为，也不能依照刑法第三百六十二条的规定定罪处罚。一是非“单位的人员”。比如在酒店、餐厅附近做生意的个体户、小摊贩，这类人群常伴随一些公共服务娱乐行业的场所而存在，往往知晓场所内外发生的事情，与场所内的部分工作人员熟识，也具备通风报信的便利条件，但因为他们不属于任何一个单位，不能认定为刑法第三百六十二条规定的“单位的人员”。当然，如果这类人受卖淫、嫖娼活动的组织、领导者指派，专门负责通风报信的，则另当别论，依法可作为共同犯罪分子处理。二是“单位的人员”没有利用职务或者职业之便所实施与本单位无关的通风报信行为。如某餐厅的员工甲下班回家，在路上正好看见公安机关在查处卖淫、嫖娼活动，就“好心”走进路边的某旅馆予以提醒，导致该旅馆的卖淫、嫖娼活动未能被公安机关发现并查处，甲对于该旅馆而言，只是一个毫不相干的路人，他的通风报信行为不是因为职务在身或与其职业有关，故不能认定为刑法第三百六十二条规定的“单位的人员”。

综上分析，对“单位的人员”的理解应当同时把握两个条件，一是其属于事发单位的人员，二是其通风报信行为利用了职务或者职业的便利。

三、特殊行业人员组织、强迫、引诱、容留、介绍卖淫行为的定罪处罚

刑法第三百六十一条关于特定行业的人员组织、强迫、引诱、容留、介绍卖淫的处理规定，属于注意规定，即该条是在刑法第三百五十八条、第三百五十九条规定前提下的提示性规定，对第三百五十八条、第三百五十九条规定的内容未作实质性修改，是对相关内容的重申，并在其基础上作出“主要负责人从重处罚”的规定。因此对特定行业人员组织、强迫、引诱、容留、介绍卖淫行为的认定可参考本书第二章至第五章的内容，同时，在适用刑法第三百六十一条时还应注意以下三方面内容。

（一）如何认定“利用本单位的条件”的特定手段

刑法第三百六十一条除明确“组织、强迫、引诱、容留、介绍卖淫”这几种行为方式外，还规定“利用本单位的条件”是这几种行为的前提条件。刑法体系中，类似“利用”某种条件来限制行为方式的规定不少，例如刑法第三十七条之一规定“因利用职业便利实施犯罪，或者实施违背职业要求的特定义务的犯罪被判处刑罚的”，第一百六十三条“公司、企业或者其他单位的工作人员利用职务上的便利”，第二百五十九条“利用职权、从属关系，以胁迫手段奸淫现役军人的妻子的”，第三百八十二条关于贪污罪的规定“利用职务上的便利”等，主要以“利用职务上的便利”“利用职权”为手段条件，本条中“利用本单位的条件”在刑法体系中独一无二。

“本单位的条件”具体表现形式主要为两种：一是物质资源，具体到本条规定的旅馆业、饮食服务业、文化娱乐业的物质条件主要是指场所、资金、设备等卖淫嫖娼活动所需的一切实体条件；而出租汽车业的物质条件则主要是指其运输功能，与其他三大行业形成卖淫嫖娼活动的运输服务供应链。二是人力资源，特殊行业卖淫活动趋于集团化、系统化，经营卖淫活动有赖于各类人员按照组织内部分工、管理与经营的流程和制度去实施。按照分工不同，可以将这些人员大致分为三类：一是卖淫组织的最高决策者，在卖淫活动中起组织、指挥作用，决定其他从事卖淫活动的人员分工，提供经营所必需的物质基础条件；二是卖淫组织的中层经营、管理者，负责经营卖淫场所和管理卖淫相关人员，制定具体实施计划和流程；三是一般工作人员，按照

上级指示办事，从事收银、负责营销“招揽嫖客”、充当打手强迫他人卖淫等。

虽然刑法第三百六十一条规定了“利用本单位的条件”这一特定手段，但在司法实践中，这一限制条件并未起到实质性的作用。特殊行业之所以成为卖淫嫖娼活动的高发场所，正是因其具备上述物质和人员条件的优势，其进行卖淫嫖娼活动势必会利用本单位的各种软硬条件，在认定此类犯罪行为时主要是从行为人所实施的具体行为去分析认定，不必过多纠结于是否利用了本单位的条件。

（二）是否包含协助组织卖淫的行为

刑法第三百六十一条规定特殊行业人员利用本单位的条件，组织、强迫、引诱、容留、介绍他人卖淫的，依照刑法第三白五十八条、第三百五十九条的规定定罪处罚，但刑法第三百五十八条、第三百五十九条规定的行为类型除了组织、强迫他人卖淫和引诱、容留、介绍他人卖淫外，还包括协助组织卖淫行为，那么特殊行业人员实施协助组织卖淫行为是否适用刑法第三百六十一条的规定呢？本书的观点是肯定的。

从法律渊源来看，协助组织卖淫行为是组织卖淫罪的帮助犯，原本就是从组织卖淫罪中分离出来的。

从立法修改过程看，《决定》首次对“协助组织卖淫”和特殊行业人员实施卖淫犯罪作出相关规定，但《决定》对“协助组织卖淫”行为只规定简单罪状和刑罚，1992 年两高出台的《解答》才正式确定“协助组织卖淫罪”，1997 年刑法才将组织卖淫罪和协助组织卖淫罪的相关内容吸纳进去作为刑法第三百五十八条，2011 年《刑法修正案（八）》、2017 年《涉卖淫刑案解释》对刑法第三百五十八条、第三百五十九条不断地作出细化规定，而刑法第三百六十一条的雏形自首次出现在《决定》后，1997 年刑法几乎是原文照搬，之后的司法解释也均未涉及对本条的修改，从而导致刑法第三百六十一条与第三百五十八条、第三百五十九条在行为方式上出现偏差。

从法律实施看，刑法第三百六十一条是注意规定。即便其行为方式未列出协助组织卖淫行为，特殊行业单位的人员实施了协助组织卖淫的行为，仍然可以按照协助组织卖淫罪定罪处罚。而立法将协助组织卖淫行为单独成罪的原因在于此类行为在司法实践中呈现出常态化和相对独立性，为了更好地打击此类犯罪才作出的修改。如果将特殊行业人员协助组织卖淫行为排除对刑法第三百六十一条的适用，将导致该类犯罪行为无法适用“主要负责人从重处罚”的规定，这与立法者对协助组织卖淫罪作出修改的立法初衷是不符的，不利于打击此类犯罪。

（三）如何认定“主要负责人”

刑法第三百六十一条第二款对单位的主要负责人作出了从重处罚的规定，正确认定“主要负责人”是适用本款规定的前提。

1. 对“主要负责人”的理解

刑法未对“主要负责人”作出解释，我们可先从其他行政法规对“主要负责人”的规定去理解这一概念，例如建设部在《建筑施工企业主要负责人、项目负责人和专职安全生产管理人员安全生产考核管理暂行规定》明确说明“建筑施工企业主要负责人是指对本企业日常生产经营活动和安全生产工作全面负责、有生产经营决策权的人员，包括企业法定代表人、经理、企业分管安全生产工作的副经理等”，概括而言，这里的“主要负责人”是对工作全面负责并有决策权的人。会计法第五十条规定“单位负责人是指单位的法定代表人或者法律、行政法规规定代表单位行使职权的主要负责人”，这里“法律、行政法规规定代表单位行使职权的主要负责人”是指依法代表非法人单位行使职权的负责人，如代表合伙企业执行合伙企业事务的合伙人、个人独资企业的投资人等。根据会计法的规定，单位负责人不包括具体负责经营管理事务的负责人，如公司制企业的总经理等。

具体到特殊行业涉卖淫犯罪中，我们认为“主要负责人”应该是指组织主持本单位全面工作、具有最高决策权并对本单位承担全部责任的人，包括法定代表人或者非法人单位的执行合伙企业事务的合伙人、个人独资企业的投资人。

2. 负责日常经营和管理的人员不能认定为“单位负责人”

司法实践中，对在卖淫场所进行经营和管理的人员如总经理、店面经理、涉卖淫部门经理是否认定为“单位负责人”存在不同意见。我们认为，一般而言，这类人虽然在日常经营中具有管理权限，但均有其职权范围，经营、管理权有限，如其不能同时具备主持本单位全面工作和拥有最高决策权这两个条件，就不应认定为“单位负责人”。

四、特殊行业通风报信行为的定罪处罚

（一）特殊行业人员通风报信行为的罪名适用问题

刑法第三百六十二条规定“特殊行业人员通风报信行为，情节严重的依照刑法第三百一十条的规定处罚”，刑法第三百一十条的罪名是窝藏、包庇罪，为选择性罪名。法条只规定了“通风报信”一个行为，因而只能择其一而适用之，不可能既定窝藏又定包庇。由于通风报信行为既不属于“提供处所、财物”，又不属于“作假证明包庇”，因此司法实践中，将此类行为定性为窝藏罪还是包庇罪一直存在争议。在该行为的罪名问题在无明确定论的情况下，《涉卖淫刑案解释》为司法实践指明了路径，《涉卖淫刑案解释》第十四条第一款明确规定：“旅馆业、饮食服务业、文化娱乐业、出租汽车业等单位的人员，在公安机关查处卖淫、嫖娼活动时，为违法犯罪分子通风报信，情节严重的，以包庇罪定罪处罚。”

我们认为，《涉卖淫刑案解释》将该行为认定为包庇罪，既具有刑法理论依据，也具有实践依据，操作性强。第一，刑法第三百六十二条的行为依照刑法第三百一十条规定定罪处罚，不必适用第三百一十条规定的犯罪构成，只需要适用第三百一十条规定的罪名和刑罚即可。第二，从字面理解，通风报信并不是提供隐藏处所或者提供财物，与“窝藏”并不相干，而“包庇”一词，有袒护、掩护之意，可涵盖通风报信行为。第三，刑法第三百六十二条系吸纳《决定》第八条“旅馆业、饮食服务业、文化娱乐业、出租汽车业等单位的负责人和职工，在公安机关查处卖淫、嫖娼活动时，隐瞒情况或者为违法犯罪分子通风报信的，依照刑法（1979 年刑法）第一百六十二条的规定处罚”，《决定》第八条比刑法第三百六十二条的规定多了“隐瞒情况”的情形，而“隐瞒情况”则是典型的包庇行为，属于“作假证明包庇”。我们可从《决定》的相关规定中分析出当时的立法意图，可以说，1997 年刑法第三百六十二条的规定和《决定》第八条的规定，虽然在文字上有所变化，但立法意图则是一脉相承的。第四，学理上，也是普遍赞同以包庇罪定罪的，如陈兴良教授主编的《刑法疏议》认为，应以包庇罪论处[①]；最高人民法院研究

---

① 陈兴良主编：《刑法疏议》，中国人民公安大学出版社 1997 年版，第 584～585 页。

室主编《中华人民共和国刑法修订本》也将刑法第三百六十二条的行为表述为包庇罪[①]。第五，最高人民法院以司法解释的形式确定后，全国法院遵照即可。

（二）特殊行业人员通风报信行为的构成要件

1. 犯罪的主观方面

（1）是否需要“明知”

特殊行业人员通风报信行为在罪过方面体现为直接故意，即行为人明知有卖淫、嫖娼的违法犯罪活动发生，而在公安机关查处卖淫、嫖娼活动时，为违法犯罪分子通风报信。比如某旅社老板一直以为甲和他人在旅社房间吸毒，在公安机关进行查处活动时多次为甲通风报信，但实际上甲和他人在房间内进行卖淫嫖娼活动。这种情况不能按照刑法第三百六十二条对甲进行处理，因为甲在主观上不明知有卖淫嫖娼活动发生，应当按照《治安管理处罚法》第七十四条规定“旅馆业、饮食服务业、文化娱乐业、出租汽车业等单位的人员，在公安机关查处吸毒、赌博、卖淫、嫖娼活动时，为违法犯罪行为人通风报信的，处十日以上十五日以下拘留”予以行政处罚。

（2）犯罪目的

一般情况下，行为人通风报信是为了单位或者个人的经济利益，但牟利并不是通风报信行为构成犯罪的必要条件。

关于为了单位或者个人经济利益。这里的经济利益，既包括直接经济利益，也包括间接经济利益。如旅馆业的工作人员，为了保证和增加入住旅客的客源，充当通风报信的行为人，其个人可能并没有从卖淫嫖娼犯罪分子处获得直接经济利益，但单位效益的好坏与其个人收入挂钩，在这种情况下，就可以认定行为人具有获取经济利益的目的。即使这些单位获取的利益都是走的正规渠道，只是为了招揽更多的顾客上门消费，对场馆内发生的卖淫嫖娼活动假装不知道，也不额外收取费用，在公安机关进行查处行动时为卖淫嫖娼活动相关人员通风报信，在此情况下，也仍然应当认定行为人具有获取经济利益的目的，并非一定要获取非法利益才能认定为具有获取经济利益的目的。

出于其他目的。如为了帮助违法犯罪分子逃避法律追究，出于行为人与违法犯罪分子的个人友情等等。在这种情况下，行为人的通风报信行为，如

---

① 该书由人民法院出版社 2011 年出版，有关内容见该书第 160 页。

果情节严重构成犯罪的，仍然要依照刑法第三百六十二条和第三百一十条的规定处理。理由是：(1) 刑法第三百六十二条没有明确规定本罪需以牟取非法利益为目的；(2)《涉卖淫刑案解释》第十四条第六项规定“非法获利人民币一万元以上”作为本罪“情节严重”的一种情形，说明是否获利不是入罪的前提，在其他条件不符合构罪条件的情况下，获利必须达到一万元以上才能认定为“情节严重”，才能以犯罪处理。

2. 客观方面

(1) 特定时间——公安机关查处卖淫嫖娼时

根据刑法第三百六十二条规定，通风报信行为必须发生在“公安机关查处卖淫、嫖娼活动时”。如何理解“查处卖淫嫖娼时”？从广义上讲，查处卖淫、嫖娼活动是公安机关维护社会治安秩序，制止危害社会治安秩序的违法犯罪行为的职责所在，因此，公安机关无时无刻不在查处卖淫、嫖娼活动。但是，刑法第三百六十二条的“查处卖淫嫖娼活动时”，应当从狭义角度理解，是指公安机关有较为明确的查处目标和具体实施的查处行动，既包括常规性查处行动，也包括专项查处行动。但狭义也是相对的，不能简单地理解为仅仅限于公安机关具体实施查处行动的时刻，而应理解为公安机关依法进行查处活动的全过程中的任何阶段，既包括查处卖淫、嫖娼活动的部署阶段，也包括实施阶段和收尾阶段。比如，群众举报某夜总会有卖淫嫖娼活动，公安机关决定次日凌晨对该夜总会进行突击检查，经常载客去该夜总会的某出租车司机无意中得知这个消息，并将此消息透露给夜总会，于是夜总会老板当即决定停业。虽然公安机关的查处行动尚未实施，但已经作出部署，若非出租车司机的通风报信，夜间的突击检查可能查处一批与卖淫、嫖娼活动相关的违法犯罪人员。因此，无论在公安机关查处的哪个阶段向违法犯罪分子通风报信，都属于“查处卖淫嫖娼活动时”。

(2) 特定行为——为违法犯罪分子通风报信

通风报信的对象是卖淫嫖娼活动的“违法犯罪分子”。根据刑法第三百六十二条规定，通风报信的对象是卖淫、嫖娼活动的违法犯罪分子。虽然在具体实务中，援引刑法第三百六十二条后必须适用第三百一十条，但第三百一十条的适用对象是“犯罪的人”。在这个场合，我们可以把“犯罪的人”与犯罪分子作同等看待，但必须明确刑法第三百六十二条的适用对象不仅仅限于犯罪分子，而且也包括与卖淫嫖娼活动密切相关的违法分子。之所以未构成犯罪仅是违法行为，也可适用刑法第三百六十二条和第三百一十条。理由在于：对第三百六十二条规定的行为的定罪虽然引用第三百一十条，但其犯罪构成却是独立的，即犯罪构成不依照第三百一十条的规定，而是由第三百六十二条规定。根据第三百六十二条的规定，特定行业从业人员，在公安机关查处卖淫、嫖娼活动时，为违法犯罪分子通风报信，情节严重的，即构成犯罪，并依照刑法第三百一十条规定处理。而公安机关查处卖淫、嫖娼活动未必就仅查处组织、强迫、引诱、容留、介绍卖淫犯罪活动，也可能查处卖淫、嫖娼活动本身。而卖淫、嫖娼，除明知自己患有严重性病卖淫嫖娼的行为及嫖宿不满十四周岁的幼女构成犯罪以外，一般的卖淫嫖娼行为并非犯罪行为，本来不存在通风报信构成犯罪的问题。但鉴于这种通风报信行为的违法性质较为严重，刑法作出与一般包庇犯罪所不同的规定，将通风报信的对象界定为违法犯罪分子[①]。

这里“违法分子”，是指进行卖淫、嫖娼有关的活动，触犯《治安管理处罚法》的行为人，即卖淫人员、嫖客及其他有协助组织卖淫，引诱、容留、介绍他人卖淫等行为尚不构成犯罪的人。

关于“犯罪分子”，理论界和司法实践中素来存在多种不同观点，有“判决说”“逮捕说”“事实证据说”“立案说”。我们认为，严格来说，“犯罪分子”不是一个严密的刑法学术语，它常常被使用于多种场合，其含义随着场合语境的不同而有所变化。通常情况下，“犯罪分子”是对犯罪嫌疑人、被告人、罪犯的统称，在不同的刑事诉讼阶段称谓不同。而刑法第三百六十二条所称的“犯罪分子”，有其特定的含义，即发生在“公安机关查处卖淫嫖娼活动时”，这个时间应当从公安机关部署查处行动开始，直到查处行动彻底结束，属于公安机关侦查期间，尚未进入诉讼程序，因而，此处的犯罪分子应当是指有证据证明涉嫌犯罪而尚未受到追诉的犯罪嫌疑人，不应当包括被告人和罪犯，被告人和罪犯已经过诉讼程序，不符合本罪的发案实际和客观表现。

“通风报信”的方式。通风报信是指在公安机关依法查处卖淫、嫖娼活动时，将行动地点、时间、查处方式、对象、动用的警力等情况以及其他有关信息告知组织、强迫、引诱、容留、介绍他人卖淫以及卖淫、嫖娼的违法犯罪分子，是通过各种传递消息的方法和手段，如打电话、发短信、传呼信号

---

① 参见周峰、党建军、陆建红、杨华：《〈关于办理组织、强迫、引诱、容留、介绍卖淫刑事案件适用法律若干问题的解释〉的理解与适用》，载《人民司法》2017年第25期。

和事先规定的各种联系暗号等，让从事卖淫、嫖娼活动的违法犯罪分子逃避公安机关的查处。

（3）通风报信“情节严重”的认定

根据刑法第三百六十二条规定，通风报信，情节严重的，才依照刑法第三百一十条的规定定罪处罚。“情节严重”是划分罪与非罪的唯一界限，主要是指严重干扰对卖淫嫖娼活动打击或者其他恶劣情节的。但是，由于长期以来，对何谓“情节严重”缺乏明确的界定标准，导致各级法院审理的此类案件极少。因此，各地普遍要求对如何认定“情节严重”作出明确的细化规定。公安机关也要求作出相应规定，以增加侦查工作中的可操作性，更有利于精准打击此类犯罪。《涉卖淫刑案解释》结合本罪的特点，从通风报信本身的情况，通风报信妨害司法的危害程度，通风报信者所获得的非法利益等方面，对通风报信“情节严重”的情形作出规定，即具有下列情形之一的，应当认定为刑法第三百六十二条规定的“情节严重”：①向组织、强迫卖淫犯罪集团通风报信的；②二年内通风报信三次以上的；③一年内因通风报信被行政处罚，又实施通风报信行为的；④致使犯罪集团的首要分子或者其他严重犯罪分子未能及时归案的；⑤造成卖淫嫖娼人员逃跑，致使公安机关查处犯罪行为因取证困难而撤销刑事案件的；⑥因通风报信获得非法收入累计一万元以上的；⑦具有其他应当认定为情节严重情形的。

（三）特殊行业人员与违法犯罪分子事前通谋的问题

刑法第三百一十条第二款规定，“犯前款罪，事先通谋的，以共同犯罪论处”。刑法第三百六十二条规定的通风报信行为人若事前与犯罪分子通谋的，也应以共同犯罪论处。因为《涉卖淫刑案解释》第十四条第一款也明确规定：“事先与犯罪分子通谋的，以共同犯罪论处”。之所以有这一规定，主要是为了避免将事前通谋型的通风报信行为以包庇罪处理而放纵犯罪。

实践中应当注意，并非所有事前通谋的通风报信行为都能以共同犯罪来处理。“以共同犯罪论处”须以被包庇的行为构成犯罪为前提，其罪名以被包庇的人所犯之罪来确定。刑法第三百六十二条规定通风报信的对象既包括组织、强迫、引诱、容留、介绍卖淫，协助组织卖淫，引诱幼女卖淫，传播性病以及故意伤害（根据《涉卖淫刑案解释》第十二条第二款规定，明知自己感染艾滋病病毒而卖淫、嫖娼，从而致使他人感染艾滋病病毒的，以故意伤害罪定罪处罚。）等犯罪分子，还包括卖淫、嫖娼的违法分子以及尚达不到犯罪程度的容留、介绍卖淫等违法分子。如果通风报信行为人事前与卖淫人员、嫖客等违法分子通谋，之后实施通风报信行为的，由于卖淫、嫖娼等违法行为本身不构成犯罪，故而通风报信的人也无法与之构成共同犯罪，只能在情节严重的情形下以包庇罪定罪处罚。

五、关于特殊行业实施涉卖淫刑事犯罪行为是否以单位犯罪定罪处罚的问题

有观点认为，因特殊行业具备雄厚的人力、物力资源，更容易实施涉卖淫刑事犯罪行为，也更容易隐蔽犯罪行为，逃脱法律的制裁，相比一般的自然人，该类单位实施相关犯罪行为所体现的主观恶性更深、社会危害性更大。更有甚者，某些为了从事卖淫活动设立的单位或者设立的单位主要是用于卖淫嫖娼活动的情况，整个单位的人力与物力资源都投入到了卖淫嫖娼活动中，并且单位犯罪所得是支撑单位运行的主要经济来源，单位的所有成员都是为了一个共同的犯罪目标，共同行为下的所得利益最终都归属于单位内部的所有成员[①]，若能以单位犯罪定罪处罚，更有利于惩治卖淫嫖娼类犯罪活动，从根本上终结这类单位的犯罪状态。我们认为，根据刑法第三百六十一条及刑法对单位犯罪的有关规定，特殊行业实施涉卖淫刑事犯罪行为不能认定为单位犯罪，理由如下：

（一）法无明文规定

单位犯罪具有法定性，必须由刑法分则或分则性条文明确规定。如果刑法没有规定单位可以犯某种罪，即使公司、企事业单位、机关团体的行为与法律规定犯罪行为相符，也不能给该单位定这种罪。根据刑法第三百六十一条的规定，明确了犯罪主体即“旅馆业、饮食服务业、文化娱乐业、出租汽车业等单位的人员”，并未规定单位可以成为该条的犯罪主体。

（二）不符合单位犯罪的认定标准

单位犯罪是公司、企业、事业单位、机关、团体为本单位牟取非法利益，经单位集体研究决定或者由有关负责人员决定实施危害社会的行为，即认定

---

① 姚瑶：《刑法第 361 条实然性至应然性研究》，载中国知网，2018 年 7 月 30 日访问。

单位犯罪必须达到两个标准：一是在犯罪过程中所表达的意志是单位整体的意志；二是犯罪活动实施的目的是为了谋取单位的非法利益。认定是否是单位整体意志有两种情形，一是单位集体决定，二是负责人个人决定。而负责人个人决定实施的犯罪行为，之所以能够归之为单位犯罪行为，就因为这种行为是以单位名义实施的，并且为单位牟取非法利益。涉卖淫类犯罪的特殊行业一般有其合法的主营业务范围，并非全员参与犯罪活动，因而不可能是单位集体的决定，该类单位实施涉卖淫类犯罪行为一般都是负责人决定，以某些部门参与为主，所得的非法利益也不是为单位牟取的，而是为参与犯罪的个人牟取的，因此不能认定为单位犯罪。

（三）不符合单位犯罪的处罚形式

单位犯罪以双罚制为主，以单罚制为辅。双罚制即对单位判处罚金，同时对直接负责的主管人员和直接责任人员判处刑罚（包括自由刑和罚金）；单罚制即只处罚自然人而不处罚单位。双罚制体现刑法对单位犯罪从重惩处的态度，相比单罚制从重的对象是整个单位，而刑法第三百六十一条规定了对单位的主要负责人从重处罚的规定，若将特殊行业涉卖淫刑事犯罪行为以单位犯罪定罪处罚，相比单罚制的单位犯罪而言不仅处罚了单位，还对主要责任人从重处罚，与单位犯罪双罚制不符。

（四）不符合立法解释和司法解释的有关规定

《全国人民代表大会常务委员会关于〈中华人民共和国刑法〉第三十条的解释》规定：“公司、企业、事业单位、机关、团体等单位实施刑法规定的危害社会的行为，刑法分则和其他法律未规定追究单位的刑事责任的，对组织、策划、实施该危害社会行为的人依法追究刑事责任。”《最高人民法院关于审理单位犯罪案件具体应用法律有关问题的解释》规定“个人为进行犯罪违法活动而设立的公司、企业、事业单位实施犯罪的，或者公司、企业、事业单位设立后，以实施犯罪为主要活动的，不以单位犯罪论处”，因此，如果单位人员实施共同犯罪的，则依照共同犯罪理论和刑法关于共同犯罪的规定进行处罚。

第九章 涉卖淫类刑事案件证据裁判若干问题

刑法分则第六章第八节“组织、强迫、引诱、容留、介绍卖淫罪”共规定了组织卖淫、强迫卖淫罪，协助组织卖淫罪，引诱、容留、介绍卖淫罪，传播性病罪等罪名。2017 年 7 月 25 日《涉卖淫刑案解释》开始实施。根据该解释的规定，明知自己患有艾滋病而与他人发生性关系的，分别视情况以传播性病罪、故意伤害罪定罪处罚；旅馆业等特定单位的人员违反刑法第三百六十二条规定的，以包庇罪定罪处罚。司法实践中，对上述涉卖淫类刑事案件，在证据裁判问题上存在一些困惑，特别是此类案件事实的认定，如何确定“证据充分”的标准，存有争议。

解决争议需要贯彻证据裁判原则，要准确的确定证明对象。在刑事诉讼中证明对象又称待证事实、证明客体，是指诉讼中需要运用证据加以证明的事实。刑事诉讼所要解决的中心问题是被告人的刑事责任问题，即被告人构成何罪、罪重还是罪轻，应否处以刑罚，处以何种刑罚的问题。确定刑事诉讼的证明范围，应当以此为出发点审查证据。准确的确定证明对象，对涉卖淫类犯罪证明有重要意义。因此，有必要从证据裁判原则出发，结合司法实践，就此类案件的证据裁判问题，从方法论上进行一些探析。

一、涉卖淫类刑事案件的证明重点是组织、强迫、引诱、容留、介绍等行为本身，而不是卖淫事实

组织、强迫、引诱、容留、介绍卖淫罪等涉卖淫类犯罪，侵犯的客体主要是社会管理秩序，特别是社会风化（当然，其中的强迫卖淫罪、传播性病罪还同时侵犯公民的人身健康权）。因此，法律所要惩处的行为是组织、强迫等行为，而不是卖淫嫖娼本身。卖淫嫖娼在此类犯罪中，只是行为的对象。虽然卖淫嫖娼本身也是违法的行为，但在涉卖淫类犯罪案件中，卖淫嫖娼属

于犯罪对象。因此，在涉卖淫类犯罪案件中，刑事诉讼证明的对象主要是组织、强迫卖淫等行为。卖淫嫖娼只能作为犯罪对象而存在（传播性病罪除外，在传播性病犯罪中，卖淫嫖娼是犯罪手段）。据此，在审查涉卖淫类刑事案件"证据充分"问题上，需要明确，犯罪行为的证据必须充分。

总体而言，根据刑事诉讼法规定，审判人员、检察人员、侦查人员必须依照法定程序，收集能够证实犯罪嫌疑人、被告人有罪或者无罪、犯罪情节轻重的各种证据。确认犯罪事实，在犯罪的客观方面需要有充分证据证明的事实包括：犯罪行为是否发生；犯罪是否是被告人所实施；犯罪行为的实施过程，包括犯罪的时间、地点、手段、方法等；犯罪造成的后果，包括犯罪行为和犯罪后果之间有无因果关系等。但各类案件，因犯罪性质的不同，证明的重点是不同的。对于涉卖淫类刑事案件，刑法打击的重点是组织、强迫、引诱、容留、介绍卖淫等行为，而不是卖淫违法活动。作为此类犯罪行为的对象即卖淫活动，当然也是案件事实的一个部分，一般而言，属于必须查清楚的事实。但相对而言，此类案件的证明重点在于组织、强迫、引诱、容留、介绍卖淫等行为。因此，在审查认定证据时，对此类犯罪行为的证明必须达到事实清楚，证据确实、充分，这是对涉卖淫类犯罪事实审查的前提和基础。

具体到个罪，刑法分则规定了各类涉卖淫类犯罪的实行行为。犯罪的实行行为是不同犯罪之间最主要的区别，不同涉卖淫类犯罪有不同的犯罪客观方面及其表现形式，具有刑法分则规定的行为才具备了构成涉卖淫类犯罪的基础。审查证据时只有证实被告人实施了涉卖淫类犯罪的实行行为，才能认定其构成涉卖淫类犯罪。所以要准确把握不同涉卖淫类犯罪的实行行为。

如组织卖淫刑事案件，其行为表现为手段行为和组织行为。手段行为主要体现在"招募、雇佣、纠集"等，当然实践中还有许多，如容留、介绍等。组织行为主要体现在"管理或者控制他人卖淫"。因此，在审查证据时，当然要审查手段行为的证据是否充分，但更要审查组织行为的证据是否充分。如果组织行为的证据不充分，那么，在实务中，只能以有利于被告人原则，根据手段行为定罪处罚。如某被告人容留卖淫的证据充分，但如果被告人在容留的基础上对卖淫人员实行了管理和控制的行为，则应当以组织卖淫罪定罪。组织行为的证据是否充分，关系到对被告人定重罪（组织卖淫罪）还是轻罪（容留卖淫罪）的问题。

又如强迫卖淫案件，其手段行为主要体现为强迫。强迫卖淫的强迫性主要表现为以下情形：（1）在他人不愿意从事卖淫活动的情况下，使用强制手段迫使其从事卖淫活动；（2）他人虽然原本从事卖淫活动，但在他人不愿意继续从事卖淫活动的情况下，使用强制手段强迫其继续从事卖淫活动；（3）在卖淫者不愿意在某地从事卖淫活动或者为某人从事卖淫活动的情况下，使用强制手段在某地或为某人从事卖淫活动。这里所说的“强迫”，既包括直接使用暴力手段或者以暴力相威胁，也包括使用其他非暴力的逼迫手段，如以揭发他人隐私或者以可能使他人某种利害关系遭受损失相威胁，或通过使用某种手段和方法，形成精神上的强制，在别无出路的情况下，违背自己的意愿从事卖淫活动。无论行为人采取哪一种强迫手段，都构成强迫他人卖淫罪。①

如被告人刘革辛强迫卖淫案。② 法院认定：2014 年年初，被告人刘革辛、陈华林与陈华远（另案处理）预谋找女孩子到娱乐场合“坐台”谋利。后三人找了黄某某、朱某某（均已满十四岁不满十六岁）到广西壮族自治区融安县“坐台”。因黄某某、朱某某“坐台”不成功，且二人与刘革辛、陈华林、陈华远在融安县的日常开支均是刘革辛支付，为此，刘革辛、陈华林、陈华远把刘革辛已支出的费用全部算在黄某某和朱某某的身上，胁迫二人在融安县卖淫得钱还给刘革辛。后因黄某某、朱某某在融安县卖淫被查处后，刘革辛、陈华林、陈华远与被告人孔新喜一起带黄某某、朱某某到浙江省杭州市“坐台”，且二人又“坐台”不成功。因刘革辛支付了本人及陈华林、陈华远、孔新喜、黄某某、朱某某等人在融安县、杭州市的吃住行等开支约 6 万元，为此在杭州市，刘革辛、陈华林、陈华远威逼黄某某、朱某某写下欠条，要二人还这笔费用（其中黄某某写了一张 4.5 万元的欠条、朱某某写了一张 1.5 万元的欠条，且均以欠陈华林的名义写），以逼二人去卖淫得钱还给刘革辛。从杭州回到广西壮族自治区柳城县后，刘革辛、陈华远、陈华林带黄某某、朱某某到柳城县沙埔镇、大埔镇及柳州市柳北区沙塘镇等地卖淫，期间刘革辛、陈华林还安排陈华远、孔新喜带黄某某、朱某某去卖淫和看管黄某某、朱某某等。其中，孔新喜带黄某某、朱某某去卖淫和看管黄某某、朱某某等一段时间后离开。黄某某、朱某某卖淫所得的钱交给刘革辛以冲抵欠款外，还用于二人与刘革辛、陈华林、陈华远的日常吃住等开支。在卖淫期间，刘革辛、陈华林、陈华远、孔新喜、黄某某、朱某某吃住行在一起，其中刘革

---

① 全国人大常委会法制工作委员会刑法室编著：《中华人民共和国刑法解读》（第四版），中国法制出版社 2015 年版，第 857～858 页。

② 案例来源：广西壮族自治区柳城县人民法院（2015）柳城刑初字第 53 号刑事判决书。

辛、陈华林、陈华远分别对黄某某、朱某某实施了殴打行为。直到2014年5月21日下午，因黄某某、朱某某趁机逃跑，朱某某被刘革辛等人抓回。刘革辛、陈华林、陈华远把朱某某拉到柳城县沙埔镇芭芒屯一果地以挖坑活埋方式威胁朱某某，后又拉朱某某到柳城县心悦宾馆开301房住宿。次日凌晨4时许，接到黄某某报案的警察来到301房间解救朱某某时，抓获刘革辛等人。

在该案中，被告人刘革辛对公诉机关指控的犯罪事实和罪名提出异议，辩解自己没有强迫他人卖淫。我们认为被告人刘革辛等人的强迫行为既包括暴力，也包括胁迫，暴力中有胁迫，胁迫中透露着暴力，因此，属于强迫卖淫的性质。认定刘革辛实施强制手段迫使黄某某、朱某某卖淫的事实清楚，证据充分。一是有被害人陈述证实，二是有同案被告人陈华林、孔新喜供述及同伙陈华远的证言相印证，三是书证欠条、医院病历等证据补强了上述言辞证据，四是被告人刘革辛在侦查阶段也作了与上述证据相印证的供述。

其他类型的涉卖淫类刑事案件，审查证据的重点也都在于行为人的行为。如引诱卖淫案件的重点在引诱卖淫行为的证据上，容留、介绍卖淫案件的重点在容留、介绍卖淫行为的证据上。当然，不同的案件还要因案件具体情况体现出不同的审查重点。例如，一般情况下，容留、介绍卖淫案件，因其构罪要件必须容留、介绍二人以上才构成犯罪，故容留、介绍的人数也就成了此类案件证据审查的重点。引诱幼女卖淫罪要求引诱的对象是不满十四周岁的幼女，故被引诱卖淫者是否为不满十四周岁的幼女就成了此类案件证据审查的重点。

二、涉卖淫类刑事犯罪构成的其他要件证据亦是审查重点

（一）犯罪主观内容即行为人行为对象是卖淫还是色情服务的主观故意方面证据必须充分

犯罪主观方面是构成犯罪的必不可少的条件，在涉卖淫类案件中，犯罪的主观方面往往涉及行为人的行为是违法还是构成犯罪？如容留二人卖淫的行为构成容留卖淫罪，容留二人提供手淫服务的行为则仅构成治安违法。虽然在理论界和实务部门对于如何理解刑法意义上的卖淫还有一定的争论。但是，目前而言，对传统的性交、肛交、口交等进入式且容易传播性病的性行为方式，认定为刑法意义上的卖淫，是没有争议的。而且，权威观点也认为，

司法实践中对于如何认定刑法意义上的卖淫，应当依照刑法的基本含义，并结合大众的普遍理解及公民的犯罪心理预期等进行认定，并严格遵循罪刑法定原则。不宜对刑法上的卖淫概念作扩大解释，刑法没有明确规定手淫等非进入式而是接触式的色情服务行为属于刑法意义上的“卖淫”，因而对相关行为就不宜入罪。[①] 据此，行为人纠集他人（包括容留、介绍甚至组织等）提供性方面的服务时，就要考察行为人的主观内容是提供卖淫服务还是一般色情服务。如果行为人主观目的就是通过纠集他人提供卖淫服务实现一定的犯罪目的，那么对行为人就可以涉卖淫类刑事犯罪定罪处罚。反之，如果行为人主观目的仅仅是纠集他们提供色情服务（如手淫、胸推等），那么对行为人就不能以涉卖淫类刑事犯罪定罪处罚。实践中，有的行为人对性服务者明确提出，服务的内容仅限于提供手淫类的色情服务，而不允许服务员超出界限提供卖淫服务。此时，如果服务人员实施了卖淫服务，就必须认真审查纠集行为人的主观内容。

需要说明的是，在主观故意方面，根据《涉卖淫刑案解释》第八条第三款的规定：“引诱、容留、介绍他人卖淫是否以营利为目的，不影响犯罪的成立。”也就是说，在涉卖淫类案件中，尽管多数犯罪存在营利目的，但是营利目的不是涉卖淫类犯罪的构成要件之一，不必证实其犯罪目的，更不用要求达到确实充分的程度。

（二）正确认定行为人的“明知”

刑法第三百六十条规定：“明知自己患有梅毒、淋病等严重性病卖淫、嫖娼的，处五年以下有期徒刑、拘役或者管制，并处罚金。”而《涉卖淫刑案解释》则多处用了“明知”一词。如第四条规定的“明知他人实施组织卖淫犯罪活动……”第十二条规定的“明知自己患有艾滋病或者感染艾滋病病毒而卖淫、嫖娼……”特别是，该解释第十一条，对如何认定刑法第三百六十条规定的“明知”作了诠释。上述条文中的“明知”内容是构成相关涉卖淫类犯罪的主观要件，也是构成犯罪的前提条件。审查证据时，应当重点围绕具体犯罪的犯罪故意内容判断证据的证明力，判断证据是否达到了确实、充分的标准。

---

① 参见周峰、党建军、陆建红、杨华：《〈关于办理组织、强迫、引诱、容留、介绍卖淫刑事案件适用法律若干问题的解释〉的理解与适用》，载《人民司法》2017 年第 25 期。

1. 涉卖淫类刑事犯罪中的“明知”都是犯罪构成要件

在我国刑法上，明知的内容有二：一是规定在总则中，作为犯罪故意的一般构成因素，对危害结果发生的必然性或者可能性的明知，即学界言之的一般明知。刑法第十四条第一款规定：“明知自己的行为会发生危害社会的结果，并且希望或者放任这种结果发生，因而构成犯罪的，是故意犯罪。”二是规定在分则中，作为犯罪故意的特定构成因素，对特定内容的明知，亦即特定明知。如刑法第三百六十条规定的对自己患有梅毒、淋病等严重性病卖淫的明知。特定明知乃相对于一般明知而言，规定于分则，要求某些犯罪在一般明知内容之外还必须对某种特殊事实有所认识。特定明知又可以区分为有明文规定的明知与未明文规定的明知。明文规定的明知如传播性病罪。未明文规定的明知，如协助组织卖淫罪，刑法第三百五十八条第四款规定的构罪要件是“为组织卖淫的人招募、运送人员或者有其他协助组织他人卖淫行为”。对于刑法未明文规定的明知，实践中也往往通过司法解释予以释明。如《涉卖淫刑案解释》第四条第一款对协助组织卖淫罪就规定：“明知他人实施组织卖淫犯罪活动而……”

对于特定明知是否属于所属法条的构成要件，有“注意性规定”和“要件性规定”之争。“注意性规定”论者认为，刑法分则中的“明知”规定是一种立法上的注意规定，而不是法律拟制。注意规定是指在“在刑法已作相关规定或以相关的、已为刑法理论所认可的刑法基本原理为支撑的前提下，提示司法者注意，以免司法人员混淆或忽略的规定”。[①] 因此它的存在无非就是提醒司法者注意某项特殊规定而已。“要件性规定”论者认为，我国刑法分则中关于“明知”的规定，属于特殊规定，即认为只有规定了“明知”才要求明知，否则不需要明知。刑法分则规定的明知是主观违法要素，同时也是主观的构成要件要素，而刑法总则规定的明知则是责任要素。因此，没有刑法分则规定的明知是欠缺违法性，而没有刑法总则规定的明知是在具备违法性的前提下缺乏有责性。[②]

我们同意后一种观点，认为刑法分则规定的特定明知，属于犯罪构成不可或缺的要件之一，而不仅仅是注意规定。根据“注意性规定”的观点，刑法分则的明知是刑法总则故意概念中明知的一种提示性规定，因此这两种明

---

① 吴学斌：《我国刑法分则中的注意规定与法律拟制》，载《法商研究》2004 年第 5 期。

② 陈兴良：《刑法分则规定之明知：以表现犯为解释进路》，载《法学家》2013 年第 3 期。

知在性质上是同一的：刑法分则规定的明知只是刑法总则规定的明知的重复而已。而同时，持该论者又认为，刑法总则规定的明知与刑法分则规定的明知之间有所不同："刑法总则规定，故意的认识因素是'明知'自己的行为会发生危害社会的结果；刑法分则某些条文对犯罪规定了'明知'的特定内容。这两种'明知'既有联系又有区别。总则中的'明知'是故意的一般构成要件，分则中的'明知'是故意的特定构成因素；只有具备分则中的'明知'，才能产生总则中的'明知'；但分则中的'明知'不等于总则中的'明知'，只是总则中的'明知'的前提"。[①] 这种情况下，刑法分则规定的明知又不同于总则规定的明知，是一种特定的明知。我们认为，如果刑法分则规定的明知是一种特定的明知，那么它就不可能仅仅是总则规定的明知的提示性规定，而是具有其特殊的功能。正如陈兴良教授所说的，分则规定的明知是主观违法要素的同时也是主观的构成要件要素，刑法总则规定的明知属于有责性要素。在通常情况下，违法要素都是客观的，法益侵害是由客观行为造成的，而刑法分则的具体罪状描述就是类型化了的法益侵害行为。在这个意义上，构成要件是违法行为类型。构成要件具有违法性推定机能，在一定程度上说，构成要件的判断就是违法性认定。但是在极少数情况下，主观要素发挥着与客观要素相同的功能。在一般情况下，通过客观行为以及结果可以进行违法性判断，当然，这里的违法性是指形式违法性，只有排除了违法阻却事由以后才能获得实质违法性。

具体到涉卖淫类犯罪，如果行为人不明知，往往也不会认识到自己行为的社会危害性，没有认识到行为的社会危害性，按照刑事古典学派的道义责任论的观点，就不能从道义上加以责难。可以说，立法者是为限制犯罪成立的范围而将"明知"作为构成要件的要素加以规定的。如：在传播性病罪中，如果行为人不知道自己患有严重性病，那么，即使其实施了卖淫嫖娼行为，也只构成治安违法，而不构成传播性病罪。

2. 关于"明知"的认定属于事实认定问题

立法往往只规定某一类犯罪（如涉卖淫犯罪）是否需要"明知"这一要件为基本构成要件，如何认定明知，严格来说，不属于立法问题，而属于司法问题。犯罪现象千奇百怪，犯罪事实也千变万化，在什么情况下可以认定为"明知"，什么情况下不能认定为"明知"，对立法和司法解释来说都是难

---

① 张明楷：《刑法学》，法律出版社 2011 年版，第 246 页。

而又难的问题，即使进行广泛调研和论证，列举了大部分情况，也都难免挂一漏万。综观以往的司法解释，在规定可以认定为“明知”情形的同时，也往往规定了一个“堵截型条款”。如《涉卖淫刑案解释》第十一条第一款规定了可以认定行为人“明知”自己患有严重性病的两种情形，即“有证据证明曾到医院或者其他医疗机构就医或者检查，被诊断为患有严重性病的”和“根据本人的知识和经验，能够知道自己患有严重性病的”后，又单独规定了一项内容，即“通过其他方法能够证明行为人是‘明知的’”。因此，立法也好，司法解释也罢，是无法完全周全地列尽“明知”情形的。而且，在起草《涉卖淫刑案解释》时，更是考虑到，“明知”的认定究其本质，实际上是一个事实认定问题，而不是一个单纯的法律问题。无论是知道还是应当知道，司法人员都应当基于一定的证据来认定。即使如同一些学者将认定分为直接认定和推定认定，也还得依靠证据。所谓的直接认定，是指依靠证据可以直接认定行为人的明知。所谓的推定认定，也是建立在前提事实成立的基础上推定行为人的明知，而前提事实的认定也同样需要依靠证据。

3. 涉卖淫刑事案件中“明知”的认定方法：直接认定和证据推定

“明知”作为涉卖淫刑事犯罪的主观构成要件，在不少时候，仅依据被告人的自认供述即可认定，这就是“明知”的直接认定。但在大多数情况下，被告人虽然实施了犯罪行为，却不承认对行为有关犯罪事实的“明知”。此时，“明知”这一主观构成要件，就作为一个主观事实，成为司法证明活动的客体，在司法审判过程中需要运用证据来证明。不能运用证据证实犯罪嫌疑人、被告人的主观心理状态，则不能证实其构成犯罪。但是“明知”属于犯罪嫌疑人、被告人的心理活动，若非自己言明，一般难以为外界所直接认知，所以司法过程中只有根据犯罪嫌疑人、被告人的供述结合其表现于外的行为过程来判断其是否“明知”。这实际上属于一种事实推定，但我们认为，其本质仍然属于证据认定。所谓证据认定是相对于仅依据行为人供述就直接认定“明知”而言的，它需要通过一定的证据事实证明行为人“明知”的主观事实。“知道”属于行为人自认的事实，而“应当知道”则是属于证据认定的事实。所谓的“应当知道”，其本质含义是行为人不承认“知道”，但事实上行为人“肯定知道”“确实知道”，不包括行为人“本应知道”而实际“真的不知道”的情况。由于明知作为犯罪构成主观方面的要素，具有内隐性，司法实践中很难认定，为了指导司法人员系统性地解决证明“明知”这种主观心理事实的困难，《涉卖淫刑案解释》在总结司法实践经验的基础上，对如何认定传播性病罪中行为人的“应当知道”作了不懈努力，通过将具有逻辑基础、同时能体现政策价值的事实关联，形成了相对成熟的一些规则并且进行总结，以司法解释的形式赋予其足够的生命力，以达到统一指导司法的效果。因此司法解释中的“应当知道”都属于法定化的“司法认定的明知”。但是，我们以为，即使依照司法解释对“应当知道”进行认定，“明知”也仍然属于主观事实认定的问题，属于证据认定性质的事实推定，而不是简单地推论、推理。对基础事实必须有充分的证据证明，并且根据基础事实逻辑地推定出“明知”这一待证的主观事实。如，关于被告人是否“明知”自己患有严重性病问题，审查证据时要审查是否有证据证明被告人就诊或者检查的医院就诊证明、化验单、支付凭证、以前患过类似病症、被告人了解上述严重性病的特征、医生或者患有严重性病的患者告知被告人患病或者可能患病的情形等。该类证据应当达到确实充分的程度，对于确实充分的标准，要结合刑法及其司法解释对具体犯罪构成要件的规定，比如这里的明知“要求的是知道自己患有严重性病或者可能患有严重性病”，如果仅仅要求证据达到“确定自己患有严重性病”而忽略了“可能患有严重性病”的构成条件，就有可能放纵犯罪。

需要明确的是，《涉卖淫刑案解释》的规定并没有扩大明知的范围，而只是明确了判断“明知”的一些客观情节方面的表征而已，根据逻辑法则和经验法则，由以上具体情节一般可以推断行为人“明知”自己患有严重性病。如果被告人能够举出反驳的证据来证实自己不知道自己患有严重性病的，则不能认定其“明知”。如，虽然行为人到医院就诊时被诊断为患有严重性病，但因行为人是文盲，医生就没告诉其病情，而仅仅开了药而已。且其他证据也证明行为人根本不懂性病的常识，也不知道自己患有严重性病。此时，就不能轻易地认定行为人明知自己患有严重性病。因此，在运用推定方法认定待证主观事实时，应当充分注意行为人的年龄、教育程度、生活环境、精神状态等个体实际情况。不能忽视对行为人是否是我们假设中的常人的审查。同时，在对主观明知进行推定时应坚持对犯罪事实进行细致、客观的分析，坚持使用尽可能多的经验规则来进行推定，防止使用单一经验规则来进行简单判断。

（三）犯罪构成中的人数、非法获利等要件事实必须证据充分

《涉卖淫刑案解释》对涉卖淫类犯罪的入罪条件进行了细化。其中一个原则是对具体个罪所涉及的卖淫人员的人数进行了界定，对《中华人民共和国

治安管理处罚法》(以下简称《治安管理处罚法》)有规定行政处罚的，考虑到了与刑法入罪标准的衔接；对《治安管理处罚法》没有规定的，根据具体犯罪的社会危害性确定一般涉卖淫人员犯罪的标准。主要体现在：(1) 组织卖淫案件。因为根据《涉卖淫刑案解释》的规定，组织三人以上卖淫才构成组织卖淫罪。另外，根据《涉卖淫刑案解释》第二条规定，组织卖淫案件中，卖淫人员达到一定人数（一般情况下为十人，卖淫人员为特殊群体的五人），还是界定组织卖淫犯罪是否“情节严重”的标准。(2) 强迫卖淫案件。强迫一人卖淫即构成犯罪。但根据《涉卖淫刑案解释》第六条规定，强迫卖淫人数达到五人以上（特殊群体达到三人以上）的，构成强迫卖淫“情节严重”。(3) 容留、介绍卖淫案件，一般要求容留、介绍二人以上才构成犯罪。故此，对卖淫人数是否达到法定要求的证据务必充分。

涉卖淫类犯罪在实践中往往具有营利的日的，《涉卖淫刑案解释》根据司法实践，在入罪标准和“情节严重”量刑幅度的法定刑升格条件中设立了不同的获利标准。如：(1) 组织卖淫罪中规定情节严重的标准之一是“非法获利人民币一百万元以上”，协助组织他人卖淫“情节严重”的标准之一是“非法获利人民币五十万元以上”。(2) 引诱、容留、介绍卖淫的构罪条件之一是“非法获利人民币一万元以上”，“情节严重”的标准之一是“非法获利人民币五万元以上”。(3) 旅馆业、饮食服务业、文化娱乐业、出租汽车业等单位的人员，通风报信构成包庇罪的条件之一是“非法获利人民币一万元以上”。

因此，在审查证据时，应当根据《涉卖淫刑案解释》的规定，对被告人行为是否构成犯罪以及入罪以后是否达到“情节严重”标准，在最低人数要求、最低获利要求等条件方面，进行严格的证据审查。既要审查有关证人证言和被告人供述，更要注重对有关书证、电子证据的审查。不仅要重视查获卖淫违法犯罪活动现场的证据，还要重视过去曾经发生事实的证据。尤其是大部分已经发生的卖淫嫖娼行为，因嫖客难以寻找，难以收集嫖客的证言时，更要注重对账单数据、电脑数据、视频录像、银行明细、手机通话及短信清单等方面的审查。切实提高打击此类犯罪的精准度。

（四）犯罪对象的证据必须充分，但充分不等于卖淫嫖娼一定已经实施

卖淫嫖娼行为是涉卖淫类犯罪的犯罪行为的承担者，卖淫嫖娼活动是涉卖淫类犯罪的基础事实，涉卖淫类犯罪的犯罪行为均是围绕卖淫嫖娼的基础

事实施行的。对于涉卖淫类刑事案件而言，犯罪对象即卖淫嫖娼违法活动由卖淫嫖娼人员、卖淫嫖娼行为、卖淫嫖娼场所等构成。在审查涉卖淫类刑事案件证据中，对犯罪对象的证据审查主要体现在以下这些方面。

1. 关于卖淫嫖娼人员

要明确涉卖淫类犯罪对象为“他人”，多数为女性，也包括男性。因此，对于男人提供卖淫服务以及同性之间提供卖淫服务的，不能因传统观念的影响而疏忽对此类主体实施的卖淫嫖娼行为的认定。

2. 关于卖淫嫖娼行为

卖淫嫖娼行为主要包括以下几种情况：（1）卖淫嫖娼活动正在进行中；（2）卖淫嫖娼活动已经结束；（3）卖淫嫖娼活动正在交易商谈；（4）有一种特殊情况，卖淫嫖娼活动正在进行色情服务阶段如正在胸推、手淫阶段，尚未进入刑法意义上的卖淫阶段，但双方起初合意及交易价格体现了违法人员将从事刑法意义上的卖淫嫖娼活动。上述几种情况均应当认定为违法人员实施了刑法意义上的卖淫嫖娼活动，而不能将刑法意义上的卖淫嫖娼活动局限于现行抓获正在进行性交的卖淫嫖娼活动。

3. 关于卖淫场所

固定的卖淫场所，如以发廊、按摩房、洗浴中心等为名设置的卖淫场所或者设置变相的卖淫场所；随着信息技术的发展和普及，在实践中有的卖淫嫖娼行为没有固定场所，只是通过网络等现代信息技术方式临时约定卖淫嫖娼场所，也有通过网上聊天、建立微信群、QQ 群等方式组织卖淫的，双方确定好卖淫嫖娼意向后确定卖淫地点，该种卖淫地点往往具有一定的随机性，但依然属于卖淫场所。

4. 关于卖淫嫖娼活动的有关物证

有时公安人员在卖淫嫖娼场所抓获男女双方，并没有查获通常用以证明卖淫行为的避孕套等物证。有观点认为必须找到避孕套、精子等生物检材才能认为卖淫嫖娼，或者只要没有抓获现行的卖淫嫖娼就不能认定为卖淫嫖娼行为。我们认为该观点忽略了卖淫行为的多样性，除了正常性交外，还有肛交、口交等行为，有的甚至不用避孕套等。其次，对于多次从事卖淫嫖娼活动或者能查实是以卖淫嫖娼为目的或者没有正当理由出现在卖淫场所的，均应当认定为存在卖淫嫖娼活动，不能苛刻的要求必须有精子等生物检材、避孕套等物证方能认定。此种情形，要结合被告人供述、证人证言、卖淫嫖娼的资金收入等确定。

三、准确认定涉卖淫类刑事案件的既遂与未遂

涉卖淫类犯罪是行为犯，其是否既遂与卖淫嫖娼行为是否完成没有必然联系。卖淫嫖娼行为实施完毕只是其既遂形式的一种，实践中，经常存在卖淫嫖娼行为没有完成但是涉卖淫类犯罪既遂的情形。个中原因，乃是涉卖淫类刑事犯罪均属于行为犯。行为犯是指以法定的犯罪行为完成作为犯罪既遂的犯罪。其一个显著特点是并不要求造成物质性的、有形的犯罪结果，而是以刑法分则规定的行为完成为标志。但这些行为不是以着手即告完成，按照法律的要求这类行为要有一个实行过程，要达到一定程度才能视为行为完成。因此，在着手实行犯罪的情况下，如果达到了法律要求的程度就是完成了犯罪行为，是犯罪既遂；如果因犯罪人意志以外的原因未能达到法律要求的程度，未能完成犯罪行为，就应当认定为犯罪未遂。

具体到涉卖淫类犯罪，应当以刑法分则规定的涉卖淫类犯罪行为是否完成作为犯罪是否既遂的标准。实施了涉卖淫犯罪行为的则构成既遂，因为被告人意志以外的原因没有完成刑法规定的涉卖淫类犯罪实行行为的，是犯罪未遂。例如，在组织、强迫卖淫过程中，组织、强迫他人卖淫已经完成的，应当认定组织、强迫卖淫罪既遂；如果只是刚着手实施组织、强迫他人卖淫行为，因被组织、强迫卖淫人员拒绝或者被公安机关查获，致使组织、强迫他人卖淫未完成，此时应当认定组织、强迫卖淫罪系未遂。引诱、容留、介绍卖淫罪，是指以金钱、物质或者其他利益为手段，诱使他人卖淫，或者为他人卖淫提供场所，或者为卖淫的人与嫖客牵线搭桥的行为。如果在此过程中其没有实现引诱、容留、介绍他人卖淫的行为，则应当以犯罪未遂处理。被组织、强迫、引诱、容留、介绍卖淫的他人是否实际完成了卖淫行为并不是上述犯罪的既遂标志，被告人实施了组织、强迫、引诱、容留、介绍卖淫的行为，而他人有卖淫的着手行为但没有完成性交、口交等行为的情形，同样可以认定为既遂。

实践中，有的法院要求侦查机关必须以充分的证据证实卖淫人员的卖淫行为已经完成，才认定涉卖淫类刑事犯罪既遂，以致造成对涉卖淫类刑事犯罪打击不力；有的公安人员在卖淫场所抓获了以卖淫为目的的卖淫人员与他人同居一室，但是囿于没有证据证实发生了卖淫行为，而不敢果断抓捕或者不予认定为卖淫。这些现象，都是由于对“涉卖淫类刑事犯罪是行为犯”，

“此类案件的证明重点是组织、强迫、引诱、容留、介绍卖淫等行为本身”这一基本原理认识不足。我们认为，公安司法机关在收集、审查、认定涉卖淫类犯罪行为的证据时，重点不在于卖淫行为是否实施或者实施完毕，而在于刑法分则规定的实行行为是否完成。至于卖淫嫖娼人员的卖淫嫖娼行为，只要“以卖淫为目的”，具有预备实施、正在实施或者已经实施了卖淫行为三种情况之一，就应当认定行为人涉卖淫类犯罪行为已经既遂。

四、根据案件情况认定事实，既要准确、又要果断

如前所述认定涉卖淫类犯罪应当明确案件证据审查的重点。在证据收集齐全或者收集证据的路径已经穷尽的时候，就应当根据已有证据，及时对案件事实作出认定。在认定案件事实时，应当明确以下几点。

（一）正确认识法律事实和客观事实的关系

根据证据认定的案件事实是法律事实，但未必就是客观事实。在民事案件中，法律事实可以依据证据优势规则认定。而在刑事案件中，法律事实则不能仅仅依据证据优势规则认定，而应当依据证据充分、排除合理怀疑的规则认定。根据刑事诉讼法第五十五条的规定，证据确实、充分，应当符合以下条件：（1）定罪量刑的事实都有证据证明；（2）据以定案的证据均经法定程序查证属实；（3）综合全案证据，对所认定事实已经排除合理怀疑。根据这一规定以及刑事审判的实践，我们认为，刑事审判中，法院认定的事实，之所以称为法律事实而未必是客观事实，包含以下几个含义：（1）认定的事实是依据证据得出的；（2）被告人如果未实施相应的犯罪事实，即使有一定的证据证明，但由于合理怀疑未被排除，不能依据证据优势规则认定被告人实施了相应的犯罪事实；（3）被告人客观上实施了相应的犯罪事实，但如果证据不充分，那么，法院只能作出证据不充分，指控的犯罪事实不能成立的判决。因此，当法院认定案件事实时，必须明确，我们所认定的是法律事实，而未必是客观事实。但刑事诉讼中的法律事实，只可能有利于被告人而不会不利于被告人。也就是说，只能因证据原因对客观上存在的事实作出不予认定的结论，而不能将实际上不存在的事实，仅凭证据优势规则而予以认定。

（二）正确认识有利于被告人原则在事实认定中的作用

有利于被告人原则是司法实践经验的产物，既有事实认定上的内容，也有法律适用上的内容。在事实认定上，主要包括以下内容：（1）被告人是否实施犯罪行为，在证据上存疑时，作出认定证据不充分的裁判；（2）被告人是实施重罪行为还是轻罪行为，在证据上存疑时，作出被告人实施轻罪行为的裁判；（3）被告人的行为构成某一罪的证据充分，但是否存在法定加重情节在证据上存疑时，作出不存在法定加重情节的裁判；（4）被告人是否具有从重处罚情节在证据上存疑时，作出从重处罚情节不成立的裁判；（5）被告人是否存在从宽处罚情节，具有一定证据，又无相反证据明确排斥从宽处罚情节的存在时，认定从宽处罚情节成立。等等。

具体到涉卖淫类刑事案件，在事实认定上的有利于被告人原则，主要体现在以下几个方面：（1）被告人是否实施涉卖淫类犯罪行为，在证据上存疑时，作出认定证据不充分的裁判；（2）根据现有证据不能证实被告人具有重罪的犯罪构成事实，但足以证实具有轻罪的犯罪构成事实，对轻罪要求的犯罪行为达到了确实充分的证明标准，此时应当认定被告人不构成重罪，而构成轻罪。例如对被告人组织未成年人卖淫，达不到确实充分的证明标准，但对其介绍卖淫的证明达到了确实充分的标准，应认定被告人构成介绍卖淫罪。（3）被告人的行为构成涉卖淫类刑事犯罪的证据充分，但法定加重处罚情节的证据不充分，如构成组织卖淫罪的证据充分，由于在卖淫人员的人数问题上是否达到十人以上存在证据上的疑惑，因而不认定其组织卖淫“情节严重”；（4）其他依据在案证据应当作出有利于被告人的结论的情形。

实践中有争议的主要是指控被告人的行为构成重罪，法院根据在案证据认定被告人的行为构成轻罪的做法是否于法有据？如指控被告人的行为构成组织卖淫罪，法院在认定被告人组织行为的证据不充分的情况下，能否认定被告人的行为构成容留卖淫罪？我们认为，这一做法是可行的，且有明确的法律根据。《最高人民法院关于适用〈中华人民共和国刑事诉讼法〉的解释》第二百四十一条第一款第二项规定：“起诉指控的事实清楚，证据确实、充分，指控的罪名与审理认定的罪名不一致的，应当按照审理认定的罪名作出有罪判决。”该规定就包含了指控重罪判决轻罪的内容。

（三）认定事实既要准确，也要果断

要根据在案证据准确把握个罪的构成条件及其重点，准确把握具体的涉卖淫类犯罪的成立条件，“情节严重”的升格条件。对达到证据确实充分标准的犯罪事实，要准确的认定，不能犹豫不决；对现有证据不能认定存在犯罪行为，证据达不到确实充分证明标准的，不能认定被告人的犯罪行为，此时要果断的作出不构成该罪的判断。也就是说，要严格依照证据裁判原则认定事实。对于历史上“判放两难”类型的案件，务必依照在案证据，果断作出是否认定犯罪事实的裁判，不能作“留有余地”的裁判。

司法实践中，有的被告人会对其涉卖淫类行为的性质进行辩解。在收集、审查、判断证据时，对其辩解，要重视用证据进行回应。特别是行为对象究竟是卖淫嫖娼行为还是一般色情服务行为，更是要用证据进行回应。既不能客观归罪，在被告人预先要求相关人员仅提供色情服务时，仅根据相关行为人超出预先要求而实际上从事了卖淫嫖娼活动，就一律将被告人的行为以犯罪处理。也不能简单地根据现场抓获情况确定被告人的行为是犯罪行为还是违法行为。要综合在案证据，结合被告人供述和证人证言、视频录像、账单等证据进行认定。如：被告人王某容留卖淫案。王某以经营发廊为名，行容留卖淫之实。公安机关在扫黄行动中，查获发廊暗间，有一对男人正准备实施卖淫嫖娼活动，另一对男女已经衣裤除尽，且两人生殖器正相对顶着，还未进入性交状态。王某辩称，其对服务人员要求与客人之间最多只能用生殖器相顶，而不能进行实质性的性交活动。而卖淫嫖娼人员均证言如果不是公安人员的介入，他们马上就进入性交状态。在这种情况下，我们既要结合证人证言，也要根据一般生活常识对王某的辩解理由进行分析。由此可以得出结论，王某的辩解理由是无法成立的。

五、重点与非重点相结合，既审查重点证据，亦审查其他证据

审查涉卖淫类案件，可以根据案件的具体性质，对要证明的事实及证据归类整理。我们认为审查涉卖淫类犯罪的证据，首先要根据涉卖淫类犯罪的特点来确定基本事实，根据该事实确定证据的重点审查范围。审查涉卖淫类案件的证据，一般情况下，被告人是否实施了组织、强迫、引诱、容留、介绍卖淫行为，属于重点审查的对象。但是，重点与非重点都是相对的。具体

到每一个案件，重点与非重点并非绝对的。例如，在一般案件中，卖淫人员的年龄不是重点，但当卖淫人员系不满十四周岁的幼女时，卖淫人员的年龄就成了案件审查的重点。当卖淫人员不满十八周岁时，在量刑问题上，也就成了审查的重点。又如，在故意传播性病案件中，行为人是否明知自己患有性病，自然就成了案件证据的审查重点。在故意传播艾滋病案件中，不仅行为人是否明知自己患有艾滋病是案件证据的审查重点，其传播艾滋病行为是否致使他人感染艾滋病病毒，也是案件证据审查的重点。因为根据《涉卖淫案件解释》第十二条第二款规定，明知自己感染艾滋病病毒而卖淫、嫖娼或者明知自己感染艾滋病病毒，故意不采取防范措施而与他人发生性关系，致使他人感染艾滋病病毒的，应当依照刑法第二百三十四条第二款的规定，以故意伤害罪定罪处罚，且致使他人感染艾滋病病毒的，认定为“重伤”。因此，对于明知自己患有艾滋病或者感染艾滋病病毒而卖淫、嫖娼的，是否实际致使他人感染艾滋病病毒，成了行为人的行为以传播性病罪定罪处罚还是以故意伤害罪定罪处罚的关键问题，而对于明知自己感染艾滋病病毒，故意不采取防范措施而与他人发生性关系的，是否实际致使他人感染艾滋病病毒，成了行为人的行为是以故意伤害罪定罪处罚还是以无罪论处的问题。

在审查涉卖淫类刑事案件的证据时，还要注意审查与数罪并罚相关的以下方面的证据：

（一）组织、强迫卖淫罪与强奸罪、故意杀人罪、故意伤害罪、绑架罪的数罪并罚问题

根据1997年刑法的规定，组织、强迫卖淫中有杀害、伤害、强奸、绑架等犯罪行为的，依照组织、强迫卖淫罪处罚，最高可判处死刑。但是，《刑法修正案（九）》取消了组织、强迫卖淫罪的死刑，对犯罪分子实施杀人、伤害、强奸、绑架行为的，进行了立法上的技术处理，即由原来的一罪处罚改为数罪并罚。这样，可以确保取消组织、强迫卖淫罪的死刑后，对有杀害、伤害、强奸、绑架等犯罪行为的犯罪分子在需要判处死刑时，可以依法判处死刑。故《涉卖淫刑案解释》第七条第一款特别强调，根据刑法第三百五十八条第三款的规定，犯组织、强迫卖淫罪，并有杀害、伤害、强奸、绑架等犯罪行为的，依照数罪并罚的规定处罚。

这一规定，要求我们在收集、审查、判断证据时，要注重两方面的问题。一是组织、强迫卖淫行为人，在故意杀人、故意伤害、强奸、绑架案件中的

主观故意和客观行为问题。既要防止将卖淫人员的伤亡以客观归罪的方式，一律定性为组织、强迫卖淫行为人的故意犯罪行为，更要防止疏漏了这方面的证据而让组织、强迫卖淫犯罪行为人逃脱了故意杀人、故意伤害、强奸、绑架的刑事责任。特别是，在刑法取消了组织、强迫卖淫罪的死刑刑种后，如果犯罪行为人故意杀人、故意伤害、强奸、绑架的罪行特别严重依法应当判处死刑时，就更加应当注重这方面的事实认定和证据审查，以确保对此类犯罪的严厉打击。二是协助组织卖淫行为人参与故意杀人、故意伤害、强奸、绑架犯罪的证据问题。由于刑法将协助组织卖淫罪规定为一个独立的罪名，因而，协助组织卖淫行为人与组织卖淫行为人之间不以共同犯罪论处。但是，如果两者共同实施故意杀人、故意伤害、强奸、绑架的，则对这部分犯罪以共同犯罪论处。而且，实践中，协助组织卖淫行为人在故意杀人、故意伤害、强奸、绑架犯罪中充当主犯角色，组织卖淫行为人充当了从犯角色的可能性也会存在。也就是说，组织卖淫行为人和协助组织卖淫行为人在杀人、伤害、强奸、绑架犯罪中的地位、作用，并不一定依照他们在涉卖淫类刑事犯罪中的地位、作用来认定，而是依照他们在杀人、伤害、强奸、绑架犯罪的具体情况确定主从犯地位。因此，对此类共同犯罪案件，就要认真审查证据，确定他们在共同犯罪中的地位、作用，以准确定罪量刑。

（二）组织卖淫罪与引诱、容留、介绍卖淫罪的数罪并罚问题

《涉卖淫刑案解释》第三条规定，在组织卖淫犯罪活动中，对被组织卖淫的人有引诱、容留、介绍卖淫行为的，不实行数罪并罚，依照处罚较重的规定定罪处罚。但对被组织者以外的其他人实施引诱、容留、介绍卖淫行为的，仍应当分别定罪，实行数罪并罚。因此，在组织卖淫犯罪活动中，如果行为人伴有引诱、容留、介绍卖淫犯罪行为的，一般情况下，重点审查其组织卖淫行为即可。但是，在以下两种情况下，对其引诱、容留、介绍卖淫行为的事实证据，仍然应该重点审查：（1）组织卖淫犯罪未达到“情节严重”，其法定刑为五年以上十年以下有期徒刑，而如果行为人同时引诱不满十四周岁的幼女卖淫的，依照刑法第三百五十九条第二款的规定，应当处五年以上（至十五年）有期徒刑。此时，对行为人依照处罚较重的规定定罪处罚即应当以引诱幼女卖淫罪定罪处罚。（2）组织卖淫犯罪人对被组织者以外的其他人实施引诱、容留、介绍卖淫行为的，根据前述解释规定，应当分别定罪，实行数罪并罚。在以上两种情况下，对组织卖淫行为人的引诱、容留、介绍卖淫

行为从事实、证据上进行重点审查，关系到对被告人定相对重罪还是相对轻罪，定一罪还是数罪的问题，故不可或缺。

（三）对所谓的一般性证据也要认真审查

刑法规定了具体犯罪的犯罪构成，犯罪构成是决定一个行为是否构成犯罪的条件，犯罪构成包括犯罪客观方面、犯罪客体、犯罪主观方面、犯罪主体。包括涉卖淫类犯罪在内的所有犯罪都有特定的犯罪构成要件，符合犯罪构成要件的事实是定罪量刑的基础。对犯罪事实的证明，不仅仅包括对客观方面，尤其是犯罪行为的证明，同样包括对犯罪构成其他方面事实的证明。因此，在审查证据时不仅应当把握重点，而且应当照顾全面。除了需要有证据证明的犯罪客观方面，还需要充分的证据证实其他的犯罪成立条件。

1. 犯罪的客体

涉卖淫类犯罪侵犯的客体是社会管理秩序和社会主义道德风尚；其中具有暴力、威胁等强迫行为的组织卖淫活动、强迫卖淫活动以及传播性病罪还侵犯了他人的人身权利。涉卖淫类犯罪对象既包括女人，也包括男人。犯罪客体应有一定证据证明。虽然并不必然的有具体的证据直接证明犯罪客体，但是在案件中综合各种证据必须能够证实犯罪客体及其犯罪对象。

2. 主观方面

涉卖淫类犯罪的主观方面是犯罪故意，包括直接故意和间接故意，但是不能由过失构成。故在审查证据时应当着重审查被告人的罪过，认定被告人是否具有犯罪的主观故意。比如在协助组织卖淫罪中，帮助运送卖淫人员的司机是否知道或者可能知道运送的是卖淫人员或者自己在协助组织卖淫人员活动；容留卖淫的，被告人是否明知容留的是卖淫人员，如果被告人不明知是卖淫人员或者知道是卖淫人员但不是以卖淫为目的居住的话，就不能认定被告人构成容留卖淫罪。比如，卖淫女甲因故在自己亲属乙租住的房屋里居住，期间曾卖淫，乙并不知晓甲的卖淫行为，只是以其他目的为甲提供了住处，因乙没有容留卖淫的主观故意，所以不构成容留卖淫罪。故在审查犯罪主观方面时，应重点审查被告人是否具有涉卖淫类犯罪的犯罪故意。

司法实践中行为人一般是以营利为目的，但这并不是涉卖淫类案件主观方面的必备要件。只要行为人实施了涉卖淫类犯罪的行为即构成本罪，而不论其动机、目的如何。故在审查证据时不必有确定的证据证实被告人具有营利目的等。但犯罪动机和目的可能影响被告人的刑事责任。在审查证据时若证实被告人具有卑劣的犯罪目的和动机，是适度从重的酌定情节，若有充分的证据证实被告人具有该类动机和目的的，应当在宣告刑中体现；若对该类犯罪动机和目的不能达到确实充分的证明标准，则不能认定被告人具有该卑劣的动机和目的。被告人如果是基于贫困治病等动机和目的的，则该类动机和目的是对被告人有利的酌定从轻情节。

3. 犯罪主体

犯罪主体是实施犯罪的人。涉卖淫类犯罪的犯罪主体均为一般主体，系自然人。根据刑法规定，“单位”不能构成此类犯罪。年满十六周岁，具有刑事责任能力的自然人才能构成此罪。在审查证据时应当审查被告人是否年满十六周岁，是否具有刑事责任能力。

另外，在涉卖淫类犯罪相关的规定中，刑法第三百六十一第、第三百六十二条规定了一类特殊身份主体，即“旅馆业、饮食服务业、文化娱乐业、出租汽车业等单位的人员”。刑法第三百六十一条第一款规定，旅馆业、饮食服务业、文化娱乐业、出租汽车业等单位的人员，利用本单位的条件，组织、强迫、引诱、容留、介绍他人卖淫的，依照刑法第三百五十八条、第三百五十九条的规定定罪处罚。第二款规定，前款所列单位的主要负责人，犯前款罪的，从重处罚。第三百六十二条规定，旅馆业、饮食服务业、文化娱乐业、出租汽车业等单位的人员，在公安机关查处卖淫、嫖娼活动时，为违法犯罪分子通风报信，情节严重的，依照本法第三百一十条的规定定罪处罚。在处理上述人员犯罪时，应当有充分的证据证实被告人系“旅馆业、饮食服务业、文化娱乐业、出租汽车业等单位”的人员。如果被告人是上述单位的主要负责人的，因要对其从重处罚，更要有充分、确实的证据证明。

六、既要注重审查定罪证据，又要注重审查量刑证据

定罪是人民法院通过对某一案件的审理，确定某种危害行为是否构成犯罪以及构成何种犯罪等的活动，简而言之解决犯罪事实是否存在，是何种性质犯罪的问题。但是刑事诉讼的最终目的是确定被告人的刑事责任，而确实刑事责任需要通过人民法院对被告人的量刑程序完成。量刑以定罪为基础，是定罪的后续环节，其和定罪活动一起构成了人民法院审判阶段的全部活动。量刑活动包括是否对犯罪人判处刑罚、判处何种刑罚、多重的刑罚，对刑罚是否立即执行以及将数个刑罚合并为宣告刑的行为。量刑以事实为根据，以

法律为准绳。审查涉卖淫类案件时，不仅要审查对被告人定罪的证据，同样要审查对被告人量刑的证据。在量刑情节上一般分为法定情节和酌定情节、对被告人有利的情节和对被告人不利的情节、应当型情节和可以型情节。

《涉卖淫刑案解释》中规定了诸多量刑情节，尤其明确规定了“情节严重”的常见样态，司法实践中要围绕刑法及司法解释规定的内容组织证据，审查判断证据的证明力及其对被告人刑事责任的影响。基于保证被告人权益的目的，对量刑情节的证明同样需要达到证据确实充分的标准。

比如，《涉卖淫刑案解释》第九条规定了司法实践中常见的引诱、容留、介绍他人卖淫罪中“情节严重”的情形，即具有下列情形之一的，应当认定为刑法第三百五十九条第一款规定的“情节严重”：“（一）引诱五人以上或者引诱、容留、介绍十人以上卖淫的；（二）引诱三人以上的未成年人、孕妇、智障人员、患有严重性病的人卖淫，或者引诱、容留、介绍五人以上该类人员卖淫的；（三）非法获利人民币五万元以上的；（四）其他情节严重的情形。”确认被告人是否具有该罪“情节严重”的事实时，要审查现有证据是否足以证实被告人具有情节严重的条件，且达到事实清楚、证据确实充分的证明标准。如果证据足以证实被告人具有引诱、容留、介绍他人卖淫情节严重的行为之一，就应当在“情节严重”对应的量刑幅度内量刑。

《涉卖淫刑案解释》还对刑法规定的“组织、强迫未成年人卖淫的，应当从重处罚”“组织他人卖淫”“协助组织他人卖淫”“强迫他人卖淫”等从重处罚或者“情节严重”的标准予以规定。对涉卖淫类案件量刑时，对量刑情节特别是决定量刑幅度的情节，要有充分的证据证实。比如上述未成年人、未满十四岁的幼女卖淫，怀孕的人、患有严重性病的人卖淫等情节都需要充分的证据证实。现有证据不能形成完整的证据链，对上述从重处罚情节等不能达到确实充分的标准的，不能认定存在上述情节，只能在较轻的量刑幅度内量刑。

在审查量刑情节时，不能仅重视从重型情节，还需要重视对被告人有利的情节即从宽型情节，如自首、立功等。该类从宽型情节的成立条件有明确的法律规定，对此均要有证据证明并达到确实充分的证明标准。

除审查证明法定量刑情节的证据，还要重视审查证明酌定情节的证据。酌定情节往往不是法律或者司法解释所规定，但是在司法实践中影响被告人的刑事责任及其刑罚的事实。比如犯罪动机和目的、犯罪的时间、犯罪后的态度、犯罪后果、犯罪的时间地点、犯罪的个人情况等。酌定情节同样区分为有利于被告人的情节和不利于被告人的情节。比如犯罪动机和犯罪目的不同，反映了犯罪分子的主观恶性不同。犯罪动机卑劣的，其主观恶性大，社会危害程度深，应予严惩；基于可囿性动机，比如被骗犯罪的、基于强迫等犯罪的，一般情形下可以考虑适当从轻处罚。如，在引诱、容留、介绍卖淫罪中，有的是为谋取巨额利益，为实施其他犯罪行为，有的是基于家庭贫困为上学、医疗等基本生活、维持基本生命所需费用而实施的犯罪。在同等条件下，对后者量刑轻于前者。基于证据裁判原则，对上述酌定量刑情节均需要以证据予以证明。

《刑法修正案（九）》对组织、强迫卖淫罪、协助组织卖淫罪等进行了修改，涉卖淫类犯罪的刑罚中不再保留死刑，对涉卖淫类犯罪的最高刑期为无期徒刑。2017 年 3 月 9 日《最高人民法院关于常见犯罪的量刑指导意见》（以下简称《量刑指导意见》）修订后发布，《量刑指导意见》规定，该指导意见规定的 15 种常见犯罪以外，其他判处有期徒刑、拘役的案件，可以参照量刑指导原则、基本方法和常见量刑情节的适用规范量刑。故涉卖淫类犯罪量刑时，可以参照《量刑指导意见》的量刑原则和常见量刑情节适用等内容。《量刑指导意见》的适用条件及其要求的量刑情节同样需要达到确实充分的标准。

总之，对涉卖淫类案件事实证据审查时，应当坚持全面审查与重点审查相结合的方法。既重点审查犯罪客观方面的证据，又兼顾犯罪构成其他方面比如犯罪客体、犯罪主体、犯罪主观方面的证据；既要审查定罪证据，又要审查量刑证据；既要审查对被告人不利的证据，又要审查对被告人有利的证据；既要坚持证据裁判原则，又要兼顾其他证明方法，避免机械办案。在涉卖淫类案件中贯彻证据裁判原则，要把握案件本质，审查证据不偏漏，确保认定事实清楚，尽量接近客观事实，确保定罪准确，量刑适当。

第十章　关于嫖宿幼女行为的定罪处罚问题

一、嫖宿幼女罪的立法沿革

（一）从新中国成立到1979年刑法的诞生

早在1953年，最高人民法院综合天津、北京、西安等十多个城市连续发生的强奸幼女案件，曾发出《关于严惩强奸幼女罪犯的指示》，该指示规定“各级人民法院对于强奸幼女（包括污辱幼女和鸡奸幼童）罪犯，必须依法从严惩治，不得轻纵。特别是对于罪恶重大者，应坚决处以重刑”。1954年最高人民法院发布《关于处理奸淫幼女案件的经验总结和对奸淫幼女罪犯的处刑意见》，其中第三条规定“对于奸淫幼女罪犯的处刑问题，我们认为凡奸淫幼女，无论在何种情况下或用何种手段，都应认为是极严重的犯罪。一般均应按其情节从严惩处”。1957年最高人民法院发布《1955年以来奸淫幼女案件检查总结》，对奸淫幼女的严重情节、区分幼女的标准、区别奸淫幼女与猥亵幼女等问题给出具体意见。1979年刑法第一百三十九条第二款明确规定“奸淫不满十四岁幼女的，以强奸论，从重处罚”，而1979年刑法关于卖淫犯罪只规定了强迫妇女卖淫罪和引诱、容留妇女卖淫罪，仍无有关嫖宿幼女行为的规定。1984年最高人民法院、最高人民检察院、公安部颁布《关于当前办理强奸案件中具体应用法律的若干问题的解答》，在1979年刑法的基础上对怎样认定奸淫幼女罪作出进一步明确的规定：“奸淫幼女罪，是指与不满十四周岁的幼女发生性的行为，其特征是：（1）被害幼女的年龄必须是不满十四周岁；（2）一般地说不论行为人采用什么手段，也不问幼女是否同意，只要与幼女发生了性的行为，就构成犯罪；（3）只要双方生殖器接触，即应视为奸淫既遂。”概言之，从新中国成立初期到1979年刑法诞生，嫖宿幼女一词未出现在法律视野，奸淫幼女罪概括式涵盖了所有与幼女性交的行为，包括嫖宿幼女，且法律对此类行为一直都是从严惩处。

（二）从1986年首次出现“嫖宿幼女”一词，到1997年刑法增设“嫖宿幼女罪”

在法律条文中第一次出现“嫖宿幼女”一词，是1986年全国人大常委会颁布的《治安管理处罚条例》第三十条第二款“嫖宿不满十四岁幼女的，依照刑法第一百三十九条的规定，以强奸罪论处”，明确嫖宿幼女的行为按照强奸罪处罚，但此规定毕竟不是出自刑法，因而1991年全国人大常委会颁布《决定》，以单行刑法的形式重申上述规定：“嫖宿不满十四岁的幼女的，依照刑法关于强奸罪的规定处罚”。

在对1979年刑法的修订研拟中，立法机关曾将《决定》中关于嫖宿幼女行为的规定直接移植进1996年8月8日的刑法分则修改草稿及其之后的一些稿本中，到了1996年12月中旬的修订草案，立法机关对此款规定也只是稍微作了立法用语上的修改，即将之前“依照刑法关于强奸罪的规定处罚”的表述修改为“依照强奸罪定罪处罚”，即明确此类犯罪行为定强奸罪。1997年3月1日，八届全国人大五次会议秘书处印发的刑法修订草案中，嫖宿幼女行为仍按强奸罪定罪，然而3月13日，大会主席团通过的草案却将嫖宿幼女行为单独定罪，3月14日全国人大正式通过刑法修订案，1997年刑法第三百六十条第二款规定：嫖宿不满十四周岁的幼女的，处五年以上有期徒刑，并处罚金。至此，嫖宿幼女罪诞生，且是作为刑法第六章“妨害社会管理秩序罪”中的罪名。

刑法修订后，司法机关对奸淫幼女相关罪名和嫖宿幼女行为如何适用法律先后作出司法解释，1997年12月25日最高人民检察院颁布《关于适用刑法分则规定的犯罪的罪名的意见》，明确刑法第二百三十六条第一款是强奸罪，第二款是奸淫幼女罪，第三百六十条第二款是嫖宿幼女罪，奸淫幼女罪和嫖宿幼女罪的罪名正式以司法解释的形式明确，与幼女发生性交的行为涉嫌嫖宿幼女罪或奸淫幼女罪。2001年最高人民检察院发布的《关于构成嫖宿幼女罪主观上是否需要具备明知要件的解释》规定：“行为人知道被害人是或者可能是不满十四周岁幼女而嫖宿的，适用我国刑法第三百六十条二款的规定，以嫖宿幼女罪追究刑事责任。”根据这一解释，认定构成嫖宿幼女罪，在主观上不要求行为人切实知道幼女的年龄，只要求知道是可能年龄不满十四周岁即可。2002 年 3 月 26 日最高人民法院、最高人民检察院发布《关于执行〈中华人民共和国刑法〉确定罪名的补充规定》，取消了奸淫幼女罪，将奸淫幼女纳入强奸罪，作为强奸罪的加重情形处理，而嫖宿幼女罪仍继续沿用。

（三）从 2008 年最早在两会上提出废除嫖宿幼女罪到 2015 年《刑法修正案（九）》正式将该罪取消

最早提出废除嫖宿幼女罪是在 2008 年，全国政协委员刘白驹向全国政协会议提出《修订刑法将“嫖宿幼女罪”按强奸罪论处的提案》，而 2009 年贵州习水公职人员奸淫 10 名未成年少女案件的发生，将这个话题推上舆论的风口浪尖，紧接着 2010 年云南富源、2011 年陕西略阳、2012 年浙江永康、河南永城、辽宁营口等地相继发生奸淫幼女案件，涉案嫌疑人先后都被认定为嫖宿幼女罪，而这些案件因奸淫幼女人数之多，情节之重，在全国范围内影响都十分恶劣。许多人认为，因强奸罪最高可判致死刑，强奸幼女的犯罪嫌疑人都希望绕过强奸罪，宁愿被公诉机关指控为嫖宿幼女罪，并且以不知道对方是不满十四周岁的幼女为由要求从轻处罚。嫖宿幼女罪非但不能很好地保护幼女的权利，维护她们的身心健康，反而成为奸淫幼女罪犯脱罪的后门。由此，废除嫖宿幼女罪的呼声一浪高过一浪，也成为历次全国两会上的热点问题，但尽管如此，2009 年的《刑法修正案（七）》、2011 年的《刑法修正案（八）》均未触碰这个罪名。

2013 年 7 月，最高人民法院在答复全国人大代表、中华女子学院教授孙晓梅“关于废除嫖宿幼女罪的建议”时明确表示“完全赞成废除嫖宿幼女罪”，同年 10 月最高人民法院、最高人民检察院、公安部、司法部四部门联合出台《关于依法惩治性侵害未成年人犯罪的意见》（以下简称《两高两部意见》）规定：“以金钱财物等方式引诱幼女与自己发生性关系的；知道或者应当知道幼女被他人强迫卖淫而仍与其发生性关系的，均以强奸罪论处”。这一规定在很大程度上压缩嫖宿幼女罪的适用空间。嫖宿幼女的行为人接近幼女的方式有两种：一种是直接与幼女接触，在此情况下行为人大多以金钱或其他财物作为交换，引诱幼女与其发生性关系；另一种是经他人介绍与幼女接触，在此情况下行为人应当能想到幼女卖淫要么出于自愿，要么被强迫，出于自愿卖淫的幼女绝大多数都是被金钱等物质利诱所致。因此，无论上述哪种情形，奸淫幼女行为的发生要么是幼女被利诱所致，要么是幼女被强迫所致，而这项规定基本涵盖了上述所有情形，也被学术界称为形式上“冻结了”

嫖宿幼女罪。

2014 年，刑法启动第九次修改。2014 年 11 月份《刑法修正案（九）》草案的一审稿和 2015 年 7 月份草案的二审稿都未涉及嫖宿幼女罪，在 2015 年 8 月份草案的三审稿中，废除嫖宿幼女罪被纳入其中，8 月 29 日，第十二届全国人民代表大会常委会第十六次会议通过了《刑法修正案（九）》，删除了刑法第三百六十条第二款关于嫖宿幼女罪的规定。

二、嫖宿幼女罪的存废争论

从 1997 年刑法修订后嫖宿幼女罪"逆转"而生，到 2015 年《刑法修正案（九）》嫖宿幼女罪"逆转"而废，该罪名的存废之争历经十多年。从最开始法学界内部争论到保护妇女儿童组织的加入，再到社会各界专家、普通人士的广泛参与，逐渐演变成万众瞩目的公共议题。存废相争的焦点问题主要有三点：一是从刑法设置方面，是否有必要单设嫖宿幼女罪；二是增设该罪是否能有力打击犯罪，实现罪刑平衡；三是从维护幼女权利方面，对幼女的保护是否实现"无歧视原则"和"最大利益原则"。下文将从立法机关增设嫖宿幼女罪的初衷，"主废派"和"保留派"对争议焦点问题的论证等方面来说明此罪存废之争的缘由。

（一）对立法机关增设嫖宿幼女罪初衷的解读

全国人大常委会法工委刑法室 1997 年编著的《中华人民共和国刑法释义》中强调"嫖宿幼女的行为，极大地损害幼女的身心健康和正常发育，且对幼女的思想具有极大的腐蚀作用，使有不良习性的幼女在卖淫的泥潭中越陷越深，有的幼女被染上性病悔恨终生。为了严厉打击嫖宿幼女的行为，本款将嫖宿不满十四岁的幼女的行为规定为犯罪"。2013 年 5 月，全国人大法律委员会在回复人大代表关于"废除嫖宿幼女罪"的建议时表示"从 1991 年《关于严惩卖淫嫖娼的决定》实施的情况看，由于各种原因，实践中实际判处的案件比较少，效果很不理想。针对这种情况，为有利于严格执法，1997 年修改刑法时，专门增设了嫖宿幼女罪，并比照奸淫幼女的刑罚设定了较为严厉的法定刑"。由此可以看出，立法机关设立嫖宿幼女罪的初衷是为了保护幼女的身心健康和严厉打击嫖宿幼女的行为。之所以说增设嫖宿幼女罪有利于打击嫖宿幼女行为，有利于严格执法，主要基于以下两点考虑：（1）普通嫖娼行为是一般违法行为，并不以犯罪论处，将嫖宿幼女行为从嫖娼行为中区别出来认定为犯罪，对该行为形成刑法上的震慑，即体现出从严的精神。（2）嫖宿幼女行为并非暴力犯罪，将其单独成罪，且起刑点定为五年，相比强奸、抢劫、故意杀人等暴力犯罪的三年起刑点，也确实体现了严惩的目的。因此法学界对此初衷也是普遍认可的。

法学界对立法原意还有其他两种解读，一是有必要对强奸和嫖宿作区分。高铭暄教授在《中华人民共和国刑法的孕育诞生和发展完善》一书中曾提到“后来考虑到嫖宿幼女罪中的幼女有卖淫的行为，与强奸罪中的受害者相比，二者是有一定区别的，对嫖宿幼女行为单独定罪并规定独立的法定刑比较妥当”。[①]“1991 年《决定》将嫖宿幼女按强奸罪处罚的规定固然体现出立法机关打击嫖宿幼女行为、保护儿童身心健康的决定，但是从立法技术上讲是不太科学的，因为嫖娼毕竟不同于强奸”。[②] 鉴于当时许多学者都同意此观点，提出将嫖宿幼女行为单独定罪的主张，立法机关非常重视，认真讨论后予以采纳。二是减少死刑，1997 年刑法修订时，减少死刑是重要主题之一，将嫖宿幼女罪以强奸罪论处，最高可判死刑，但实际判死刑的也不多，嫖宿幼女单独成罪，该罪不设置死刑，形式上减少了我国死刑的适用范围。然而，立法机关的上述两种考虑后来成为“主废派”所诟病的主要原因。

（二）“主废派”对废除嫖宿幼女罪的论证

根据全国妇联来信来访统计，全国各地投诉儿童性侵的案件，1997 年下半年为 135 件，1998 年为 2948 件，1999 年为 3619 件，2000 年为 3081 件，3 年间猛增了 20 多倍[③]。官方统计的嫖宿幼女罪数据显示，2000 年 1 月至 2004 年 12 月，全国各级法院审理嫖宿幼女案件 176 件，判处罪犯 240 人[④]，而 2009 年仅一年，公安部门抓获了嫖宿幼女犯罪嫌疑人 175 人[⑤]。根据“女童保护”项目统计，2013 年 1 月 1 日至 12 月 31 日被媒体曝光的女童性侵案件

---

① 高铭暄：《中华人民共和国刑法的孕育诞生和发展完善》，北京大学出版社 2012 年版，第 584 页。

② 参见《嫖宿幼女罪立法渊源：历经 33 稿，1986 年首次出现》，2012 年 7 月 2 日载于搜狐网，2018 年 7 月 31 日访问。

③ 参见《“嫖宿幼女罪”需完善》，2011 年 12 月 3 日载于中国网，2018 年 6 月 4 日访问。

④ 参见中国关于《〈儿童权利公约〉关于买卖儿童、儿童卖淫和儿童色情制品问题的任择议定书执行情况的首次报告（2003 年至 2005 年）》中第 60 段、第 63 段。

⑤ 参见《中国关于〈儿童权利公约〉执行情况的第三、四次合并报告》中第 256 段。

有 125 起，平均每天曝光 0.34 起；2014 年 1 月 1 日至 12 月 31 日，被媒体曝光的女童性侵案件有 503 起，平均每天曝光 1.38 起，是同比 2013 年的 4.06 倍[①]。“主废派”认为，这些统计数据表明嫖宿幼女罪创设后性侵儿童犯罪呈上升趋势，虽不能证明前者是导致后者的必然因素，但两者之间的正相关关系表明嫖宿幼女罪不能有力打击此类犯罪，反而有助长之嫌。

1. 嫖宿幼女罪与强奸罪构成要件相同，嫖宿幼女罪可并入强奸罪

嫖宿幼女的行为完全符合奸淫幼女型强奸罪的构成要件。主体方面，两罪都是一般主体，年满十四周岁不满十六周岁的未成年人奸淫幼女的，按强奸罪论，应负刑事责任，但此年龄段的行为人嫖宿幼女就不构成犯罪，从这个角度看嫖宿幼女罪放纵了在此一年龄阶段的犯罪行为人；主观方面，两罪都是故意犯罪，都以明知对方为不满十四周岁的幼女为前提；客体方面，两罪对象仅限于幼女，都侵犯了幼女的身心健康，幼女的性格、品质如何，并不影响奸淫幼女型强奸罪（以下简称“奸淫幼女罪”）的成立；客观方面，与卖淫的幼女发生性交的嫖宿行为侵害了幼女的性自主权（因为幼女的同意无效），客观上完全符合奸淫幼女罪的构成要件，具备奸淫幼女罪的违法性。

2. 比较两罪刑罚，得不出嫖宿幼女罪刑罚重于强奸罪，不仅有违立法初衷，还造成刑罚配置不均衡问题

比较二者的起刑点。强奸罪的起刑点是三年有期徒刑，嫖宿幼女罪的起刑点是五年有期徒刑，直观而言，强奸罪的起刑点确实低于嫖宿幼女罪。但是，刑法第二百三十六条第二款规定“奸淫不满十四周岁的幼女，以强奸论，从重处罚”，根据《最高人民法院关于常见犯罪的量刑指导意见》规定：“强奸妇女一人的，可以在三年至五年有期徒刑幅度内确定量刑起点。奸淫幼女一人的，可以在四年至七年有期徒刑幅度内确定量刑起点。”根据这一规定，在一般情节的状态下，嫖宿幼女罪的法定刑罚，与有奸淫幼女行为的强奸罪不相上下，并不能体现刑法对该类行为从严惩处的立法初衷。

比较二者的最高刑。刑法对强奸罪设定多种、多层次的法定刑，符合刑法第二百三十六条第三款规定的五种加重情节，处十年以上有期徒刑、无期徒刑或者死刑，而嫖宿幼女罪只有一个量刑档次，即五年至十五年，惩处力度明显低于强奸罪。尽管有论者认为即使有加重处罚情节，司法实践中也极少有因强奸罪被判处死刑的。且不说犯强奸罪者被判处死刑的不在少数，即

---

① 参见《“嫖宿幼女罪”需完善》，2011 年 12 月 3 日载于中国网，2018 年 6 月 5 日访问。

便是极个别的案例对公众的警示作用也是不可小觑的，二者的威慑力也因此拉开差距。

3. 违背国际公约“无歧视”和“儿童最大利益”的基本原则，背离了文明国家对儿童保护的初衷

《联合国儿童权利公约》第一项基本原则是“无歧视原则”，即不管儿童的社会文化背景、出身高低、贫富、男女、是否残疾，都应该得到平等对待，不受歧视和忽视。作为缔约国，我国严格按照此精神设立有关未成年保护的各项法律法规。而增设这一罪名后，刑法中的“幼女”被分为“卖淫幼女”和“非卖淫幼女”“自愿卖淫幼女”和“被迫卖淫幼女”“有性自主权幼女”和“无性自主权幼女”“不良少女”和“良家女孩”等，一部分幼女被法律贴上“卖淫女”的标签，本来是受害者，却要一辈子背上污名，对幼女自身人格尊严造成伤害，给幼女及其所在家庭带来二次伤害。这显然与“无歧视原则”相违背。

《联合国儿童权利公约》第二项基本原则是“儿童利益最大原则”，即任何事情凡是涉及儿童的必须以儿童权利为重。前文提到，1979 年刑法增设嫖宿幼女罪还有一种考虑是认为嫖娼和强奸有区别，这一考虑不得不说是对嫖客的一种宽宥，在为嫖宿幼女的行为人开脱罪责，嫖宿幼女罪和奸淫幼女罪构成要件相同，在行为本质上没有区别，都严重侵犯了幼女的身心健康，即便是有区别，在保护儿童利益和维护嫖娼者利益发生冲突时，应当毫不犹豫地以最大限度地保护儿童利益为首要原则。

再者，不同罪名在刑法中的位置分布主要依据其所保护的法益，将嫖宿幼女罪归入妨害社会管理秩序罪的“组织、强迫、引诱、容留、介绍卖淫罪”章节之下，表明该罪主要或者说优先保护的法益是社会道德风尚和社会管理秩序，而非幼女的身心健康和性自主权利，这同样也是违背儿童利益优先保护原则的。

（三）“保留派”主张保留嫖宿幼女罪的论证

回顾嫖宿幼女罪存废之争的进演过程，争论之所以旷日持久、沸沸扬扬并非源于公众对该罪名本身存在的法律专业性问题的思考，而是各地频繁爆出官员性侵幼女的案件，官场的腐败加之对幼女的伤害，严重地损害了广大人民群众对司法公正的信任，愤怒和无助的情绪将这个罪名的存废问题无限放大。没有一个罪名的设立是用来鼓励人犯罪的，各地连续发生性侵幼女的

案件并不是因为立法增设嫖宿幼女罪才出现的，这是官员公共道德败坏、职业道德沦丧，社会、家庭对幼女监护责任缺失的多重后果，不能将这一行为的罪恶归责于这一罪名上。

1. 嫖宿幼女罪的设置存在合理性

虽然嫖宿幼女罪与强奸罪的构成要件相同，但嫖宿幼女行为仍有其特殊性。

两罪客体不同。嫖宿幼女罪保护的是双重法益，既包括幼女的身心健康，还包括社会道德风尚和社会管理秩序，而强奸罪只涉及幼女的性自主权和健康权。事实上，嫖宿幼女罪的设定也向人们昭示一点，卖淫幼女受到的侵害可能比强奸罪中被害幼女受到的侵害更严重、更恶劣，卖淫不仅损害幼女的性自主权和健康权，更重要的是对其心灵和思想的腐蚀，很多幼女就此坠入深渊，有的感染性病贻害终身，有的吸毒、赌博踏上其他违法犯罪的道路。

客观行为不同。奸淫幼女罪仅指与幼女性交的行为（性器官接触即构成犯罪），嫖宿幼女行为不仅包括与幼女性交，还有猥亵等其他奸淫行为，且实施该行为是以行为人承诺给予一定财产性利益为对价。这是与奸淫幼女罪最大的区别。

因此，强奸罪并不能完全评价嫖宿幼女行为，嫖宿幼女罪有其存在的必要性。

2. 嫖宿幼女罪和强奸罪不是对立关系，嫖宿幼女行为完全符合强奸罪的构成要件，如具备加重情节时，应认定为强奸罪，最高也可判处死刑

“主废派”认为，嫖宿幼女罪的最高刑远低于强奸罪所设定的死刑，因此嫖宿幼女罪便成为奸淫幼女行为人的“免死金牌”，实际上，这是对法条理解浅显及对审判实务的曲解。同一个犯罪行为同时触犯数个具有包容关系的法律条文在刑法体系中十分常见，比如诈骗类犯罪有普通诈骗罪、合同诈骗罪、金融诈骗罪，后两者的构成要件也完全符合普通诈骗罪，这就是法律上所谓“法条竞合”关系。嫖宿幼女罪和强奸罪也是如此，强奸罪是普通规定，嫖宿幼女罪是特别规定，嫖宿幼女罪和强奸罪是包容关系，而非互斥关系。根据刑法第二百三十六条的规定，对于奸淫幼女的行为可以推导出三种类型：一是与幼女发生性交，既不属于嫖宿幼女，也不具备奸淫幼女的加重情节的，认定奸淫幼女罪，处三年以上十年以下有期徒刑；二是以嫖宿的方式奸淫幼女，且不具备刑法第二百三十六条第三款规定的加重情节的，认定嫖宿幼女罪，处五年以上十五年以下有期徒刑；三是奸淫幼女，不论是否属于嫖宿幼

女，只要具备刑法第二百三十六条第三款规定的加重情节之一的，就应认定为奸淫幼女罪，处十年以上有期徒刑、无期徒刑或者死刑。[①]

3. 从嫖宿幼女罪不能推导出立法具有谴责卖淫幼女的倾向，也不能否定我国对《联合国儿童权利公约》缔约义务的遵守

“主废派”认为，嫖宿幼女罪给幼女贴上“卖淫女”的标签，使其背上污名，“保留派”认为这最多是一种表述有缺陷的罪名，绝非要使幼女蒙羞，更非是谴责幼女。首先，从社会现实来看，确实有年龄不满十四周岁的幼女在从事卖淫活动，是先有这一客观事实，再有基于对相关法益的特殊保护才设立的罪名。其次，从嫖宿幼女罪条文规定看，“嫖宿不满十四周岁的幼女的，处五年以上有期徒刑，并处罚金”，该规定并未将幼女直呼为“卖淫女”，对幼女的称谓和在强奸罪中的规定是一样的，“嫖宿”一词虽然用在此处并不准确，但它是用来界定犯罪人的行为性质，而不是在法律上承认幼女有性自主权。再次，文意的表达受语言和文字的局限，法律语言因规范表述和价值表达的限制，无论如何去斟酌，都很难避免文字表达上可能产生的遗憾。比如，刑法第二百四十条规定的拐卖妇女、儿童罪中出现“偷盗婴幼儿”“将妇女、儿童卖往境外”等法律术语，“偷盗”和“买卖”的对象一般都是物体，但刑法作出这样的表述，我们不会认为立法有将妇女、儿童降低成“物”的嫌疑，也不会认为如此规定即是对妇女、儿童人格权的侵害，更不会对此处的妇女和儿童作出歧视性评价。最后，2000 年联合国大会在《联合国儿童权利公约》框架基础上通过了《关于贩卖儿童、儿童卖淫和儿童色情制品的任择议定书》，该议定书中使用了“儿童卖淫”这一专门的术语，国际公约证明了使用“儿童卖淫”概念的正当性。世界很多国家都存在未成年人卖淫的问题，比如日本有《处罚有关儿童卖淫、儿童色情等行为及保护儿童的法律》、西班牙《刑法典》规定了“诱使少女卖淫罪”、尼日利亚《刑法典》规定有“介绍妇女或幼女成为普通娼妓”的表述。[②]

因此，嫖宿幼女罪作为一项罪名，只是一个专业术语，是一种表达需要，或许这不是最好的表达，我们可以找出更严谨的词汇，但立法选择使用这种表达方式绝不是对涉事幼女进行道德的宣判，不是要给幼女扣上一个不光彩的帽子，嫖宿幼女罪污名化幼女的说辞本身就是一个伪命题。

---

① 张明楷：《嫖宿幼女罪与奸淫幼女型强奸罪的关系》，载《人民检察》2009 年第 17 期。

② 李永升、冯玉东：《嫖宿幼女不可废——兼论性侵幼女犯罪相关问题》，载《湖北行政学院学报》2014 年第 5 期。

因嫖宿幼女罪设置在刑法第六章妨害社会管理秩序罪中，因而“主废派”认为本罪的主要客体是社会管理秩序。“保留派”认为嫖宿幼女罪既侵害了幼女的身心健康，又侵害了社会管理秩序和社会道德风尚，但其主要客体仍是幼女的身心健康。主要依据是：第一，从立法沿革来看，嫖宿幼女罪源自1979年刑法的奸淫幼女罪，其保护的法益原本就是幼女的身心健康，且立法对此从来都是从严惩处。第二，从设立初衷看，增设嫖宿幼女罪就是为了保护幼女的身心健康，严厉打击此类犯罪，前文已论述。第三，嫖宿幼女的行为完全符合奸淫幼女罪的构成要件，二者所侵害的客体也是一致的。

对于取消嫖宿幼女罪的缘由，时任全国人大法律委员会主任乔晓阳这样表示：“对这一问题，法律委员会、法制工作委员会一直在进行深入调查研究，召开座谈会，广泛听取有关部门、专家学者和社会各方面的意见。考虑到近年来这方面违法犯罪出现了一些新的情况，执法环节也存在一些问题，法律委员会经研究，建议取消嫖宿幼女罪。”该解释多少有些语焉不详，或许是迫于舆论的压力，或许是为了顺应民意，最后嫖宿幼女罪被取消了，存废之争已尘埃落定。但无论是设立初衷还是两派相争到彻底废除，都是为了更好地保护未成年人的人身权利，都是为了保护未成年人而做的立法努力。法律不可能永远正确，立法缺陷是客观存在的，从设立到取消，并不代表法治的倒退，而是随着时代发展、文明进步，法律在不断修正和完善，其精神内核是法律进步。

三、嫖宿幼女行为性质的认定

《刑法修正案（九）》取消嫖宿幼女罪后，《涉卖淫刑案解释》在起草过程中曾经规定“明知不满十四周岁的幼女，与其发生性关系的，依照刑法第二百三十六条第二款、第三款的规定，以强奸论，从重处罚”，目的是明确删除该罪后嫖宿幼女行为如何定罪处罚问题。但在调研阶段，有不少专家学者提出，既然刑法已经删除了嫖宿幼女罪的有关规定，就没有必要在司法解释中再对此类行为作规定，对这类行为可与其他奸淫幼女行为一样，依照刑法第二百三十六条关于“奸淫不满十四周岁的幼女的，以强奸论，从重处罚”的规定，《涉卖淫刑案解释》起草小组采纳了该意见。那么，嫖宿幼女行为是否完全和其他奸淫幼女行为一样，全部按照强奸罪定罪，从重处罚？具体问题还需具体分析。

（一）嫖宿幼女行为的界定

有观点认为，嫖宿幼女行为仅指与卖淫幼女发生性交的行为。我们认为，从社会现实考虑，嫖宿的行为方式呈多样化，是否以性交行为为主尚不得知，但类似性交的其他淫乱行为却十分常见，将性交以及性交以外的其他淫乱行为全部纳入嫖宿幼女行为，更能全面惩治此类犯罪。因此，嫖宿幼女行为的定性首先应当区分行为的类型，根据行为所属的类型予以定罪处罚。嫖宿幼女时与幼女发生性交的，属于奸淫幼女的行为，应当根据刑法第二百三十六条第二款按照强奸罪从重处罚；嫖宿幼女时与幼女发生性交以外的其他奸淫行为的，应当根据刑法第二百三十七条第三款的规定按照猥亵儿童罪定罪处罚。

（二）应当以“明知”为前提

强奸罪和猥亵儿童罪都是故意犯罪，主观上都要求行为人“明知”，即行为人“明知”对方是幼女而实施嫖宿行为的才能构成相关犯罪，如果不能认定行为人“明知”对方是幼女的，按照嫖娼行为处理。

关于“明知”的认定，2013年《两高两部意见》规定对于“知道或者应当知道对方是不满十四周岁的幼女，而实施奸淫等性侵害行为的，应当认定行为人“明知”对方是幼女”。该意见还具体规定了两种情形：一是对于已满十二周岁不满十四周岁的被害人，“从其身体发育状况、言谈举止、衣着特征、生活作息规律等观察可能是幼女，而实施奸淫等性侵害行为的，应当认定行为人‘明知’对方是幼女”。二是对于不满十二周岁的被害人实施奸淫等性侵害行为的，应当认定行为人“明知”对方是幼女。也就是说，在被害人不满十二周岁的情况下，行为人是否“明知”，毋须其他证据证明，甚至毋须被告人关于是否“明知”的供述，只要有充足的证据证明被害人确实系不满十二周岁的幼女即可。即使被害人身体发育、言谈举止等呈早熟特征，行为人亦辩称其误认为被害人已满14周岁，也不应采信其辩解。[①]

（三）嫖宿幼女行为按照强奸罪论处，是否一律从重处罚的问题

有观点认为，嫖宿幼女罪取消后，并非构成强奸罪的所有嫖宿幼女行为

---

① 黄尔梅主编：《性侵害未成年人犯罪司法政策案例指导与理解适用》，人民法院出版社2014年版，第209页。

都按照刑法第二百三十六条第二款规定以强奸罪从重处罚，应根据是否存在使用暴力、胁迫等强制手段区别对待，可将嫖宿幼女行为分为两种情形：一是幼女自愿卖淫（尽管幼女同意不具备法律效力）；二是幼女被强迫卖淫，强迫者对被害幼女实施了暴力、胁迫等强制手段迫使被害幼女就范，行为人是在被害幼女不能抗拒或不敢抗拒等情况下嫖宿的。我们认为，两种情形下行为人都明知嫖宿对象是幼女，如果将两种情况作出区分，那么幼女是否自愿将会成为减轻行为人罪责的理由，又会有对幼女进行区分、歧视“卖淫”幼女之嫌，且强奸幼女的恶性本就大于强奸普通妇女，因此，无论是否存在暴力、胁迫等强制手段，嫖宿幼女行为构成强奸罪的一律从重处罚。

（四）已满十四周岁未满十六周岁未成年人嫖宿幼女行为的定性问题

我国刑法规定已满十四周岁不满十六周岁的未成年人是限制刑事责任能力人，只对故意杀人、强奸、抢劫等八种犯罪负刑事责任。在嫖宿幼女罪取消之前，此一年龄段的未成年人嫖宿幼女的，不负刑事责任，不构成犯罪。根据罪刑法定原则，不论这一年龄阶段的未成年人嫖宿幼女的情节有多么严重，都一律、绝对地不负刑事责任。而嫖宿幼女罪取消后，已满十四周岁不满十六周岁的未成年人嫖宿幼女的，应认定为强奸罪。《两高两部意见》对此作出例外规定“已满十四周岁不满十六周岁的人偶尔与幼女发生性关系，情节轻微、未造成严重后果的，不认为是犯罪”，但如果在情节严重的情况下，则完全可以排除此规定的适用。

（五）性病患者嫖宿幼女行为的定性问题

行为人明知自己患有性病而嫖宿幼女的定性，是个复杂的问题。要区分不同的情形作不同的处理。

第一种情形：行为人明知自己患有梅毒、淋病等严重性病而嫖娼的，构成传播性病罪。但因其明知嫖宿的对象是不满十四周岁的幼女，其行为又构成强奸罪或猥亵儿童罪，而行为人仅实施了一个嫖宿行为，符合刑法理论上的想象竞合，依法从一重罪处罚。

第二种情形：行为人明知自己患有艾滋病或者感染艾滋病病毒而嫖娼的，根据《涉卖淫刑案解释》第十二条第一款规定，以传播性病罪定罪并从重处罚。但因其明知嫖宿的对象是不满十四周岁的幼女，其行为又构成强奸罪或猥亵儿童罪，同样符合刑法理论上的想象竞合，依法从一重罪处罚。

第三种情形：行为人明知自己患有艾滋病或者感染艾滋病病毒而嫖娼，致使他人感染艾滋病病毒的，根据《涉卖淫刑案解释》第十二条第二款规定，其行为构成故意伤害罪（重伤）。但因其明知嫖宿的对象是不满十四周岁的幼女，其行为又构成强奸罪或猥亵儿童罪，同样符合刑法理论上的想象竞合，依法从一重罪处罚。

需要说明的是，为何上述三种行为，都可能构成猥亵儿童罪与传播性病罪或者故意伤害罪的竞合，而不是一律构成强奸罪与传播性病罪或者故意伤害罪的竞合？因为嫖娼行为是与卖淫行为相对应的概念。而口交、肛交属于刑法意义上的卖淫概念范畴内，但行为人嫖娼时让幼女实施口交、肛交行为的，由于其行为方式不符合强奸罪“强行性交”的要件，因而不能以强奸罪论处，而只能以猥亵儿童罪论处。

第十一章　关于设立风化犯罪的建议

一、风化犯罪的基本含义

我国刑法并没有关于风化犯罪的规定。但是，风化一直是为广大群众口中念叨，心中赞许的词语。如果某行为有伤风化，则普遍会被认为是不道德甚至犯罪的行为。一般对现代汉语中“风化”一词的释义为“风俗；社会公认的道德规范”①。如果仅作如此泛义的理解，显然是不符合刑法所要保护的风化犯罪客体的。但是，由于我国刑法没有规定妨害风化犯罪，学者们对风化犯罪问题也鲜有论及。即使论及，也仅限于刑法条文中与风化犯罪有关的犯罪。如鲍遂献教授所作的《妨害风化犯罪》② 一书，号称“对妨害风化犯罪具体罪的构成特征、司法认定、重点疑难问题及刑罚适用等内容的实务研究，结合有关司法解释和典型案例分析，力求准确阐明刑法条文的立法本意”。但该书所称“妨害风化犯罪”的范围仅局限于刑法条款所明确规定的“组织、强迫、引诱、容留、介绍卖淫罪”和“制作、贩卖、传播淫秽物品罪”两类。我们认为，即使在现行刑法中，妨害风化犯罪，也不止这两类。如聚众淫乱罪、侮辱尸体罪等。也就是说，妨害风化犯罪并不仅限于与性有关的犯罪。即使按照“风俗教化”这一传统定义，也不仅限于与性有关的犯罪。特别是在建设社会主义核心价值观体系的今天，“风化”这一法益的范围是比较广泛的，不仅指人们在性问题方面的道德规则，而且广泛指人们在公共生活中的道德规则。如“死者为大”一直是人们所信奉的规则。虽然死者已经逝去，但尸体也蕴涵着人们的情感。保护尸体，不仅在于保护尸体的本身，也在于

① 《现代汉语词典》，商务印书馆 2007 年 9 月特 5 版，第 406 页。

② 该书系“最新刑法典分则实用丛书”之一，中国人民公安大学出版社 2005 年版。

保护死者的尊严。对尸体的侵害，不仅是对死者的人格尊严的亵渎，也会给死者的亲属带来极大的痛苦和伤害，损害整个社会的公序良俗，影响生者的正常生活，破坏社会善良的民众习惯和民族传统，扰乱社会的公共秩序，还可能引发人们的纷争，激化民众矛盾，诱发其他犯罪，严重破坏社会秩序和道德规范，具有较大的社会危害性。为此，1997 年修订刑法时，规定了盗窃、侮辱尸体的犯罪[①]。盗窃、侮辱尸体罪的社会危害性的实质在于行为人的行为损害了社会风气和道德良俗，贬损了死者的形象，侵害了死者亲属的情感，扰乱了社会公共秩序[②]。

我们认为，所谓妨害风化犯罪，应该具有以下特点：（1）具有反社会性，特别是表现为不能够为社会的道德观念所接受。（2）往往处于秘密状态，被发现的难度较大。这里的秘密是相对而言的，是指未向社会公开宣称。如传播淫秽物品罪、组织淫秽表演罪，这些犯罪，对受众者而言是公开的，但对社会则是不公开的，至少是半公开的。因为如果公开了，公安机关就得查处，而不公开，则如果没有举报或者不是公安机关工作上的发现，就可能不受到查处。（3）所谓的当事人往往不具有受害意识。如，组织淫秽表演罪，观众其实是最直接的受害者，但观众往往会感到刺激而没有感到道德水准的下降。（4）所谓的当事人不太可能向有关公安机关报案，造成公安机关对此类犯罪的情况了解不足，造成司法介入的困难。如卖淫，除被强迫卖淫人员以及部分被引诱卖淫人员在条件许可时会报案外，大部分卖淫人员以及嫖娼人员是不会报案的。（5）对风化侵害的长久性。此类犯罪对社会风化的侵害，不仅仅限于犯罪时，而且会对人们的观念造成不良影响，有的甚至是颠覆性的影响。如新中国建立之初，中国大陆取缔了卖淫行业，建立了一夫一妻的婚姻制度，人们在性方面的道德观念是极为忠诚的。一个时期内，通奸甚至也是犯罪。二十世纪八十年代开始，卖淫现象死灰复燃，致使不少人的婚姻观念、性观念带来较大的变化，对家庭、配偶不忠诚，对自己的性道德操守不爱惜，从而逐步引起社会道德的倒退。

二、风化犯罪的社会危害

第一，风化犯罪伤害了社会大众的道德感情，严重妨碍了正常的社会伦

---

① 王爱立主编：《中华人民共和国刑法解读（第四版）》，中国法制出版社 2015 年版，第 733 页。

② 王爱立主编：《中华人民共和国刑法解读（第四版）》，中国法制出版社 2015 年版，第 734 页。

理道德秩序。千百年来，人类在长期的社会实践中，形成了符合一定社会伦理道德的性行为的社会秩序。严重违反这些长期形成的性行为的秩序，破坏社会风化，毒害社会风气，会给社会带来巨大的危害性。不仅与社会主义道德风尚格格不入，并且由于其对社会产生的危害，已经非道德范畴所能调整，而有必要通过刑法进行调整。

第二，风化犯罪严重破坏了社会主义公共秩序。公共秩序是指在一定社会结构中生活的人们所应共同遵守的生活规则。公共秩序一方面包括公共场所的秩序，另一方面还应包括人们在日常交往中所应共同遵守的生活规则。人们通过遵守这些生活规则来维持公共生活有条不紊的状态，违反了这些规则，也就打破了公共生活的稳定状态。因此，任何违反了公共生活规则的行为都是对公共秩序的破坏。而所谓公共生活规则，总是同人们的道德观念联系在一起的。这种道德观念决定了人与人之间要进行健康的交往，而风化犯罪“违背了传统的道德观念，有悖于人与人交往的正常方式，因此，这种行为的实施必然伤害人们的道德感，引起人们的愤慨和厌恶”①。

三、现行刑法对风化犯罪规定的缺陷

1. 有关风化犯罪的具体罪名规定并未完全集中在同一个类罪中。现行刑法中除“组织、强迫、引诱、容留、介绍卖淫罪”和“制作、贩卖、传播淫秽物品罪”两类比较集中外，还有不少罪名分散规定在其他章节中。如聚众淫乱罪，引诱未成年人聚众淫乱罪，盗窃、侮辱尸体罪规定在刑法分则第六章第一节“扰乱公共秩序罪”中。

2. 有的规定不科学，与类罪明显不具有同类性。如：组织淫秽表演罪被现行刑法安排在第六章第九节的“制作、贩卖、传播淫秽物品罪”中。淫秽表演本质上属于行为，明显与淫秽物品无关。

3. 对一些严重妨害风化、严重扰乱社会秩序的行为未予以犯罪化处理。如组织他人提供手淫等色情服务的行为。实践中，为满足他人性欲而提供手淫、胸推等接触式服务而非进入式性行为并收取报酬的，虽然不能解释为刑法意义上的卖淫，但是，如果组织他人实施上述色情服务并收取报酬的，其

---

① 赵秉志：《中国刑法案例与学理研究（妨害社会管理秩序罪）》，法律出版社 2001 年版，第 46～47 页。

社会危害性是明显的，且具有应受刑罚处罚性。随着社会生活的更加丰富多样以及人们的观念不断变化，今后还会出现更多的、各式各样的色情服务。而这些色情服务，明显与我国传统道德，特别是与社会主义核心价值观是格格不入的。依照现行刑法，对这类行为却不能定罪。

四、设立风化犯罪的设想

我们建议在刑法第六章妨害社会管理秩序罪中设立风化犯罪一节，既可解决现有罪名不适应社会形势的问题，也可使刑法体例更加科学化。

1. 单设风化类犯罪，可以使刑法体例更加科学化。现有刑法条文中，第六章第八节“组织、强迫、容留、介绍卖淫罪”，虽然都与卖淫有关，也都有妨害社会管理秩序的共性。但是，强迫卖淫主要还是侵犯被害人（卖淫人员）的人身权利和人身自由。而聚众淫乱罪这一典型的风化犯罪，却被现行刑法安排在第六章第一节“扰乱公共秩序罪”这一“大口袋罪”中。组织淫秽表演罪被现行刑法安排在第六章第九节的“制作、贩卖、传播淫秽物品罪”中，淫秽表演本质上属于行为，明显与淫秽物品无关。将风化犯罪集中在一个章节，将强迫卖淫罪、传播性病罪规定到刑法分则第四章“侵犯公民人身权利、民主权利”中。这是因为，强迫卖淫罪、传播性病罪，虽然现行刑法将其安排在第六章第八节“组织、强迫、引诱、容留、介绍卖淫罪”中，但实际上，该两罪还侵犯了公民的人身权利。强迫卖淫罪侵犯的是被强迫卖淫人员的人身自由权，而传播性病罪则侵犯了公民的健康权。这样调整的好处：一是可以突出打击侵犯公民人身权利的犯罪重点，如强迫卖淫罪；二是对没有被害人的风化犯罪可作轻缓化刑事处罚；三是保持刑法体例、罪名设置的协调性。

2. 对严重危害社会秩序，妨害风化的违法行为予以犯罪化处理。这主要是指组织他人提供色情服务方面的犯罪。从社会发展看，民众对色情服务的容忍程度发生了变化，所深恶痛绝的主要集中在规模化甚至集团化、情节严重、社会影响恶劣的色情服务。因此，应当突出打击重点。对于组织他人提供手淫等色情服务，情节严重、影响恶劣、严重伤害风化、严重妨碍社会管理秩序的，对组织者、经营者、实际投资者、主要获利者可予以犯罪化处理。对于零星的引诱、容留、介绍提供手淫服务而收取金钱、财物的，可不以犯罪处理，由公安机关根据治安管理处罚法处罚。罪名可考虑定为组织提供色情服务罪。参照组织卖淫罪的概念，即“以招募、雇佣、纠集等手段，管理或者控制他人提供手淫等色情服务，服务人员在三人以上的，认定为组织提供色情服务罪”。另外再新设一个有伤风化罪。将社会上发生率较高以及今后可能发生的，与社会主义道德格格不入、有损社会风化，情节严重的行为，认定为有伤风化罪。刑法可对此罪以简单罪状描述，具体罪状则由最高司法机关根据社会形势及时出台司法解释予以明确。

根据以上论述，我们建议，在刑法分则第六章中专设一节“妨害风化犯罪”。具体内容是：（1）将现行刑法分则第六章第八节“组织、强迫、引诱、容留、介绍卖淫罪”中的组织卖淫罪，协助组织卖淫罪，引诱、容留、介绍卖淫罪，引诱幼女卖淫罪，第九节的制作、复制、出版、贩卖、传播淫秽物品牟利罪，为他人提供书号出版淫秽书刊罪，传播淫秽物品罪，组织播放淫秽音像制品罪，组织淫秽表演罪纳入“妨害风化犯罪”一节中。（2）将现行刑法规定在第六章第六节的聚众淫乱罪，引诱未成年人聚众淫乱罪，盗窃、侮辱尸体罪纳入“妨害风化犯罪”一节中。（3）在“妨害风化犯罪”一节中新设立组织他人提供色情服务罪。（4）在“妨害风化犯罪”一节中新设立有伤风化罪。

附　录

刑法有关条款

第二百四十条　拐卖妇女、儿童的，处五年以上十年以下有期徒刑，并处罚金；有下列情形之一的，处十年以上有期徒刑或者无期徒刑，并处罚金或者没收财产；情节特别严重的，处死刑，并处没收财产：

（一）拐卖妇女、儿童集团的首要分子；

（二）拐卖妇女、儿童三人以上的；

（三）奸淫被拐卖的妇女的；

（四）诱骗、强迫被拐卖的妇女卖淫或者将被拐卖的妇女卖给他人迫使其卖淫的；

（五）以出卖为目的，使用暴力、胁迫或者麻醉方法绑架妇女、儿童的；

（六）以出卖为目的，偷盗婴幼儿的；

（七）造成被拐卖的妇女、儿童或者其亲属重伤、死亡或者其他严重后果的；

（八）将妇女、儿童卖往境外的。

拐卖妇女、儿童是指以出卖为目的，有拐骗、绑架、收买、贩卖、接送、中转妇女、儿童的行为之一的。

第三百一十条　明知是犯罪的人而为其提供隐藏处所、财物，帮助其逃匿或者作假证明包庇的，处三年以下有期徒刑、拘役或者管制；情节严重的，处三年以上十年以下有期徒刑。

犯前款罪，事前通谋的，以共同犯罪论处。

第三百五十八条　组织、强迫他人卖淫的，处五年以上十年以下有期徒刑，并处罚金；情节严重的，处十年以上有期徒刑或者无期徒刑，并处罚金或者没收财产。

组织、强迫未成年人卖淫的，依照前款的规定从重处罚。

犯前两款罪，并有杀害、伤害、强奸、绑架等犯罪行为的，依照数罪并罚的规定处罚。

为组织卖淫的人招募、运送人员或者有其他协助组织他人卖淫行为的，处五年以下有期徒刑，并处罚金；情节严重的，处五年以上十年以下有期徒刑，并处罚金。

第三百五十九条 引诱、容留、介绍他人卖淫的，处五年以下有期徒刑、拘役或者管制，并处罚金；情节严重的，处五年以上有期徒刑，并处罚金。

引诱不满十四周岁的幼女卖淫的，处五年以上有期徒刑，并处罚金。

第三百六十条 明知自己患有梅毒、淋病等严重性病卖淫、嫖娼的，处五年以下有期徒刑、拘役或者管制，并处罚金。

第三百六十一条 旅馆业、饮食服务业、文化娱乐业、出租汽车业等单位的人员，利用本单位的条件，组织、强迫、引诱、容留、介绍他人卖淫的，依照本法第三百五十八条、第三百五十九条的规定定罪处罚。

前款所列单位的主要负责人，犯前款罪的，从重处罚。

第三百六十二条 旅馆业、饮食服务业、文化娱乐业、出租汽车业等单位的人员，在公安机关查处卖淫、嫖娼活动时，为违法犯罪分子通风报信，情节严重的，依照本法第三百一十条的规定定罪处罚。

司法解释

最高人民法院　最高人民检察院
关于办理组织、强迫、引诱、容留、介绍卖淫刑事案件适用法律若干问题的解释

法释〔2017〕13号

（2017年5月8日最高人民法院审判委员会第1716次会议、
2017年7月4日最高人民检察院第十二届检察委员会
第66次会议通过　自2017年7月25日起施行）

为依法惩治组织、强迫、引诱、容留、介绍卖淫犯罪活动，根据刑法有关规定，结合司法工作实际，现就办理这类刑事案件具体应用法律的若干问题解释如下：

第一条　以招募、雇佣、纠集等手段，管理或者控制他人卖淫，卖淫人员在三人以上的，应当认定为刑法第三百五十八条规定的“组织他人卖淫”。

组织卖淫者是否设置固定的卖淫场所、组织卖淫者人数多少、规模大小，不影响组织卖淫行为的认定。

第二条　组织他人卖淫，具有下列情形之一的，应当认定为刑法第三百五十八条第一款规定的“情节严重”：

（一）卖淫人员累计达十人以上的；

（二）卖淫人员中未成年人、孕妇、智障人员、患有严重性病的人累计达五人以上的；

（三）组织境外人员在境内卖淫或者组织境内人员出境卖淫的；

（四）非法获利人民币一百万元以上的；

（五）造成被组织卖淫的人自残、自杀或者其他严重后果的；

（六）其他情节严重的情形。

第三条 在组织卖淫犯罪活动中，对被组织卖淫的人有引诱、容留、介绍卖淫行为的，依照处罚较重的规定定罪处罚。但是，对被组织卖淫的人以外的其他人有引诱、容留、介绍卖淫行为的，应当分别定罪，实行数罪并罚。

第四条 明知他人实施组织卖淫犯罪活动而为其招募、运送人员或者充当保镖、打手、管账人等的，依照刑法第三百五十八条第四款的规定，以协助组织卖淫罪定罪处罚，不以组织卖淫罪的从犯论处。

在具有营业执照的会所、洗浴中心等经营场所担任保洁员、收银员、保安员等，从事一般服务性、劳务性工作，仅领取正常薪酬，且无前款所列协助组织卖淫行为的，不认定为协助组织卖淫罪。

第五条 协助组织他人卖淫，具有下列情形之一的，应当认定为刑法第三百五十八条第四款规定的“情节严重”：

（一）招募、运送卖淫人员累计达十人以上的；

（二）招募、运送的卖淫人员中未成年人、孕妇、智障人员、患有严重性病的人累计达五人以上的；

（三）协助组织境外人员在境内卖淫或者协助组织境内人员出境卖淫的；

（四）非法获利人民币五十万元以上的；

（五）造成被招募、运送或者被组织卖淫的人自残、自杀或者其他严重后果的；

（六）其他情节严重的情形。

第六条 强迫他人卖淫，具有下列情形之一的，应当认定为刑法第三百五十八条第一款规定的“情节严重”：

（一）卖淫人员累计达五人以上的；

（二）卖淫人员中未成年人、孕妇、智障人员、患有严重性病的人累计达三人以上的；

（三）强迫不满十四周岁的幼女卖淫的；

（四）造成被强迫卖淫的人自残、自杀或者其他严重后果的；

（五）其他情节严重的情形。

行为人既有组织卖淫犯罪行为，又有强迫卖淫犯罪行为，且具有下列情形之一的，以组织、强迫卖淫“情节严重”论处：

（一）组织卖淫、强迫卖淫行为中具有本解释第二条、本条前款规定的“情节严重”情形之一的；

（二）卖淫人员累计达到本解释第二条第一、二项规定的组织卖淫“情节严重”人数标准的；

（三）非法获利数额相加达到本解释第二条第四项规定的组织卖淫“情节严重”数额标准的。

第七条 根据刑法第三百五十八条第三款的规定，犯组织、强迫卖淫罪，并有杀害、伤害、强奸、绑架等犯罪行为的，依照数罪并罚的规定处罚。协助组织卖淫行为人参与实施上述行为的，以共同犯罪论处。

根据刑法第三百五十八条第二款的规定，组织、强迫未成年人卖淫的，应当从重处罚。

第八条 引诱、容留、介绍他人卖淫，具有下列情形之一的，应当依照刑法第三百五十九条第一款的规定定罪处罚：

（一）引诱他人卖淫的；

（二）容留、介绍二人以上卖淫的；

（三）容留、介绍未成年人、孕妇、智障人员、患有严重性病的人卖淫的；

（四）一年内曾因引诱、容留、介绍卖淫行为被行政处罚，又实施容留、介绍卖淫行为的；

（五）非法获利人民币一万元以上的。

利用信息网络发布招嫖违法信息，情节严重的，依照刑法第二百八十七条之一的规定，以非法利用信息网络罪定罪处罚。同时构成介绍卖淫罪的，依照处罚较重的规定定罪处罚。

引诱、容留、介绍他人卖淫是否以营利为目的，不影响犯罪的成立。

引诱不满十四周岁的幼女卖淫的，依照刑法第三百五十九条第二款的规定，以引诱幼女卖淫罪定罪处罚。

被引诱卖淫的人员中既有不满十四周岁的幼女，又有其他人员的，分别以引诱幼女卖淫罪和引诱卖淫罪定罪，实行并罚。

第九条 引诱、容留、介绍他人卖淫，具有下列情形之一的，应当认定为刑法第三百五十九条第一款规定的“情节严重”：

（一）引诱五人以上或者引诱、容留、介绍十人以上卖淫的；

（二）引诱三人以上的未成年人、孕妇、智障人员、患有严重性病的人卖淫，或者引诱、容留、介绍五人以上该类人员卖淫的；

（三）非法获利人民币五万元以上的；

（四）其他情节严重的情形。

第十条 组织、强迫、引诱、容留、介绍他人卖淫的次数，作为酌定情节在量刑时考虑。

第十一条 具有下列情形之一的，应当认定为刑法第三百六十条规定的“明知”：

（一）有证据证明曾到医院或者其他医疗机构就医或者检查，被诊断为患有严重性病的；

（二）根据本人的知识和经验，能够知道自己患有严重性病的；

（三）通过其他方法能够证明行为人是“明知”的。

传播性病行为是否实际造成他人患上严重性病的后果，不影响本罪的成立。

刑法第三百六十条规定所称的“严重性病”，包括梅毒、淋病等。其他性病是否认定为“严重性病”，应当根据《中华人民共和国传染病防治法》《性病防治管理办法》的规定，在国家卫生与计划生育委员会规定实行性病监测的性病范围内，依照其危害、特点与梅毒、淋病相当的原则，从严掌握。

第十二条 明知自己患有艾滋病或者感染艾滋病病毒而卖淫、嫖娼的，依照刑法第三百六十条的规定，以传播性病罪定罪，从重处罚。

具有下列情形之一，致使他人感染艾滋病病毒的，认定为刑法第九十五条第三项“其他对于人身健康有重大伤害”所指的“重伤”，依照刑法第二百三十四条第二款的规定，以故意伤害罪定罪处罚：

（一）明知自己感染艾滋病病毒而卖淫、嫖娼的；

（二）明知自己感染艾滋病病毒，故意不采取防范措施而与他人发生性关系的。

第十三条 犯组织、强迫、引诱、容留、介绍卖淫罪的，应当依法判处犯罪所得二倍以上的罚金。共同犯罪的，对各共同犯罪人合计判处的罚金应当在犯罪所得的二倍以上。

对犯组织、强迫卖淫罪被判处无期徒刑的，应当并处没收财产。

第十四条 根据刑法第三百六十二条、第三百一十条的规定，旅馆业、饮食服务业、文化娱乐业、出租汽车业等单位的人员，在公安机关查处卖淫、嫖娼活动时，为违法犯罪分子通风报信，情节严重的，以包庇罪定罪处罚。事前与犯罪分子通谋的，以共同犯罪论处。

具有下列情形之一的，应当认定为刑法第三百六十二条规定的“情节严重”：

（一）向组织、强迫卖淫犯罪集团通风报信的；

（二）二年内通风报信三次以上的；

（三）一年内因通风报信被行政处罚，又实施通风报信行为的；

（四）致使犯罪集团的首要分子或者其他共同犯罪的主犯未能及时归案的；

（五）造成卖淫嫖娼人员逃跑，致使公安机关查处犯罪行为因取证困难而撤销刑事案件的；

（六）非法获利人民币一万元以上的；

（七）其他情节严重的情形。

第十五条　本解释自 2017 年 7 月 25 日起施行。

最高人民法院　最高人民检察院　公安部　司法部
关于依法惩治性侵害未成年人犯罪的意见

2013年10月23日　　　　法发〔2013〕12号

为依法惩治性侵害未成年人犯罪，保护未成年人合法权益，根据刑法、刑事诉讼法和未成年人保护法等法律和司法解释的规定，结合司法实践经验，制定本意见。

一、基本要求

1. 本意见所称性侵害未成年人犯罪，包括刑法第二百三十六条、第二百三十七条、第三百五十八条、第三百五十九条、第三百六十条第二款规定的针对未成年人实施的强奸罪，强制猥亵、侮辱妇女罪，猥亵儿童罪，组织卖淫罪，强迫卖淫罪，引诱、容留、介绍卖淫罪，引诱幼女卖淫罪，嫖宿幼女罪等。

2. 对于性侵害未成年人犯罪，应当依法从严惩治。

3. 办理性侵害未成年人犯罪案件，应当充分考虑未成年被害人身心发育尚未成熟、易受伤害等特点，贯彻特殊、优先保护原则，切实保障未成年人的合法权益。

4. 对于未成年人实施性侵害未成年人犯罪的，应当坚持双向保护原则，在依法保护未成年被害人的合法权益时，也要依法保护未成年犯罪嫌疑人、未成年被告人的合法权益。

5. 办理性侵害未成年人犯罪案件，对于涉及未成年被害人、未成年犯罪嫌疑人和未成年被告人的身份信息及可能推断出其身份信息的资料和涉及性侵害的细节等内容，审判人员、检察人员、侦查人员、律师及其他诉讼参与人应当予以保密。

对外公开的诉讼文书，不得披露未成年被害人的身份信息及可能推断出其身份信息的其他资料，对性侵害的事实注意以适当的方式叙述。

6. 性侵害未成年人犯罪案件，应当由熟悉未成年人身心特点的审判人员、检察人员、侦查人员办理，未成年被害人系女性的，应当有女性工作人员参与。

人民法院、人民检察院、公安机关设有办理未成年人刑事案件专门工作机构或者专门工作小组的，可以优先由专门工作机构或者专门工作小组办理性侵害未成年人犯罪案件。

7. 各级人民法院、人民检察院、公安机关和司法行政机关应当加强与民政、教育、妇联、共青团等部门及未成年人保护组织的联系和协作，共同做好性侵害未成年人犯罪预防和未成年被害人的心理安抚、疏导工作，从有利于未成年人身心健康的角度，对其给予必要的帮助。

8. 上级人民法院、人民检察院、公安机关和司法行政机关应当加强对下指导和业务培训。各级人民法院、人民检察院、公安机关和司法行政机关要增强对未成年人予以特殊、优先保护的司法理念，完善工作机制，提高办案能力和水平。

二、办案程序要求

9. 对未成年人负有监护、教育、训练、救助、看护、医疗等特殊职责的人员（以下简称负有特殊职责的人员）以及其他公民和单位，发现未成年人受到性侵害的，有权利也有义务向公安机关、人民检察院、人民法院报案或者举报。

10. 公安机关接到未成年人被性侵害的报案、控告、举报，应当及时受理，迅速进行审查。经审查，符合立案条件的，应当立即立案侦查。

公安机关发现可能有未成年人被性侵害或者接报相关线索的，无论案件是否属于本单位管辖，都应当及时采取制止违法犯罪行为、保护被害人、保护现场等紧急措施，必要时，应当通报有关部门对被害人予以临时安置、救助。

11. 人民检察院认为公安机关应当立案侦查而不立案侦查的，或者被害人及其法定代理人、对未成年人负有特殊职责的人员据此向人民检察院提出异议的，人民检察院应当要求公安机关说明不立案的理由。人民检察院认为不立案理由不成立的，应当通知公安机关立案，公安机关接到通知后应当立案。

12. 公安机关侦查未成年人被性侵害案件，应当依照法定程序，及时、全面收集固定证据。及时对性侵害犯罪现场进行勘查，对未成年被害人、犯罪嫌疑人进行人身检查，提取体液、毛发、被害人和犯罪嫌疑人指甲内的残留物等生物样本，指纹、足迹、鞋印等痕迹，衣物、纽扣等物品；及时提取住宿登记表等书证，现场监控录像等视听资料；及时收集被害人陈述、证人证言和犯罪嫌疑人供述等证据。

13. 办案人员到未成年被害人及其亲属、未成年证人所在学校、单位、居住地调查取证的，应当避免驾驶警车、穿着制服或者采取其他可能暴露被害人身份、影响被害人名誉、隐私的方式。

14. 询问未成年被害人，审判人员、检察人员、侦查人员和律师应当坚持不伤害原则，选择未成年人住所或者其他让未成年人心理上感到安全的场所进行，并通知其法定代理人到场。无法通知、法定代理人不能到场或者法定代理人是性侵害犯罪嫌疑人、被告人的，也可以通知未成年被害人的其他成年亲属或者所在学校、居住地基层组织、未成年人保护组织的代表等有关人员到场，并将相关情况记录在案。

询问未成年被害人，应当考虑其身心特点，采取和缓的方式进行。对与性侵害犯罪有关的事实应当进行全面询问，以一次询问为原则，尽可能避免反复询问。

15. 人民法院、人民检察院办理性侵害未成年人案件，应当及时告知未成年被害人及其法定代理人或者近亲属有权委托诉讼代理人，并告知其如果经济困难，可以向法律援助机构申请法律援助。对需要申请法律援助的，应当帮助其申请法律援助。法律援助机构应当及时指派熟悉未成年人身心特点的律师为其提供法律帮助。

16. 人民法院、人民检察院、公安机关办理性侵害未成年人犯罪案件，除有碍案件办理的情形外，应当将案件进展情况、案件处理结果及时告知被害人及其法定代理人，并对有关情况予以说明。

17. 人民法院确定性侵害未成年人犯罪案件开庭日期后，应当将开庭的时间、地点通知未成年被害人及其法定代理人。未成年被害人的法定代理人可以陪同或者代表未成年被害人参加法庭审理，陈述意见，法定代理人是性侵害犯罪被告人的除外。

18. 人民法院开庭审理性侵害未成年人犯罪案件，未成年被害人、证人确有必要出庭的，应当根据案件情况采取不暴露外貌、真实声音等保护措施。有条件的，可以采取视频等方式播放未成年人的陈述、证言，播放视频亦应采取保护措施。

三、准确适用法律

19. 知道或者应当知道对方是不满十四周岁的幼女，而实施奸淫等性侵害行为的，应当认定行为人“明知”对方是幼女。

对于不满十二周岁的被害人实施奸淫等性侵害行为的，应当认定行为人“明知”对方是幼女。

对于已满十二周岁不满十四周岁的被害人，从其身体发育状况、言谈举止、衣着特征、生活作息规律等观察可能是幼女，而实施奸淫等性侵害行为的，应当认定行为人“明知”对方是幼女。

20. 以金钱财物等方式引诱幼女与自己发生性关系的；知道或者应当知道幼女被他人强迫卖淫而仍与其发生性关系的，均以强奸罪论处。

21. 对幼女负有特殊职责的人员与幼女发生性关系的，以强奸罪论处。

对已满十四周岁的未成年女性负有特殊职责的人员，利用其优势地位或者被害人孤立无援的境地，迫使未成年被害人就范，而与其发生性关系的，以强奸罪定罪处罚。

22. 实施猥亵儿童犯罪，造成儿童轻伤以上后果，同时符合刑法第二百三十四条或者第二百三十二条的规定，构成故意伤害罪、故意杀人罪的，依照处罚较重的规定定罪处罚。

对已满十四周岁的未成年男性实施猥亵，造成被害人轻伤以上后果，符合刑法第二百三十四条或者第二百三十二条规定的，以故意伤害罪或者故意杀人罪定罪处罚。

23. 在校园、游泳馆、儿童游乐场等公共场所对未成年人实施强奸、猥亵犯罪，只要有其他多人在场，不论在场人员是否实际看到，均可以依照刑法第二百三十六条第三款、第二百三十七条的规定，认定为在公共场所“当众”强奸妇女，强制猥亵、侮辱妇女，猥亵儿童。

24. 介绍、帮助他人奸淫幼女、猥亵儿童的，以强奸罪、猥亵儿童罪的共犯论处。

25. 针对未成年人实施强奸、猥亵犯罪的，应当从重处罚，具有下列情形之一的，更要依法从严惩处：

（1）对未成年人负有特殊职责的人员、与未成年人有共同家庭生活关系的人员、国家工作人员或者冒充国家工作人员，实施强奸、猥亵犯罪的；

（2）进入未成年人住所、学生集体宿舍实施强奸、猥亵犯罪的；

（3）采取暴力、胁迫、麻醉等强制手段实施奸淫幼女、猥亵儿童犯罪的；

（4）对不满十二周岁的儿童、农村留守儿童、严重残疾或者精神智力发育迟滞的未成年人，实施强奸、猥亵犯罪的；

（5）猥亵多名未成年人，或者多次实施强奸、猥亵犯罪的；

（6）造成未成年被害人轻伤、怀孕、感染性病等后果的；

（7）有强奸、猥亵犯罪前科劣迹的。

26. 组织、强迫、引诱、容留、介绍未成年人卖淫构成犯罪的，应当从重处罚。强迫幼女卖淫、引诱幼女卖淫的，应当分别按照刑法第三百五十八条第一款第（二）项、第三百五十九条第二款的规定定罪处罚。

对未成年人负有特殊职责的人员、与未成年人有共同家庭生活关系的人员、国家工作人员，实施组织、强迫、引诱、容留、介绍未成年人卖淫等性侵害犯罪的，更要依法从严惩处。

27. 已满十四周岁不满十六周岁的人偶尔与幼女发生性关系，情节轻微、未造成严重后果的，不认为是犯罪。

四、其他事项

28. 对于强奸未成年人的成年犯罪分子判处刑罚时，一般不适用缓刑。

对于性侵害未成年人的犯罪分子确定是否适用缓刑，人民法院、人民检察院可以委托犯罪分子居住地的社区矫正机构，就对其宣告缓刑对所居住社区是否有重大不良影响进行调查。受委托的社区矫正机构应当及时组织调查，在规定的期限内将调查评估意见提交委托机关。

对于判处刑罚同时宣告缓刑的，可以根据犯罪情况，同时宣告禁止令，禁止犯罪分子在缓刑考验期内从事与未成年人有关的工作、活动，禁止其进入中小学校区、幼儿园园区及其他未成年人集中的场所，确因本人就学、居住等原因，经执行机关批准的除外。

29. 外国人在我国领域内实施强奸、猥亵未成年人等犯罪的，应当依法判处，在判处刑罚时，可以独立适用或者附加适用驱逐出境。对于尚不构成犯罪但构成违反治安管理行为的，或者因实施性侵害未成年人犯罪不适宜在中国境内继续停留居留的，公安机关可以依法适用限期出境或者驱逐出境。

30. 对于判决已生效的强奸、猥亵未成年人犯罪案件，人民法院在依法保护被害人隐私的前提下，可以在互联网公布相关裁判文书，未成年人犯罪的除外。

31. 对于未成年人因被性侵害而造成的人身损害，为进行康复治疗所支付的医疗费、护理费、交通费、误工费等合理费用，未成年被害人及其法定代理人、近亲属提出赔偿请求的，人民法院依法予以支持。

32. 未成年人在幼儿园、学校或者其他教育机构学习、生活期间被性侵害而造成人身损害，被害人及其法定代理人、近亲属据此向人民法院起诉要求上述单位承担赔偿责任的，人民法院依法予以支持。

33. 未成年人受到监护人性侵害，其他具有监护资格的人员、民政部门等有关单位和组织向人民法院提出申请，要求撤销监护人资格，另行指定监护人的，人民法院依法予以支持。

34. 对未成年被害人因性侵害犯罪而造成人身损害，不能及时获得有效赔偿，生活困难的，各级人民法院、人民检察院、公安机关可会同有关部门，优先考虑予以司法救助。

立案标准

最高人民检察院　公安部
关于公安机关管辖的刑事案件立案追诉标准的规定（一）（节录）

2008 年 6 月 25 日　　公通字〔2008〕36 号

第七十五条　［组织卖淫案（刑法第三百五十八条第一款）］以招募、雇佣、强迫、引诱、容留等手段，组织他人卖淫的，应予立案追诉。

第七十六条　［强迫卖淫案（刑法第三百五十八条第一款）］以暴力、胁迫等手段强迫他人卖淫的，应予立案追诉。

第七十七条　［协助组织卖淫案（刑法第三百五十八条第三款）］在组织卖淫的犯罪活动中，充当保镖、打手、管账人等，起帮助作用的，应予立案追诉。

第七十八条　［引诱、容留、介绍卖淫案（刑法第三百五十九条第一款）］引诱、容留、介绍他人卖淫，涉嫌下列情形之一的，应予立案追诉：

（一）引诱、容留、介绍二人次以上卖淫的；

（二）引诱、容留、介绍已满十四周岁未满十八周岁的未成年人卖淫的；

（三）被引诱、容留、介绍卖淫的人患有艾滋病或者患有梅毒、淋病等严重性病；

（四）其他引诱、容留、介绍卖淫应予追究刑事责任的情形。

第七十九条　［引诱幼女卖淫案（刑法第三百五十九条第二款）］引诱不满十四周岁的幼女卖淫的，应予立案追诉。

第八十条　［传播性病案（刑法第三百六十条第一款）］明知自己患有梅毒、淋病等严重性病卖淫、嫖娼的，应予立案追诉。

具有下列情形之一的，可以认定为本条规定的“明知”：

（一）有证据证明曾到医疗机构就医，被诊断为患有严重性病的；

（二）根据本人的知识和经验，能够知道自己患有严重性病的；

（三）通过其他方法能够证明是“明知”的。

第八十一条　［嫖宿幼女案（刑法第三百六十条第二款）］行为人知道被害人是或者可能是不满十四周岁的幼女而嫖宿的，应予立案追诉。

最高人民检察院　公安部
关于公安机关管辖的刑事案件立案追诉标准的规定（一）的补充规定（节录）

2017年4月27日　　　　　　　　公通字〔2017〕12号

十二、将《立案追诉标准（一）》第七十七条修改为：［协助组织卖淫案（刑法第三百五十八条第四款）］在组织卖淫的犯罪活动中，帮助招募、运送、培训人员三人以上，或者充当保镖、打手、管账人等，起帮助作用的，应予立案追诉。

十三、将《立案追诉标准（一）》第八十一条删除。

量刑规范化文件

最高人民法院
关于常见犯罪的量刑指导意见（节录）

2013 年 12 月 23 日　　　　　　　　　　法发〔2013〕14 号

三、常见量刑情节的适用

量刑时要充分考虑各种法定和酌定量刑情节，根据案件的全部犯罪事实以及量刑情节的不同情形，依法确定量刑情节的适用及其调节比例。对严重暴力犯罪、毒品犯罪等严重危害社会治安犯罪，在确定从宽的幅度时，应当从严掌握；对犯罪情节较轻的犯罪，应当充分体现从宽。具体确定各个量刑情节的调节比例时，应当综合平衡调节幅度与实际增减刑罚量的关系，确保罪责刑相适应。

1. 对于未成年人犯罪，应当综合考虑未成年人对犯罪的认识能力、实施犯罪行为的动机和目的、犯罪时的年龄、是否初犯、偶犯、悔罪表现、个人成长经历和一贯表现等情况，予以从宽处罚。

（1）已满十四周岁不满十六周岁的未成年人犯罪，减少基准刑的 30%～60%；

（2）已满十六周岁不满十八周岁的未成年人犯罪，减少基准刑的 10%～50%。

2. 对于未遂犯，综合考虑犯罪行为的实行程度、造成损害的大小、犯罪未得逞的原因等情况，可以比照既遂犯减少基准刑的 50%以下。

3. 对于从犯，应当综合考虑其在共同犯罪中的地位、作用，以及是否实施犯罪行为等情况，予以从宽处罚，减少基准刑的 20%～50%；犯罪较轻的，减少基准刑的 50%以上或者依法免除处罚。

4. 对于自首情节，综合考虑自首的动机、时间、方式、罪行轻重、如实供述罪行的程度以及悔罪表现等情况，可以减少基准刑的40%以下；犯罪较轻的，可以减少基准刑的40%以上或者依法免除处罚。恶意利用自首规避法律制裁等不足以从宽处罚的除外。

5. 对于立功情节，综合考虑立功的大小、次数、内容、来源、效果以及罪行轻重等情况，确定从宽的幅度。

（1）一般立功的，可以减少基准刑的20%以下；

（2）重大立功的，可以减少基准刑的20%～50%；犯罪较轻的，减少基准刑的50%以上或者依法免除处罚。

6. 对于坦白情节，综合考虑如实供述罪行的阶段、程度、罪行轻重以及悔罪程度等情况，确定从宽的幅度。

（1）如实供述自己罪行的，可以减少基准刑的20%以下；

（2）如实供述司法机关尚未掌握的同种较重罪行的，可以减少基准刑的10%～30%；

（3）因如实供述自己罪行，避免特别严重后果发生的，可以减少基准刑的30%～50%。

7. 对于当庭自愿认罪的，根据犯罪的性质、罪行的轻重、认罪程度以及悔罪表现等情况，可以减少基准刑的10%以下。依法认定自首、坦白的除外。

8. 对于退赃、退赔的，综合考虑犯罪性质，退赃、退赔行为对损害结果所能弥补的程度，退赃、退赔的数额及主动程度等情况，可以减少基准刑的30%以下；其中抢劫等严重危害社会治安犯罪的应从严掌握。

9. 对于积极赔偿被害人经济损失并取得谅解的，综合考虑犯罪性质、赔偿数额、赔偿能力以及认罪、悔罪程度等情况，可以减少基准刑的40%以下；积极赔偿但没有取得谅解的，可以减少基准刑的30%以下；尽管没有赔偿，但取得谅解的，可以减少基准刑的20%以下；其中抢劫、强奸等严重危害社会治安犯罪的应从严掌握。

10. 对于当事人根据刑事诉讼法第二百七十七条[①]达成刑事和解协议的，综合考虑犯罪性质、赔偿数额、赔礼道歉以及真诚悔罪等情况，可以减少基准刑的50%以下；犯罪较轻的，可以减少基准刑的50%以上或者依法免除处罚。

---

① 该条对应2018年修正后的刑事诉讼法第二百八十八条。

11. 对于累犯，应当综合考虑前后罪的性质、刑罚执行完毕或赦免以后至再犯罪时间的长短以及前后罪罪行轻重等情况，增加基准刑的10%～40%，一般不少于3个月。

12. 对于有前科的，综合考虑前科的性质、时间间隔长短、次数、处罚轻重等情况，可以增加基准刑的10%以下。前科犯罪为过失犯罪和未成年人犯罪的除外。

13. 对于犯罪对象为未成年人、老年人、残疾人、孕妇等弱势人员的，综合考虑犯罪的性质、犯罪的严重程度等情况，可以增加基准刑的20%以下。

14. 对于在重大自然灾害、预防、控制突发传染病疫情等灾害期间犯罪的，根据案件的具体情况，可以增加基准刑的20%以下。

最高人民法院
关于常见犯罪的量刑指导意见（二）（节录）

（2017 年 5 月 1 日起试行）

（八）引诱、容留、介绍卖淫罪

1. 构成引诱、容留、介绍卖淫罪的，可以根据下列不同情形在相应的幅度内确定量刑起点：

（1）情节一般的，可以在二年以下有期徒刑、拘役幅度内确定量刑起点。

（2）情节严重的，可以在五年至七年有期徒刑幅度内确定量刑起点。

2. 在量刑起点基础上，可以根据引诱、容留、介绍卖淫的人数、次数等其他影响犯罪构成的犯罪事实增加刑罚量，确定基准刑。

3. 旅馆业、饮食服务业、文化娱乐业、出租汽车业等单位的主要负责人，利用本单位的条件，引诱、容留、介绍他人卖淫的，可以增加基准刑的 10％～20％。

行政法规、规章

中华人民共和国传染病防治法（节录）

（1989年2月21日第七届全国人民代表大会常务委员会
第六次会议通过　2004年8月28日第十届全国人民代表大会常务委员会
第十一次会议修订　根据2013年6月29日第十二届
全国人民代表大会常务委员会第三次会议修正）

第三条　本法规定的传染病分为甲类、乙类和丙类。

甲类传染病是指：鼠疫、霍乱。

乙类传染病是指：传染性非典型肺炎、艾滋病、病毒性肝炎、脊髓灰质炎、人感染高致病性禽流感、麻疹、流行性出血热、狂犬病、流行性乙型脑炎、登革热、炭疽、细菌性和阿米巴性痢疾、肺结核、伤寒和副伤寒、流行性脑脊髓膜炎、百日咳、白喉、新生儿破伤风、猩红热、布鲁氏菌病、淋病、梅毒、钩端螺旋体病、血吸虫病、疟疾。

丙类传染病是指：流行性感冒、流行性腮腺炎、风疹、急性出血性结膜炎、麻风病、流行性和地方性斑疹伤寒、黑热病、包虫病、丝虫病，除霍乱、细菌性和阿米巴性痢疾、伤寒和副伤寒以外的感染性腹泻病。

国务院卫生行政部门根据传染病暴发、流行情况和危害程度，可以决定增加、减少或者调整乙类、丙类传染病病种并予以公布。

性病防治管理办法（节录）

（2013 年 1 月 1 日起施行）

第一章 总 则

第二条 性病是以性接触为主要传播途径的疾病。本办法所称性病包括以下几类：

（一）《传染病防治法》规定的乙类传染病中的梅毒和淋病；

（二）生殖道沙眼衣原体感染、尖锐湿疣、生殖器疱疹；

（三）卫生部根据疾病危害程度、流行情况等因素，确定需要管理的其他性病。

艾滋病防治管理工作依照《艾滋病防治条例》的有关规定执行。

第四条 性病防治工作与艾滋病防治工作相结合，将性病防治工作纳入各级艾滋病防治工作协调机制，整合防治资源，实行性病艾滋病综合防治。

第二十一条 艾滋病自愿咨询检测机构和社区药物维持治疗门诊应当将梅毒免费咨询检测纳入日常服务内容；对咨询检测中发现的梅毒阳性患者，应当告知其到开展性病诊疗业务的医疗机构就诊。

第三十六条 开展性病诊疗业务的医疗机构应当结合流行病学史、临床表现和实验室检验结果等做出诊断，按照规定进行疫情报告，不得隐瞒、谎报、缓报疫情。

艾滋病自愿咨询检测机构和社区药物维持治疗门诊应当按照要求收集和上报相关信息。

医疗卫生机构不得泄露性病患者涉及个人隐私的有关信息、资料。

艾滋病防治条例（节录）

（2006 年 3 月 1 日起施行）

第六十二条 艾滋病病毒感染者或者艾滋病病人故意传播艾滋病的，依法承担民事赔偿责任；构成犯罪的，依法追究刑事责任。

第六十三条 本条例下列用语的含义：

艾滋病，是指人类免疫缺陷病毒（艾滋病病毒）引起的获得性免疫缺陷综合征。

对吸毒成瘾者的药物维持治疗，是指在批准开办戒毒治疗业务的医疗卫生机构中，选用合适的药物，对吸毒成瘾者进行维持治疗，以减轻对毒品的依赖，减少注射吸毒引起艾滋病病毒的感染和扩散，减少毒品成瘾引起的疾病、死亡和引发的犯罪。

标准防护原则，是指医务人员将所有病人的血液、其他体液以及被血液、其他体液污染的物品均视为具有传染性的病原物质，医务人员在接触这些物质时，必须采取防护措施。

有易感染艾滋病病毒危险行为的人群，是指有卖淫、嫖娼、多性伴、男性同性性行为、注射吸毒等危险行为的人群。

艾滋病监测，是指连续、系统地收集各类人群中艾滋病（或者艾滋病病毒感染）及其相关因素的分布资料，对这些资料综合分析，为有关部门制定预防控制策略和措施提供及时可靠的信息和依据，并对预防控制措施进行效果评价。

艾滋病检测，是指采用实验室方法对人体血液、其他体液、组织器官、血液衍生物等进行艾滋病病毒、艾滋病病毒抗体及相关免疫指标检测，包括监测、检验检疫、自愿咨询检测、临床诊断、血液及血液制品筛查工作中的艾滋病检测。

行为干预措施，是指能够有效减少艾滋病传播的各种措施，包括：针对经注射吸毒传播艾滋病的美沙酮维持治疗等措施；针对经性传播艾滋病的安全套推广使用措施，以及规范、方便的性病诊疗措施；针对母婴传播艾滋病的抗病毒药物预防和人工代乳品喂养等措施；早期发现感染者和有助于危险行为改变的自愿咨询检测措施；健康教育措施；提高个人规范意识以及减少危险行为的针对性同伴教育措施。